点燃
理性的
火焰

To Light the Flame of Reason

Clear Thinking for the Twenty-First Century

[瑞典]克里斯特·斯图马克 著

[美]侯世达 英译

梅剑华 中译

海南出版社
·海口·

版权登记号：30-2023-093

图书在版编目（CIP）数据

点燃理性的火焰 /（瑞典）克里斯特·斯图马克
(Christer Sturmark) 著；（美）侯世达
(Douglas Hofstadter)，梅剑华译. —— 海口：海南出
版社，2024.5
ISBN 978-7-5730-1449-8

Ⅰ.①点… Ⅱ.①克… ②侯… ③梅… Ⅲ.①理性 –
研究 Ⅳ.① B017

中国国家版本馆 CIP 数据核字〔2023〕第 254799 号

点燃理性的火焰
DIANRAN LIXING DE HUOYAN

著　　者：【瑞典】克里斯特·斯图马克
英 译 者：【美】侯世达
中 译 者：梅剑华
出 品 人：王景霞
责任编辑：张　雪
策划编辑：王远哲
执行编辑：张妍文　张文龄
版权支持：三　三　王媛媛
营销编辑：陈可垚　秋　天　黄璐璐　时宇飞
封面设计：别境 Lab
版式设计：潘雪琴　鹿　食
责任印制：杨　程
印刷装订：北京嘉业印刷厂
读者服务：唐雪飞
出版发行：海南出版社
总社地址：海口市金盘开发区建设三横路 2 号　邮编：　570216
北京地址：北京市朝阳区黄厂路 3 号院 7 号楼 101 室
电　　话：0898-66812392　　010-87336670
投稿邮箱：hnbook@263.net
经　　销：全国新华书店
版　　次：2024 年 5 月第 1 版
印　　次：2024 年 5 月第 1 次印刷
开　　本：680 mm×955 mm　1/16
印　　张：23.25
字　　数：311 千字
书　　号：ISBN 978-7-5730-1449-8
定　　价：78.00 元

英文译者序

侯世达（Hofstadter）　印第安纳大学

能译介此书，与有荣焉。我满心喜悦翻译此书已近3年。直到2016年初，我都不知道克里斯特·斯图马克（Christer Sturmark）这个人。那时他写信邀请我参加在斯德哥尔摩举行的一个小型研讨会，主题是"知识的局限"。他提到了几个可能参会的学者，有些人我熟悉，有些人我虽然不熟悉但有心结识。几十年前我也曾旅居斯德哥尔摩，非常喜爱这座城市，加之我在乌普萨拉附近还有一个朋友。这一邀请让我无法拒绝。我还必须说，这位素不相识的绅士将请柬写得非常生动、真诚、友好，让我打消了顾虑。

我只想告诉读者诸君，我从来没听说过克里斯特，当时我真这么想。但当我抵达斯德哥尔摩时，我发现我的记忆完全错了。克里斯特告诉我，早在20世纪80年代初，他就给我写了一封热情洋溢的读者来信，我不仅回信了，而且我们实际上还书信——真正的邮件　往来几通。我全忘了！如今我们再续友情。2016年，克里斯特仍然像年轻时一样充满孩子气，热情洋溢。

我在斯德哥尔摩的研讨会期间度过了一段美好的时光，尤其是结识了维也纳数学家和日后成为好友的作家卡尔·西格蒙德（Karl Sigmund）。但卡尔并不是我唯一受惠于克里斯特的好朋友，还有克里斯特本人，且听我一一道来。

座谈会结束那天，克里斯特邀请了几位与会者到他家中共进晚餐，他的家位于斯德哥尔摩以东的可爱的利丁厄岛上。我永远不会忘记那个晚上，他的前妻，至今仍是他的好友的古尼拉·巴克曼（Gunilla Backman），在数学家安德斯·卡尔奎斯特（Anders Karlqvist）的钢琴伴奏下，为我们唱了一首我创作的歌，让我感动得几乎落泪。后来克里斯特发现我略通瑞典语，就自然而然地送了我一本他的新书。书很厚，但克里斯特笑着说："别担心，这是用很简单的瑞典语写的，很容易读。"他想说这本书既不是用超级学术术语，也不是用晦涩的瑞典方言写的，更不是用古代的语言写的。事实上，它是用相当复杂的瑞典语写的，对我来说压根不是小菜一碟。但我至少不用字典就能理解大部分内容。

一开始，我不知道他的书讲了什么。但在回国的飞机上，我翻阅了一遍，很感兴趣。我看到它提供了一种理想主义的个人视角，致力于让人类在冲突遍地的世界中学会共同生活。事实上，它是一首雄辩的赞歌，宣扬宽容、清晰思考和科学。它让我多少想起了我心中的英雄马丁·加德纳（Martin Gardner）写的《西方伪科学种种》（*Fads and Fallacies in the Name of Science*）。对我来说，年少时读的这本书改变了我的人生。

克里斯特这本书的气息深刻呼应了我一生对理想主义的感知和对科学的信念。当我回到家时，我突然冒出一个疯狂的想法，也许我可以把这本书翻译出来，这对克里斯特和我都有好处。翻译他的书逼迫我努力学习瑞典语，1966年我在隆德和斯德哥尔摩小住半年时就喜欢上了瑞典语。此外，若此书出版，我希望能对英语世界的人们也大有裨益，为他们提供一套可以接受的有价值的理想主义观念。我的提议不缺好理由，令我高兴的是，克里斯特听到我的提议也非常激动。为什么不呢？毕竟，一个他曾经非常钦佩的人现在提出要译他的书，只是出于友谊！还有什么比这更让他震惊且满足呢？

2016年秋天，我迫不及待地投入到这项任务中。在接下来的几个月时间里，我每天都要翻译一页左右的内容，大概完成了本书的1/3。那时，我正好在印第安纳大学准备休学术年假，我已经计划在乌普萨拉的古老大学度过冬季的三个月。我突然想到，在这三个月里，我将完成这个宏伟的翻译工作。乌普萨拉离斯德哥尔摩只有1个小时左右的路程，这样我和克里斯特就可以不时见面，讨论各种细节。

事实就是这样。从2017年12月到2018年2月，在寒冷黑暗的冬天，我和妻子葆芬几次从乌普萨拉坐火车到斯德哥尔摩，然后我们来到了利丁厄边上的克里斯特的家，在那里我们倾心交谈，度过了美好时光。一个小小的演讲邀请成就了一段伟大的友谊，这不是很有趣吗？

现在让我来谈谈克里斯特的书，这正是人们期待读到的序言——这种期待是正确的。

我猜想这本书是因克里斯特年轻时对逻辑、数学和科学的迷恋而产生的。作为一个年轻人，他被宇宙的奥秘、矛盾、奇异、魔力所吸引。但他很快发现，虽然周围有很多神秘之物，但仍有方法可以研究和洞察它们中的大部分，通过科学和数学就能做到。因此，他投身于这些学科的研究，也投身于相关活动，比如国际象棋（他仍然喜欢下棋，尤其是和他的小儿子莱奥下棋）。

这种与思想世界的激烈接触所产生的是一种信念，即存在一种超越所有教条、所有迷信和所有宗教的真理，如果人类整体接受这种真理，它将开启一个伟大的启蒙时期，甚至可以实现世界和平。

多年以来，克里斯特从事科学研究，最早是计算机科学，后来是其他科学。克里斯特发现了他的同道，即世俗人文主义者，"泛爱众，而亲仁"，不是因为宗教，而是出于对宽容和清晰思维能力的信仰，也出于我们对这个蓝色星球的脆弱有一种强烈的感觉，它在数十亿颗恒星之间旋转，也在数十亿个星系中旋转。换句话说，一种深深的谦卑激励着克里斯特（以及其他世俗人文主义者）努力与这个星球上的其他人相处，而不是沦为盲目偏见所驱动的仇恨的牺牲品，并不断与所谓的"敌人"进行恶斗。最终，曾经的理想主义者克里斯特决定成立自己的出版公司"自由思想"（Fri Tanke），用瑞典语出版高质量的书籍，以及创办一本名为《判断力》（Sans）的杂志，在反对伪科学的同时，解释和倡导科学、逻辑和世俗人文主义哲学，反对迷信。好吧，克里斯特的梦想成真了，这要部分感谢他的好朋友比约恩·奥瓦尔斯（Björn Ulvaeus，最初是瑞典流行音乐组合ABBA的成员），几年前，克里斯特成为了一个有影响力的瑞典出版商。"自由思想"出版的众多书籍中，有许多译本出自我钦佩的思想家，比如理查德·道金斯（Richard Dawkins）、丹尼尔·丹尼特（Daniel Dennett）、丽贝卡·戈尔茨坦（Rebecca Goldstein）、米哈伊尔·戈尔巴乔夫（Mikhail Gorbachev）、安德鲁·霍奇斯（Andrew Hodges）、史蒂芬·平克（Steven Pinker）和其他许多人。

岁月流逝，克里斯特的知名度越来越高，他成了瑞典著名的演说家和电视明星，几乎成了世俗人文主义思想的代言人。人们经常可以看到他反对那些声称每个人的命运都是命中注定的占星家，并且与坚持达尔文进化论是个骗局的宗教神职人员辩论，捍卫自己的信条，即无神论哲学应该像有组织的宗教一样受到瑞典法律的尊重。尽管克里斯特总是彬彬有礼，但他始终热衷于公开捍卫他深信不疑的立场，不管这样做有多困难。我向他的热诚和勇气致敬！

我住在乌普萨拉那会儿，与克里斯特交往频繁，我很快发现他也在践行自己的主张。他保护瑞典移民，尤其是那些因为宗教迫害而逃到瑞典的人。例如，我看到克里斯特慷慨地拿出自己的个人资源来帮助一位孟加拉国的博客作者，他因为恐怖分子的死亡威胁而逃离自己的祖国，恐怖分子憎恨自由宽容的思想。同一类型的恐怖分子残忍地攻击并几乎杀害了十几岁的女孩马拉拉·优素福扎伊（Malala Yousafzai），她是巴基斯坦支持女孩教育的积极分子。

简言之，作为一个思想家、一个作家、一个出版商和一个人，克里斯特让我钦佩。我们现在非常要好，部分原因是我们对人类抱有一种年轻的理想主义的希望。本书对理想主义的表达非常清楚、具体、愉悦。克里斯特和我一样，喜欢用例子和故事来表达他的观点，他在本书的每一章中都很好地运用了这些例子和故事。

我还发现我对他有些影响，他喜欢在写作时变换形式。正如在《哥德尔、艾舍尔、巴赫》（*Gödel, Escher, Bach*）中，我在更严肃的章节和更有趣的对话之间交替。克里斯特在他的书中，也在更严肃的章节和两章之间更有趣的"插曲"之间交替，他让自己在表达纯粹的个人感情时有更多的自由。

作为一个资深的译者，我有丰富的翻译经验。我的翻译风格是意译——事实上，我甚至给它起了"诗意的谎言"这一名字。我的翻译和原文出入较大，因为我认为这样会更有效。我有时也会不揣冒昧地建议增删一些想法。偶尔，我甚至会建议增删一些段落。这本书也不例外，我使用了这种冒失的风格——但我有一个优势，我总是可以问原作者是否可以做一些小改动。幸运的是，克里斯特几乎总是对我开绿灯，对我表示认可。这些年来，作者和译者相处愉快，在这本书中，我们很容易就把原作和美国语言文化嫁接，这当然深深扎根于他自己的瑞典语言和文化的土壤中。

无须多言，翻译已经完成，我怀念作者和译者的愉悦互动。现在是我开启新工作的时候了——尽管我不再翻译克里斯特的书，但我们友谊长存。最为重要的是，我热烈地希望克里斯特的梦想——一个普遍宽容和尊重科学的真正开放的社会——能成为现实，至少在一定程度上通过他自己的贡献，尤其是这本令人惊叹、颇具个性的著作，把梦想变成现实。

2020年11月17日

印第安纳州，布卢明顿

作者序

克里斯特·斯图马克

有时，在我人生的至暗时刻，我担心我的同胞们正逐渐缓慢但肯定地失去进行清晰和独立思考的理性能力。

随柏林墙倒塌和冷战结束而兴起的充满自由观念和价值的全球化时代似乎悲哀地终结了。

二十一世纪的第三个十年发生了诸多变化，这让我感到更加焦虑。新型冠状病毒导致的瘟疫肆虐全球。全世界的科学家夜以继日地工作，以前所未有的速度研发疫苗，这无疑是对科学与合作之力最令人信服的证明。但与此同时，我们又看到持续增加的抵抗接种运动，这通常（并非总是）建立在阴谋论的基础上，认为有一个"新世界秩序"这样的不存在的组织，由精英（反犹主义者认为通常是犹太人）控制，其目标是建立一个世界政府，通过芯片和疫苗对全人类进行精神控制，并把世界人口减少到目前的十分之一。

美国"新世界秩序"阴谋论的根源可以追溯到好战的反政府权利组织和害怕出现敌基督的世界末日类型的宗教激进组织。

QAnon阴谋论是另外一个在美国兴起的例子，它极其奇怪：其信徒声称，有一个恋童癖组织崇拜撒旦，他们正在经营一个涉及政治家、警察和政府机构的全球性交易业务。因此没有任何人能够信任。

但是阴谋论只是问题的一小部分，在全世界，这样一些观念正在传播：应该禁止某些嘲笑各种信仰体系的文字或图片，对违反这些原则的人处以死刑。

许多人还记得伊朗领导人阿亚图拉·霍梅尼（Ayatollah Khomeini）

1989年对萨尔曼·拉什迪（Salman Rushdie）发布的教令，他在教令中命令全世界的穆斯林杀死拉什迪。

这些观念正在迅速传播，言论自由在全世界正在遭受威胁。

2020年10月16日，法国中学教师萨米埃尔·帕蒂（Samuel Paty）被一名年轻的穆斯林斩首。因为在一次关于言论自由这个启蒙思想的讨论中，帕蒂在课堂上展示了伊斯兰教先知穆罕默德的漫画。

在波兰，保守派和天主教掌控了权力。匈牙利有同样的趋势。在这些国家中，言论和出版自由受到严重的限制。

2018年，意大利选出了由民粹主义政党五星运动和属于联盟党的右翼极端分子加入的联合政府。后者建立在要把那不勒斯南部从意大利驱逐的立场之上。在奥地利和俄罗斯，右翼政党和保守主义的道德价值迅速扎根。

在菲律宾，前总统罗德里戈·杜特尔特（Rodrigo Duterte）在反对毒品和恐怖分子的斗争中经常骄傲地宣称亲自杀掉了犯罪嫌疑人，他全面支持敢死队对毒品滥用者和其他犯罪分子进行法外处决。

伊斯兰主义和民族主义论点占据了土耳其，而在印度，民粹主义分子接管了政府。

问题远不止于此。

那么我们还有关于这一切的解药吗？

我认为，我们需要的就是复兴我所说的"启蒙价值观"。我们需要复兴清晰思考的艺术，并且复兴世俗伦理。

我试图在本书中对这一发展有所助益。我相信，每个人都应从自己开始做一点工作。如果人不分老幼，都愿意开启心智，建设一个新世界，都努力去做更系统、更清晰的思考，我们就上道了。

我也期望这样的观念可以成为世界各地学校系统所接纳的观念。如今，许多学校可谓处于危机之中。这并非学科教育和言行举止的问题，而是丧失了对知识和理解的本质的思考。世界各地的学生急需更多的哲学思考来帮助他们反省自己；他们需要更多细致、清晰的思考训练；他们需要更多对生命复杂性的觉察以及对人类存在本质的探究。只有我们真正认识到自己是具有反思和意识的人，我们才能全面践行和改进我们的生活，这既是为己也是为人。

我们尤其要认识到不能从宗教中获得伦理和道德价值。伦理学是哲学中历史悠久的一个分支，但并不必然和宗教有联系。实际上，道德价值完全能够稳固地奠基于非宗教人士、世俗的人文风尚之中。我们要让子女知道科学的世界观是最具吸引力的。科学如果和伦理的人文主义形式结合，就能建立一个人的世界观。

本书源于我在21世纪的头20年对理性和启蒙的关切。在这20年里，宗教激进主义、伪科学、文化相对主义、后真理相对论、阴谋论和其他反科学态度像野火一样在全世界蔓延。

几年前我开始着手此书，当时我用瑞典语写了一本书，论述了21世纪新启蒙运动的必要性。这一启蒙运动将带回建立在世俗人文主义基础之上的理性、清晰的思考、伦理和宽容。

现在你手头上的这本书就源自那本瑞典语书，源自我和我十几岁以来就一直心仪的知识英雄、现在变成了我的好朋友的侯世达教授之间的完美合作。他的书《哥德尔、艾舍尔、巴赫》改变了我20出头时的生活，让我放弃了成为流行歌星或者至少是流行音乐家（两者都没有成为现实）的虽然不够理性，但却充满激情的雄心壮志，而转向数学、哲学、计算机科学，并最终转向写作和科学出版。你将在第一章中阅读更多这方面的内容。

他已经在序言中讲述了我们如何合作写作此书的故事，我就不再多费口舌了。他的语言技能和多才多艺的头脑让他有可能率先将我的瑞典语手稿翻译成英语①，随后我们在一起工作了3个月，当时他正访问我在乌普萨拉的母校（我曾在那里学习计算机科学），这为我的"启蒙宣言"打造了一个适合英语读者的版本。我很高兴这本书也将以中文、俄文和韩文出版。我希望我的启蒙观念能惠及更多读者，而不仅限于瑞典读者。

本书包含两个部分。第一部分采取"微观视角"。我意图给读者提供可以更为清晰有效地思考日常世界的工具。我想提供钥匙和洞见，让复杂的、多维的思想得以全面绽放。

---

① 在此过程中，他在一封语调谦和的电子邮件中不仅纠正了一些事实错误，还纠正了我使用我的母语——瑞典语时所犯下的一些语法错误！

第二部分采取包罗万象的"宏观视角"。我意图展现新启蒙时代的政治和哲学视野——一个自由和世俗世界（secular world）[1]的视野，在那个世界，人们不再受到来自教条和迷信的局限和压迫。我也意图展现一个没有种族主义、性别主义或其他偏见的社会，一个人权受到广泛重视的社会。

我希望拙著能够让读者获得更深入的结论、做更睿智的抉择，帮助他们发展反思和分析的能力。这一切都可以归结为清晰思考的艺术。这意味着一个人的思想和推理应该通俗易懂、清楚明确而非模糊不清、马马虎虎。但这也意味着一个人应该仔细思考，而不是凭借一点证据就迅速做出判断。我希望本书的有用性将自然而然从我的讨论中获得。这些讨论包括我们如何从对获得和运用知识的坚实理解中塑造我们的思维。

我也自觉有人会很容易把我的立场当作对宗教的死磕。然而，这并非出自本心。在刚刚过去的20年里，我交友广泛，有宗教信徒，也有非宗教者，有犹太教经师、伊斯兰教领袖、耶稣会教士，也有科学家和哲学家。与他们的交流极大丰富了我的思想。

我高度尊重每个人的信念。我知晓宗教对个人生活至关重要，尤其在悲伤绝望之时。尽管我个人并不相信任何死后的生命，但我知道许多宗教人士持有这种让人温暖的信念，对此我心怀敬意。但是，我别无选择。虽然我不能提供任何死后生命将继续存在的证据，但我将为人们关注地球上的生命提供让人信服的理由（即便有死后的生命，但这并不是一个更少与地球现有生命互动的理由）。

最后，我想敦促读者带着批判的眼光阅读此书。毕竟，我关于"新启蒙"的整个观念就是以批判的方式去检查主张和判断。请不要因为这本书不时地涉及哲学而感到迟疑。人们往往以为哲学难解甚至晦涩，我认为这是误解。弹钢琴困难吗？那要看你是想弹巴赫（Bach）的曲子还是弹《一闪一闪小星星》，哲学亦是如此。我确实经常和我11岁的儿子莱奥讨论哲学和存在问题，他的问题和我们大人的问题相当类似。人们可以在任何年龄段思考哲学。这要看你如

---

① secular源自拉丁文saecularis，意味着"世俗的"，与ecclesiastic相反。ecclesiastic意味着"传道的"。

何上手，看你考虑的是哪种哲学。

在本书中，前后两章之间你会发现有一个"插曲"（就像宴会中间的柠檬果汁、冰糕）论述一些话题。这些插曲形式上比章节要自由，有时难免充满个人化色彩，它们呈现了一些无法解答的谜题。

于我个人而言，我感觉唤醒"新启蒙"可对更加开放的社会、更加民主的生活方式、更加适宜的人类生存条件有所裨益。在我看来，在今日的全球化世界中，人性的世俗视野和世俗团体的伦理原则都是跟他人和平共处的不可缺少的先决条件。我们必须对生活在当下的地球上的生命负有责任。今天有如此之多的人受到宗教和迷信的压迫。我所提议的世俗视野，除了是一个带来启蒙的规划，也是一个带来自由的规划。

我把此书称为《点燃理性的火焰》，因为我的梦想就是，它能成为一个启蒙新时代的乐观宣言。

2021年1月1日
瑞典，斯德哥尔摩

序曲：昨日与今日之世界

我不相信启示宗教，

我与上帝的不朽毫无关系，

我们的生命足够痛苦，

无须思考上帝之荒谬。

——拜伦勋爵（Lord Byron）

在巴西一家旅馆里，奥地利作家斯蒂芬·茨威格（Stefan Zweig, 1881—1942）写了著名的关于旧世界行将崩溃的作品。这本书是他最后绝望的宣言，写完之后，他就和妻子双双自杀。1942年，此书在瑞典以《昨日的世界》（*The World of Yesterday*）为名出版。相当长一段时间以来，茨威格都是欧洲最知名的作家之一，但是纳粹分子驱逐了他，德国焚烧了他的著作。

茨威格想通过《昨日的世界》这本书警晓世人：他身处其中的世界发疯了。他曾经生活在第一次世界大战之前的那一段欧洲流行伦理同情和对未来充满信心的时期，这些信念突然被连根拔起，取而代之以狂热和非理性。如他所言：

《启示录》里那几匹苍白的大马全都闯入我的生活，这就是：战争和饥馑、通货膨胀和暴政、疾病和政治流亡。我目睹各种群众思潮，如意大利的法西斯主义、德国的国家社会主义，尤其是那个不可救药的瘟疫——毒害了欧洲文化繁荣局面的民族主义的产生和蔓延。我成了一个手无寸铁、无能为力的见证人，目击人类想象不到地倒退到早已被人遗忘的野蛮时代中去，这是一种有自觉纲领的反人道主义的野蛮。在我们经历了若干世纪以后，又看到不宣而战的战争和集中营，看到了严刑拷打和大肆掠夺，以及对不设防的城市的狂轰滥炸。所有这些兽行都是我们在以往的五十年里所未曾见过的，但愿我们的后人不再容忍这些暴行发生。

茨威格指出他所处时代的自相矛盾：

但是，十分荒谬的是，我在这个道德上倒退了一千年的时代里，也看到了人类在技术和智力方面取得的意想不到的成就，一跃超过以前几百年所取得的业绩，飞机征服了天空；在一处说的话一秒钟就传遍全球，从而缩短了世界的空间距离；原子分裂战胜了最险恶的疾病。昨天所不能做的事，如今几乎每天都可以做到。在我们的时代之前，人类作为一个整体既没有露出魔鬼般的嘴脸，也没有创造出惊人的奇迹。

普遍的精神疾病

远离茨威格笔下的欧洲中心主义视角，不难看到今日之世界与他的描述何其相似。互联网通过网站、电子邮件以及像脸书、推特这样的社交媒体将世界上的绝大多数人联系在一起。

茨威格关注的欧洲，曾从科学进步速度惊人、对未来充满信心、富于启蒙精神的辉煌时期迅速转入非理性和狂热的梦魇时期。我们今天又重蹈覆辙，不过，是在全球的尺度下。科学进步从未如今天般令人印象深刻，信息和知识从未如今天般唾手可得，独裁政权和专制政府力图愚弄人民从未如此困难，一个人的思想从未如此便捷地被全球的听众听到。

但同时，世界为大众的精神疾患所困扰。每天，同性恋被杀害或监禁，这要感谢某些宗教人士对上帝意志的阐释。妇女因拒绝堕胎而死。有人被乱石砸死或被砍掉双手，因为他们碰巧触犯了神圣的律法。宗教激进主义者在互联网上发布斩首视频，鼓动观看者加入他们的圣战。人们被愚弄，认为上帝能通过神迹治疗致命的疾病。关于巫师或魔鬼的驱邪神话会导致虐待或死亡，在这些案例中，甚至孩子都经常成为受害者。

自从1989年柏林墙倒塌和冷战终结，自从2001年9月美国双子塔被袭击，这一切似乎表明非理性、迷信和狂热赢得了我们周遭更多的支持者。案例各有不同，下面的不过是微不足道的几个代表而已：

2015年11月，一小撮恐怖分子袭击了巴黎及其南部郊区。在咖啡厅和餐馆发生了大量的枪击和自杀性爆炸。袭击者烧死了130位民众，包括90位在巴塔克兰剧场参加音乐会的观众，"伊斯兰国"声称为此负责。

2016年7月14日，法国的巴士底狱节，一辆19吨重的卡车冲进尼斯地区盎格鲁街上欢庆的人群之中，造成了86人死亡，458人受伤。"伊斯兰国"声称为此负责。

2017年4月7日，斯德哥尔摩发生了一起类似的卡车袭击事件，造成5人死亡，多人受伤。这个卡车司机宣称效忠"伊斯兰国"。

2017年9月，印度记者高丽·兰克什（Gauri Lankesh）在班加罗尔市的家门外遭枪杀身亡。2016年她就被控诽谤，因为她的一篇新闻稿谴责了印度人民党中的成员从事盗窃。

2016年，美国堪萨斯州的一批军人被指控策划恐怖活动反击穆斯林移民。他们计划用炸弹袭击大量穆斯林移民居住的公寓楼，那也是清真寺所在地。

2018年，在印度的北方邦，警察狠揍了一个卖肉的人，因为他被指控屠宰了牛（牛被认为是印度宗教中的神物），后来他死在了德里的一家医院里。自2010年起，28个印度人，其中包括23个穆斯林都被杀了，124个人受伤了，关于圣牛的争议招致了暴力迫害行为。

2018年，在斯里兰卡，一个佛教团体袭击了清真寺和穆斯林的企业，导致2人死亡。斯里兰卡是一个佛教信仰占统治地位的国家。2012年起，强硬的佛教徒和他们的组织BBS（意为"佛教权力部队"）制造了暴力和紧张局势。

2012年，萨维塔·哈拉帕纳瓦（Savita Halappanavar）在怀孕17周后流产失败。她定居在爱尔兰，医院里的医生拒绝为她堕胎。他们给出的理由是

"这是天主教国家"。一周后，她死于败血症。

2014年2月，乌干达总统约韦里·穆塞韦尼（Yoweri Museveni）签署了一项法律允许对同性恋施以死刑。这种基于《圣经》的理由得到了英国国教的大力支持。在实施法律的第二天，一家乌干达的报纸就登出了200个被确认为同性恋的人的名字和照片，从这一时刻起，他们之中的任何一个人都持续处于死亡的危险之中。（2014年8月，完全出于形式要求，这一法律才被废除，因为当乌干达的宪法法院裁定当初的法律通过时，出席议员人数不足。乌干达的一些基督教会仍然继续寻求通过法律对同性恋进行制裁。同性恋在乌干达仍然可以入罪。）

2013年3月，布隆迪的天主教会要求政府禁止教会的分离组织每月朝圣。朝圣者去他们认为的圣母马利亚显灵的地方朝拜，但教会认为他们找错了地方，禁止他们朝拜。这引起了警方和朝圣者长达数月的冲突。在一次偶然冲突中，警察向朝圣群体射击，枪杀了10人，35人受伤。

2014年，在苏丹，27岁的梅里亚姆·叶海亚·易卜拉欣（Meriam Yahia Ibrahim）被判处死刑，因为她声称自己是基督徒而非穆斯林（1983年苏丹制定了伊斯兰教法，第9章会具体阐述）。尽管她已有7个月身孕，但这个年轻的女人被判处鞭笞100次再判处死刑。在巨大的国际抗议之下，她被释放，逃到了美国。

2014年，文莱在制定伊斯兰教法上迈出了第一步，包括将婚外孕、错过周五的礼拜、皈依非伊斯兰教入罪，惩罚从罚款到入狱程度不等。第二步是将偷窃和饮酒入罪，处以鞭笞或肉刑。2019年这些法律已经付诸实施，并开始了第三步，通奸、同性恋性交以及侮辱先知穆罕默德都将被处以石刑等重刑。

2018年6月，孟加拉国的博主沙扎汗·巴赫楚（Shahzahan Bachchu）被不明攻击者杀害。不幸的是，这只是孟加拉国一系列世俗活动分子被杀事件中的一例而已。早在2015年，出版者费萨尔·阿列芬·迪潘（Faisal Arefin Dipan）被砍死。在这之前，大众博客作者阿吉·罗伊（Avijit Roy）也死于谋杀。还是在2015年，博客作者尼尔（Niloy Neel）公开捍卫自己的无神论立场，在首都达卡被砍死。一些孟加拉国博客作者计划逃亡到瑞典，在2017年和2018年，他们在瑞典获得临时避难许可。

2017年和2018年，在缅甸，许多穆斯林罗兴亚人被佛教极端分子攻击并杀害。幸运的是，许多罗兴亚人成功逃到孟加拉国，如今他们生活在难民营里。

2015年，犹太教的极端正统派中一些反对男同性恋的极端分子袭击了在耶路撒冷举办的一场男同性恋婚礼，持刀杀害了一个人，还伤害了好几个人。袭击者2005年就袭击过男同性恋，入狱10年，刚出狱3周就重作冯妇。

2015年1月，伊斯兰激进分子袭击了法国讽刺刊物《查理周刊》的编辑会议，杀死了12人，伤人极多。牺牲者的"罪行"是涉及出版了批评各种宗教，包括伊斯兰教的讽刺画。袭击之后，行凶者逃亡，在集中警力搜索3天以后才被绳之以法。和这次袭击相关的另一次袭击事件是针对巴黎的犹太人商店，好几个人成为人质。法国警方解救时，已经有好几个人质不幸丧生。

同一个月，在尼日利亚东北部的一家超市，好几个人因人体炸弹而丧生。行凶者是两个少女，腰部绑上炸弹，把那些无辜者包括她们自己都炸了个稀巴烂。

是什么驱使这些人实施这些极端行动？又是什么赋予这些行动极其异常的信念？

致命的迷信

世界上的非理性观念毫无征兆地出现在那些宗教极端分子的表述之中。巫术思维以及其他迷信观念也流传甚广，而且危及生命。

2014年10月，一位55岁的妇女在印度切蒂斯格尔邦，被她的亲人运用巫术折磨致死，因为她被怀疑让一位亲戚得病了。亲人给她的眼睛和耳朵里洒满了辣椒粉，鞭笞到死。

巴西一个12岁的女孩得了癌症，却因为她父亲相信"神医"要比现代治疗癌症的化疗和放射疗法更有效果而死。

一个英国的家庭是基督教派耶和华见证会的成员，他们拒绝让自己的孩子输血，因为这会违背他们的宗教信仰。耶和华见证会相信《旧约》（创世记9：4；利未记17：10；申命记12：23）和《新约》（使徒行传15：28—29）

要求他们不要使用他人的血。2014年3月，英国的法庭裁定父母没有权利禁止子女输血。

这当然很好，但是在其他国家，父母的迷信要比子女的生活更受到尊重。在美国的37个州，法律明确宣布如果父母因为宗教信仰拒绝为子女治病，他们不为子女可能受到的伤害负法律责任。

进化论是现代医学研究和实践的基础。然而有将近一半的美国人相信达尔文的理论是错误的，上帝创造了他们。对他们而言，类人猿和人类的任何联系都是不可设想的，或者说人类在历史中的变化是不可设想的。

1/3的美国民众相信鬼魂和心灵感应。1/4的美国人相信占星术，也相信耶稣会在接下来的半个世纪复活并重返地球。有一些美国政客认为我们根本不用担心全球变暖，因为耶稣在回到地球后会解决我们所有的问题。

2014年5月，印度人民党中的一个民族主义者纳伦德拉·莫迪（Narendra Modi）成为印度的总理。与此同时，印度人民党的议员拉梅什·帕克里亚尔·尼香克（Ramesh Pokhriyal Nishank）在一次政治辩论中表示：占星术远远领先于科学，与占星术相比，科学实际上就是"侏儒"。

瑞典的极端主义和迷信

当然，我的国家瑞典也没有幸免于宗教极端主义和迷信。自2012年，数以百计的瑞典人去叙利亚参加伊斯兰圣战。

布罗斯的一对父母认为他们12岁的女儿为邪魔控制。他们向当地自由教会（非国家支持的基督教会）的牧师寻求帮助。女儿被粗暴对待，父母和牧师都被判入狱。这件事不是发生在1613年，而是2013年。不久之后，在同一个城市，在另一起制造混乱的驱邪事件中也有人被折磨。

在驱魔师虐待瑞典小孩的同时，瑞典电视台的某些娱乐节目就建立在对灵魂的信念上，这些节目包括"鬼屋"与宣称能够与死人的灵魂交流的灵媒降神会。TV4频道的负责人觉得这不过是个无伤大雅的玩笑而已。

瑞典北部一个10来岁的女孩与一个常年控制她的男人生活在一起。她从一个算命师那里寻求建议，算命师用塔罗牌预测她的未来。他告诉女孩，他们之间不过是有一些小麻烦而已，塔罗牌表明只要他们有了孩子，这个男人就会对她很好。算命师的建议令她停止寻求帮助，相信塔罗牌就意味着她将继续牺牲自己。

属于环境党的一个瑞典国会议员要求应该由国会调查机构来调查天空中的可疑轨迹，这被认为是"化学凝结尾"。对可疑轨迹化学凝结尾的解释源于一个阴谋论：喷气式飞机飞行时在天空中留下白线是一个秘密行动，该行动企图控制天气、人类行为和其他数不清的事情。事实上，可疑轨迹的产生是喷气式发动机释放的高温蒸汽与冷空气在高空相遇的结果，这一条轨迹不过就是冰晶流而已。环境党前任领导人宣称中情局和俄罗斯是这一神秘现象的背后主使，中间党的一个国会议员宣称飞机散布化学凝结尾是想控制天气。

瑞典的一个组织基督教价值党寻求完全禁止堕胎。他们也追求完全推翻鞭打惩罚小孩的禁令，尽最大可能禁止体外受精[①]。这个党严禁同性婚姻、拒斥同性恋家庭具有领养儿童的权利，反对在学校教授进化论。

基督教末日派普利茅斯弟兄会（这个教会的名字取自英格兰的普利茅斯市，因1831年在那里发生了第一次聚会。在瑞典，末日派建立于19世纪70年代，现在据说有400多个成员）在瑞典南部支持了一个学校。教派成员不允许自己的子女去公立学校，甚至拒绝和非此教派的成员同桌就餐。他们的子女应该尽量减少与周围社会的接触，等待基督第二次降临。妇女不允许穿短袖，结婚之后不能在外面工作。教派成员不允许看电视或收听电台。他们也不能去大学学习或参与选举。然而瑞典国会规定教派可以以宗教自由之名获取政府资助。在这些学校中的孩子们完全被洗脑，也无人在乎。

宗教、新纪元运动、江湖医术、迷信并非无害。我们人类所信之事相当重要。然而政治家、记者和整个社会在面对这些不同的信仰系统时常常读见百出。

假设你的一个好友在服用糖尿病药物时变得疑神疑鬼。你关注他的行为，严肃待之。他解释说中情局在他的药里下毒了，要杀他。

你告知了医生。医生通过诊断给出了结果：妄想症、精神疾患、心理疾

---

① 体外受精的发明者罗伯特·爱德华兹（Robert G. Edwards）在2010年获得诺贝尔生理学或医学奖，这受到来自天主教和其他教会的强烈抗议。

病。朋友接受了治疗。

另外一个朋友和她的长期伴侣断绝了关系，你觉得这是错误的，问她理由。她说，自从参加了生命道（The Word of Life）基督教团体，她认识到不能未婚同居。她非常恐惧，认为她会因未婚性行为而在地狱中受到永远的惩罚。而且，她不能诅咒，因为这是她必须接受的命运。

再一次，你约了医生给你的朋友看病。医生给出了同样的诊断结果：妄想症、精神疾患、心理疾病。但是社会认为她不过是获得了"新生"。她只是信教了，仅此而已。

社会以两种完全不同的方式裁定了你的朋友，尽管与案例一中的中情局在你朋友的药物中下毒相比，案例二中的朋友下地狱的可能性更小。毕竟，中情局至少存在。

显而易见，社会的一般性测量手段并没有建立在任何可感和不可感的基础之上。其他事实扮演了确定一个行为是否理性的角色。

为什么人们在宗教中，在新纪元运动中或在迷信中寻找安全感？为什么人们相信如此奇怪的观念和教义？问题是复杂的，答案是繁多的——并不仅仅是社会学的答案，还有政治学的、心理学的，以及来自演化生物学的答案。

我们这个愈来愈全球化的世界产生了不安全感、漂泊感和认同危机。对有些人而言，他们在新纪元运动中的一种温暖友爱的感觉中去寻找安全感。新纪元运动已经成为X一代（指出生于20世纪60年代中期至70年代末的一代人）的标配：占星术、顺势疗法、塔罗牌、灵气疗法（日本的宇宙生命能量疗法）、虹膜治疗技术、磁疗法、精神综合法、脉轮平衡、克里安照相术，以及其他伪科学观念借助新闻媒体疯狂传播。

愤世嫉俗的压榨者到处开设"领导力与个人发展"课程，就像新纪元运动在网络上激发的金字塔式快速致富模式。各种治疗重病的江湖疗法被兜售，承诺会带来快速神奇的疗效。伪科学和新纪元运动吸引着越来越多的人，它们中的许多不仅仅是欺骗，也是压榨，甚至带来悲剧性的后果。

当信仰者面对他们无法解释的事实，无法表明他们所信为真，就提出新纪元运动所倡导的批评，批评对真理的狭隘理解：论断无真假之分，它们仅仅是对某些人，或某个特定的文化为真。"这一切对你来说并不是真的，但对我来说就是真的！"

相对真理观（即何者为真因人而异）以及文化价值一概平等，这些观念受到一些特定知识分子团体，以及瑞典的文化论争的激发。不幸的是，这样一些不切实际的想法无助于阻止全球变暖，提升我们的一般道德意识。实际上，情况恰好相反，它们愚弄了那些最需要启蒙的民众。这种相对主义立场是知识分子懒惰的结果，人们从一个观点滑向另外一个观点，而不是通过细致思考得到结论。相对主义论者似乎并不理解，要是没有客观真理，你甚至都不知道犯错是怎么一回事。相对主义是一个自我强化的信念体系。

在众多相对主义论者中偏见盛行，这阻止了人们为自己的信仰寻找清晰和科学的基础。具有科学倾向的人经常会遇到相对主义论者或新纪元人士的反驳："你居然仅仅相信科学解释！你的心智为何如此封闭狭窄！"或者"你知道什么是爱吗？你不相信爱吗？你当然不能解释爱，因此你就不能相信她！"

为了捍卫他们这种模糊的思考方式，一些相对主义论者或新纪元人士试图免受批评，他们在新事实面前逃避思考，对相信科学的人进行辱骂。这种辱骂背后，是巨大的无知之幕，是对科学及其从业者的不容忍。

瑞典是一个相当世俗的国家，宗教不再在我们的社会中承担重要作用，尤其是与其他国家相比。今天的瑞典路德教（一度成为官方宗教），提供给少数教众学习的不过是含混不清的教义。

但瑞典只是欧洲的一部分，欧洲的整体情形更加严峻。许多当代欧洲政治家坚持认为欧洲应该拥有基督教价值观。

美国尽管长期以来政教分离，基督教的保守主义运动仍然对这个国家的政治产生了巨大影响。众多天主教国家亦是如此。部分伊斯兰国家把宗教当作政治，把伊斯兰教义当作国家的法律，把《古兰经》当作所有人类的终极指导原则。

我们需要一个启蒙新时代

就社会和政治而言，极端的宗教信仰造成的后果非常严峻。女权、堕胎法、干细胞研究、避孕措施、儿童权利、动物权利、安乐死、同性恋婚姻、科学等都深受我们宗教观念的影响。

今天，国际政治弥漫着寻求新的启蒙和坚持保守观念之间的冲突。这种冲突不仅影响世界政治，也触及我们凡人的日常生活。欧洲以及世界各地，正在掀起一场反对恐怖主义、宗教激进主义的战争。"阿拉伯之春"精力耗尽，进入了寒冬，"伊斯兰国"的兴衰显示世界将在很长一段时间内持续着令人恐怖的暴力。

我们可以在诸如乌干达、苏丹和伊拉克看到宗教激进主义带来的恶劣后果，但这并未得到世人的承认。潜藏于宗教激进主义中的基本态度，诸如"上帝直接主导我们的道德原则"等流布广远，即使在瑞典这样的进步主义国家（大多没有宗教信仰）也是如此。

我们真的需要将这一切抛诸脑后，这些观念都属于一个古旧的时代。我们需要形成一种导向世俗人文主义的新启蒙，在其核心中发现人性；我们需要重新唤醒那些在原初启蒙年代所定义的基本价值和理念；我们需要接受我们所处的世界是自然的一部分这种观念，从而使得我们不会诉诸超自然和神奇的力量。只有当这样一种世界观占据主导地位，对人和人际关系，而不是人和一个或多个神（上帝）的关系的尊重才会占据中心位置。应该把伦理问题和宗教问题分开，这并不意味着问题变容易了，只是思想得到检测和判定，而不是被宗教教义所深度败坏和限制罢了。

这样一种世俗人文主义的形式建立在自由思想的权利之上——研究和理解自然世界的权利。尽管并非一切都可以被研究或理解，但对知识的渴求和理解将形成一个灵活的、非教条的应对世界的态度。好奇心和开放心态是这种态度的核心。细致的科学方法、开放的测试、科学思考的创造性和反思性为我们提供了关键工具。那种受到科学激发的清晰的思想帮助我们理解：人们可以是善良的，可以行善良之事，而无须臣服于或受限于神奇的力量。

这种态度也被这样一种愿望所刻画：推动建设社会的世俗结构和政治的世俗形式，身处其中的人们得到同等程度的尊重和考虑，而独立于他们可能具有的信仰和文化背景。在这样一个社会，法律、规范和公共空间不反映任何类型的宗教预设，而是一种和任何宗教都不相关的基于伦理原则的人文资源。宗教和政治分离。每一个人能够相信他们所相信的，只要不侵犯他人，只要公民没有被强迫服从国家宗教。

这种人文的世俗视角表达了对人类，对他们的能力，对他们成长和改变的潜力的强烈信仰。这表达了人类生活的善良源自内心，而非高高在上的东西。

今天，互联网缔造的全球化社会正在迅速形成。不仅仅是公司，国家也高度全球化，当然，个人也是如此。世界各处的人们从未像今天这样能够发出自己的声音，为人所知，并通过知识和技能彼此竞争。感谢社交媒体，孤立的个人甚至在政治发展中都能够扮演相当重要的角色。今天，越来越多的人拥有更多获得信息和知识的渠道，这是我们以前想象不到的；越来越多的人更加关注世界情势；越来越多的人有机会通过自己的行动影响世界。

我们每一个人都不能置身事外，都应该有意识地反思、选择关于实在、世界和人性的观点。这意味着训练自己掌握清晰思考的艺术至关重要。

目录
Contents

Part I

第一部分

清晰思考的艺术

第一章
开放心智与世界相遇：
追求知识需考虑工具和指南

通过他们提出的问题而非给出的答案来评判一个人。[①]

皮埃尔·马克·加斯东·德·莱维公爵
（Pierre-Marc-Gaston，duc de Lévis）

我想知道，如果天空永远乌云密布，我们人类会对宇宙和世界好奇吗？当人们在繁星密布的夜晚仰望天空，就会提出伟大的关于存在的问题。世界之外还有何物？我从哪里来？我为什么存在？为什么总是有事物存在而非一无所有？这对人类而言意味着什么？我应该相信什么？我如何决定我的道德价值？最后，生活的意义何在？

每一个人，在从儿童到成年的颠簸之旅中，都会以一种全新的方式遇到这些相同的永恒问题，并用余生去反思这些问题。

[①] Pierre-Marc-Gaston, duc de Lévis, *Maximes et réflexions sur différents sujets de morale et de politique* (Paris, 1808).

我的学思逆旅

儿童时代，我喜欢阅读幻想故事。其中我最爱的是刘易斯·卡罗尔（Lewis Carroll，1832—1898）的《爱丽丝漫游奇境记》（*Alice in Wonderland*）。[①]奇境是一个任何事情都可以发生的奇幻场景，但爱丽丝是个怀疑论者。我一直记得，故事中爱丽丝遇到白皇后时，她无辜地说"一个人不能相信不可能的事情"。皇后傲慢地反驳："我敢说你从来没有经历过不可能的事情。我年轻时，一天之内，每半小时就会经历一次。有时候我会在早餐之前相信六件不可能的事情。"

当我是个孩子时，我认为爱丽丝的态度让人厌烦。很明显，一个人应该相信不可能的事情！好奇心一直是我生命之中强烈的动力。

小时候，我认为可以用意念移动物体，感谢以色列魔术师尤里·盖勒（Uri Geller）。1972年盖勒在美国电视上露面，千百万观众看到他隔空令钥匙弯曲、让钟表停摆。他成功说服众人他具有真正的特异功能，能通过集中注意力移动物体。但是怀疑魔术者，尤其是雷·海曼（Ray Hyman）和詹姆斯·兰迪（James Randi）揭露了他是如何依赖伎俩的。但是他们的拆穿并不为公众所知，还是小孩的我就更不知道了。

我清晰地记住了尤里·盖勒，我相信他的魔力。无数次我坐在那里，瞪着火柴盒，集中我的能量，试图移动它——就那么一点点、一丁点、一毫米！我多么希望意念成真！也许我就是想感受到我是如此与众不同。当我想相信它时，为什么不去相信呢？但它从未产生效应。从那时起，我开始怀疑，有些事情不能仅仅因为我相信它们是真的就会变成真的。今天，我知道尤里·盖勒是个骗子，他完全把我骗住了。

逐渐长大，我开始迷恋物理学和其他科学。我尤爱幻想类和科幻小

---

① 卡罗尔的真实名字是查尔斯·勒特威奇·道奇森（Charles Lutwidge Dodgson），一个英语作家、数学家、逻辑学家和摄影家。他这本充满奇思妙想的小说《爱丽丝漫游奇境记》出版于1865年，《爱丽丝镜中奇遇记》出版于6年之后，这两本书令他不朽。

说。在我心中，艾萨克·阿西莫夫（Isaac Asimov）的《基地三部曲》（*The Foundation Trilogy*）和J. R. R. 托尔金（J. R. R. Tolkien）的《指环王》（*The Lord of the Rings*）都是大师之作。我对世界所知渐多，开始摆脱对"魔法"现象的迷恋。孩子时的我热切地想要去相信魔法、特异功能、神和其他超自然之事，但是我开始"无情地"长大了。

我生长在一个小镇里，实际上就是个村子——玛丽弗雷德，位于斯德哥尔摩西部30英里①处，除了通常的体育活动，提供给孩子的娱乐相当有限。但我不喜欢体育运动，我这一生从来没有踢过足球或练过冰球。到了12岁，我开始痴迷于数学。当其他孩子踢足球时，我总是坐在教室里，在方格纸上画曲线。很快我开始为德州仪器公司的TI-59便携式计算器编程，接着是一台电脑（ABC 80），我就是个书呆子。

刚刚15岁，我接触到了英国哲学家伯特兰·罗素（Bertrand Russell，1872—1970），第一次阅读他的回忆录令我印象深刻。罗素不仅是个哲学家，也是个政治活动家，希望影响他人。他对我青少年时期的人生选择产生了决定性的影响。《为什么我不是基督教徒》（*Why I Am not a Christian*）让我对哲学产生了兴趣，还促使我对参与社会政治产生了兴趣。1950年，罗素被授予诺贝尔文学奖，"以表彰他为倡导人道主义理想和思想自由而写就的丰富且重要的著作"。②

大约在那个时候，我开始不太情愿地认识到仅仅因为我希望某事是真实的而相信它，在智识上是不诚实的。我也开始理解，缺乏理由而去相信某事甚至是不道德的。如果我只信我所想，那我看待他人就完全是武断的。

我开始看到，一个人必须能够证明他的信念，一个人必须有合适的理由去接受某个陈述为真。我最终放弃了对魔术和特异功能的信念。然而，

---

① 英里，英制中的长度单位。1英里约为1.6千米。——编者注

② "The Nobel Prize in Literature 1950", Nobel Prize, accessed August 16, 2021, https://www.nobelprize.org/prizes/literature/1950/summary/.

直到今天我依然喜欢看魔术表演，自己也偶一为之。

代替魔术思考在我心中占据一席之地的是美妙神秘的真实世界。科学世界中未被解决的难题让我着迷，这里没有一厢情愿的魔术思考方式。数学、物理学、化学和生物学中的神秘让我产生了更多的兴趣，毕竟这是真正的神秘。它们就像魔术一样，尽管是在非常抽象的角度上来谈。

我不能忘记第一次遇到逻辑悖论时的感受。那是愚人节的早晨，一个喜欢数学的老朋友跟我说："今天是愚人节，我将以一种你从未遇过的方式来骗你！"这听起来有点吓人且充满挑战。从那句话开始，一整天我都非常注意他的一言一行，却发现不了任何陷阱。直到黄昏降临。我试着仔细回想这一天，找出他是什么时候使用什么手段骗我的，但我没有发现任何可疑之处。我想了又想，一直到上床睡觉，那晚我彻夜难眠。第二天，我又见了这个朋友，并恼怒地告诉他，昨晚我没有睡着，因为他违背了欺骗我的诺言。

然后他得意扬扬地问我："那么你是期待我昨天的确骗了你？"

"是的。"

"但是我没有欺骗你，是吗？"

"是的。"

"但是你相信我要欺骗你？"

"是的。"

"好了，那我就欺骗了你，不是吗？你轻易相信了我早晨所说的话！"

听到这里，我明白他的确选取完全不同的办法欺骗了我——通过不欺骗我。因为他不欺骗我，所以他欺骗了我。很多年后，我才发现我的朋友借用的悖论源自美国哲学家、逻辑学家雷蒙德·斯穆里安（Raymond Smullyan, 1919—2017）[1]的著作。

---

[1]　雷蒙德·斯穆里安，美国数学家、魔术师、钢琴演奏家、逻辑学家、道教信徒和哲学家。

青春期的反叛让我不想做一个傻瓜，我希望自己变得酷酷的，尤其是和女孩子在一起的时候。我想到的点子就是学吉他、玩摇滚，这成了我高中时期的主要活动。我那时在玛丽弗雷德西北10英里处的一个略大但仍然比较小的镇斯特兰奈斯上学。我经常逃学，坐通勤火车到斯德哥尔摩，去夜间俱乐部演奏音乐。

　　20岁时，我在一个摇滚乐队弹吉他，我认为自己肯定会成为一个音乐家。我们的乐队名字叫"英雄"（如果你认为我们的乐队名字受到了大卫·鲍伊①的影响，这是对的），我开始频繁去伦敦，希望和音乐界建立联系，签下一份录音合同。然而，最终我发现伦敦的夜场生活和音乐氛围并不是我的菜，毕竟差点让我失聪。处境不妙，过了一阵子，我决定回到瑞典。

　　回家路上，我碰巧买到了一本侯世达1979年问世的新书《哥德尔、艾舍尔、巴赫》，一直到接下来的几周，我都在狼吞虎咽地读这本书。这本书以一种丰富的复调的方式处理艺术、数学和哲学，让我大开眼界。这就是我这辈子想干的！我早年对数学的激情被唤醒了，立即决定要去乌普萨拉大学学习数学、哲学和计算机科学。我想将这些兴趣编织在一起，而音乐只是个爱好。实际上，在侯世达的书出名之后，做一个书呆子也并非不酷了，他让我们这些书呆子燃起了希望。

　　现在，我愿意承认我可能有点过于书呆子气，但是我非常感谢我在大学期间获得的思考工具。②

拥有开放的心智

　　最有趣的旅行就是受到好奇心和遐想驱动而开启的知识与洞见之旅。

---

① 大卫·鲍伊（David Bowie），英国摇滚音乐家，词曲创作人。——编者注
② 我说的"过于书呆子气"可以用你对如下陈述的反应来衡量——世界上有两种类型的人：用二进制计算的人和不用二进制计算的人。如果你能大笑，那你绝对是个书呆子。

这种旅行最让人惊叹之处在于，你旅行得越远，你想要知道的越多；你理解的越多，你就越认识到你实际所理解的比你原则上可理解的要少很多。

要进行这样一场旅行，最好在旅行袋里准备好合适的工具。有一些类型的工具会帮助你避免掉入陷阱或迷路，但首先你需要的是有助于找到正确方向的指南针。本书就是工具手册，希望它能给读者配备行路指南，帮助人们防备陷阱和死胡同。

最重要的工具就是"开放"。人们应该心智开放。但"开放"究竟意味着什么？我经常就这一话题和不同的人交流，发现"开放"这个概念常常被误解。

有一个例子。

你和朋友观看一档关于鬼屋的电视节目。参与节目的是一个灵媒，他举行降神会，声称能同亡者——去了另外一个世界的人谈话。节目结束之后，你们开始讨论起来。朋友说鬼魂和灵魂是真实存在的，人们能与之交流。

你回应说没有鬼魂和灵魂，那些所谓的"灵媒"要么是骗子，要么就是在自欺欺人。朋友说："别这么说！你应该更开放些！不要这么狭隘！关于是否存在鬼魂要有一个开放的心态。"

不知有多少次，我陷入了这种境地！或是在电视上的争论中，或是在平常的聊天中。但上面这个讨论一定有奇怪之处：哪一个人更具有开放心态呢？你能够仅仅从他们所信之事上做出判断吗？一个人的开放程度不应该根据他的所信之事来衡量，不是吗？我们不是应该根据一个人面对新的事实和证据时有多大意愿去改变观念来衡量吗？

那个认为鬼魂不存在的怀疑论者当然可以是两个人中心态比较不开放的那一个。这个人可能会严格坚持："我从来都不相信鬼魂，即便大白天看到血肉丰满的鬼魂，我也不信！"显然，这并不是一个开放的心智。但是，如果有一天我们证明了人类的灵魂可以在死后持续存在，也有可能建立和这些灵魂沟通的渠道，那么怀疑论者就可能会改变自己的立场，转而相信和死人谈话是可以的。

也可能是那位鬼魂信仰者的心智较不开放。想象一下这个人说："我曾经见证了一件我无法解释的奇怪事件，我也不相信科学能够解释。我一直相信鬼神！"在这个例子中，说这个人相当独断，完全没有开放的心智是合理的。

假设朋友和我讨论其他星球上的生命。我说我认为那些星球上有生命，但是我朋友认为这是愚蠢的。哪一个人的心智更开放呢？如果仅仅根据我们所信之事来判断，是不可能回答这个问题的。

再考虑另外一个例子。假设我腿上放着一个小的、封闭的黑盒子，然后我问两个朋友——亚当和夏娃："你们觉得这个黑盒子里有一个苹果吗？用你的直觉和常识猜一猜……好，你认为里面有一个苹果吗？"

亚当发誓，他相信盒子里有一个苹果，而夏娃则相信盒子是空的。我们仅仅知道他们中，一个相信盒子里有苹果，一个相信没有，这不能帮助我们决定哪一个人更具有开放的心智。总之，心智的开放程度与你所信之事关系不大，而和在面对新的事实和发现时，你如何改变想法关系紧密。

然而，在今天，人们很容易认为，如果甲相信鬼神、飞碟和外星人绑架，而乙对这些现象保持怀疑，那么很明显甲的心智要比乙更加开放。这种观念背后有什么深意呢？难道一个人具有高度开放的心智仅仅是因为他相信不合理的、疯狂的观念？当然，这没有任何意义。

让我们用另外一个思想实验来证明仅看信念不是确定一个人心智开放程度的正确方式。当代欧洲有很多极右派人士，他们甚至拒绝承认二战中的犹太人大屠杀。这当然是完全不合理的立场。但是，我们应该说这些人要比我们更具有开放心态，因为他们拒绝相信存在大屠杀，而我们像傻子般被说服了吗？不，他们不仅仅是傻，而是完全愚蠢。

得有多么开放的心智，这些庸人才会如此坚信人类从来没有登上月球，1969年的登月计划完全是个骗局，就像好莱坞电影一样。这种立场和相信登月计划的立场相比，心智更为封闭。

开放的特质应该被视为好奇心的近亲。心智开放意味着总是重新评价一个人的价值和观念，只要能获得新的事实和观点。

然而，要让一个想法得到认真思考，需要的不仅仅是开放的心智。我们也需要一个标准，据此可以合理地思考那些可能为真的事物。瑞典哲学家英厄马尔·赫德纽斯（Ingemar Hedenius）提出了一个相当简单但很有效的原则，他称之为"智力诚实原则"：相信一个观念，当且仅当你有好的理由相信这个观念为真。

这意味着你应该准备好去探索所有可设想的选择，然后判断它们中的哪一个是最为可信的、最为合理的。与那些毫不思索就咽下人们扔给他的观念的人相比，这样一种态度将会构成最好的和最真实的开放性。轻信和受骗很难配得上"开放"二字，它仅是一种不成熟的思考风格。在美国有一句谚语："不要心智开放得脑子都掉了。"谁会愿意成为这样的心智开放者？

还是有很多人相信缺乏合理性或可信度的事情。一些不合理的观念仅仅是因为具有较高的社会地位，或者不过就是惊险刺激的或神秘的，就会被相信。这就是新纪元运动今天如此流行的理由之一吧。但是，如果一个人觉得对他人的智力诚实是重要的，那么那些完全无关的"理由"就不会在人们判断对错时产生作用。

解释与奥卡姆剃刀

有一个非常古老的基本哲学原则，即在对某一个现象的各种彼此竞争的解释中选择最简单的。有这样一个例子。

假设某天我回到家，发现窗户玻璃碎了，电视机不见了。就我所见，有很多可能的解释，这里有三个：

1.天外来客乘飞行茶壶来到地球，敲碎了窗户，取走了我的电视。

2.小偷敲碎了我的窗户，取走了我的电视。

3.美国中情局秘密情报员通过远距离传送把我的电视弄走了，他使用了今天的科学尚不能解释的技术。

最简单合理且最好的解释就是第二个（除非我们获得新的信息让我们有理由选择一或者三）。

这种思维方式适用于被称为超自然或超常的现象。考虑下面两个论断：

1.我相信人类的超自然能力可以通过第七感官这一假设获得最好的理解，第七感官可以传达其他感官无法获知的信息和知识。

2. 我相信人类的超自然能力可以通过既定领域的科学得到解释。这些解释包括……①

好的解释是简单的，这一观点我们通常称之为"奥卡姆剃刀"②。

有时候我们会听到诸如这样的论调："科学永远不能解释×××！"×××也许是意识的本质，生命的起源，宇宙的起源。但是这样自以为是的陈述既是独断的又是局限的。

谁能预测人类将（或不）能解释什么呢？我们今天不能解释某些事情并不表明将来永远不能解释。

这种自我确信的论点经常会混淆已经被解释的和原则上可以解释的。意识的本质就是一个好例子。很多学者思考意识如何产生自大脑，并且提出了合理的理论，但并没有一个所有科学家都可以接受的完备的意识理论。然而这并非意味着意识不会在未来的某天得到解释。我们应该对未来的知识保持开放和谦虚，"今天的科学不能完全解释意识的本质，也许未来我们可以做到，只是今天我们并不知道"。

在新纪元运动中，有人经常会这么说："我不能解释这件事，这事一定是超自然的！"但是，为什么一个人自己无法解释的事就意味着没有科

---

① 例如，Michael Shermer 1997年的著作 *Why People Belive Weird Things*（New York: Freeman），讨论了冷读法、模式识别、统计欺诈等等。

② 中世纪英国奥卡姆就本体论提出的一个方法论原则。"剃刀"表达了一个观念：事情的复杂解释应该完全被"剃掉"。

学的解释，而且永远不可能有、永远不会有？一个更为健康的世界观是，如果自己不能解释，也许其他人能够做出解释——那个具有更多知识、比自己更有资格的人。认为自己不能解释神秘之事要比长期研究给出科学解释更靠谱是傲慢的。忽视科学证据的价值，把自己的个人经验作为最终的权威，不过展示了一种严重的人性缺失而已。

完全基于个人有限的人生经验并且拒斥科学研究的所有发现，这样一种态度很难让你产生新的洞见。那些说"我不能搞清楚这件事，所以这件事搞不清楚"的人，仅仅是混淆了他们自己有能力（或无能力）解释神秘之事与真正"可解释"的区别。他们想说的实际上是："如果我们不能在此时搞清楚这件事，那就没有任何人能搞清楚。"这是自信过了头，人应该更谦虚一些。

思考的陷阱

苏格拉底富有智慧，他指出，一个人不应该知道他实际上不知道的事情。在他被送上法庭判处死刑之前的申辩中，他说（至少来自柏拉图的转述）：

我比这个人要智慧。很有可能我们都不知道任何有价值的事情，但是他认为他知道一些他不知道的事情，而我不知道时，我也不认为我知道。因此，我比他在这个方面要更智慧一些，我并不认为我知道。①

高估一个人的知识不是好事，扭曲一个人的判断也不是好事。英国哲学家弗兰西斯·培根（Francis Bacon, 1561—1626）是第一个描绘我们容易滑入的思维陷阱的人。培根相信科学应该成为有用的工具，应该通过

① Plato, *Apology, Crito and Phaedo of Socrates* (ca. 399 BCE).

学术机构和刊物来搜集和发布科学发现，不再让同样的错误不断重复。在1620年发表的《新工具论》（*Novum Organum*）中，他写道：

> 人的思想远不是透明均质的玻璃，在那里，事物的光束根据它们的真实入射来反射。思想更像一个被施了魔法的玻璃，充满了迷信和欺骗。[1]

培根谈到四类假象（他不是指"错误的神"而是指"错误的观念"）经常会导致思想偏离，导致人在知识之海中因盲目航行而搁浅。我将用自己的语言重述培根的"四假象说"：

1.种族假象：第一个认知陷阱就是我们人类倾向于过度概括。我们使用惯用词汇，以解释情景的惯常方式去解释事实。我们可能给自然赋予了一种并不存在的秩序。我们将其范畴化、分类，并相信如果范畴之中的某些成员具有某个确定的属性，那么所有的成员都是如此。这一认知陷阱产生了对妇女、德国人、同性恋、非洲人，或者任何你可以分类的人的歧视，我们将其推广，并用于进一步的思考中。

2.市场假象：第二个认知陷阱是未经批判地让一个人的想法为流行语词、陈词滥调和广为流布的意见所引导。人类的语言含混而不精确。确定人们谈论的内容的意思是重要的，否则会导致完全不必要的误解，语言会完全压制思想。上面讨论过的"开放"就是一个例子，它经常被错误地使用，引导我们错误思考。

3.洞穴假象：第三个认知陷阱是完全从自己的视角看世界，一厢情愿地获得真相。然而，我们每个人的局限，无论是天生的还是训练出来的，决定了我们如何解释我们所观察到的一切。我们于是陷入了所谓的"认知偏见"，我们有一种从信念出发寻找确证的倾向，而不是寻求那些可能澄

---

[1] Francis Bacon, "Quotes: Quotable Quotes," Goodreads, accessed August 16, 2021, https://www.goodreads.com/quotes/1376291-for-the-mind-of-man-is-far-from-the-nature.

清我们的疑惑的事实。我们之前讨论过这样一个例子："我不能解释这件
事，因此它是无法解释的。"

4.剧场假象：第四个认知陷阱是未经慎思就相信权威或者著名的教
义、教条或传统。印度教中的古鲁建立了万物理论，其信徒盲目相信。另
一种权威是模糊的、松散的神学思想体系，就像舞台上的一幕剧，完全根
据想象瞎说。有一些人声称它属于古老的传统，但这并不能成为我们不加
批判地接受它的理由，事实上，我们完全有相当充足的理由去对这一传统
进行审慎的考察。

理性与智慧

具有理性和智慧意味着什么？"理性推理"指一致的、没有矛盾的
推理。其论证是由一系列的逻辑步骤构成的（但前提可能是智慧的，也可
能是愚蠢的）。相反的概念——"非理性推理"指混淆的和违反逻辑的推
理，这会导致你做出任意推论。

理性推理的优点在于，它以一种机制保证了结论永远正确。也就是
说，只要逻辑推理的每一步是真的，结论就是真的。但理性论证的结论并
不一定必然为真；事实上，如果某个前提为假，那么理性论证的结论就
为假。

例如我们把下面两句话当作前提：

（a）所有类型的动物，不管是现存的还是灭绝的，都出现于6000
年前。

（b）恐龙是已经灭绝的动物。

因此我们可以得到如下逻辑结论：

（c）恐龙出现于6000年前。

尽管这个推理范式没有错误，但前提（a）是错误的，因此结论也是错
误的。错误的前提不可避免地导致错误的结论！

嗯……读者，我很好奇，你是否能发现我在刚才几句话中所犯的逻辑错误？如果你做到了，请接受我的祝贺！如果你没有做到，请尝试找到它。提示：使用了一个错误前提的逻辑论证是否一定会导致错误的结论？

答案是否定的。我的论断是错误的。这是我的译者侯世达为我指出的严重错误。对此，我心存感激。我将给出四个简单的反例表明我的错误：

前提1：1+1=1（错误）

前提2：2+2=5（错误）

结论（根据加法）：3+3=6（正确）

前提1：克里斯特·斯图马克出生在中国。（错误）

前提2：中国人都说流利的瑞典语。（错误）

结论：克里斯特·斯图马克说流利的瑞典语。（正确）

前提1：奥巴马出生在肯尼亚。（错误）

前提2：肯尼亚人都有肚脐眼。（正确）

结论：奥巴马有肚脐眼。（正确）

前提1：奥巴马出生在夏威夷。（正确）

前提2：每一个夏威夷出生的人都会成为美国总统。（错误）

结论：奥巴马是美国总统。（正确）

这四个带点娱乐性的例子清晰表明了如下论断是错误的：如果至少有一个前提是错误的，那么理性论证的结论也是错误的。这是一个有吸引力的观点，也许你认为已经非常有意义了。的确，我自己也信以为真。但现在，作为读者的你明白事情有一点微妙。我所吸取的教训是，我们生长于世，不断学习，逐渐变成更好的、更清晰的、更有逻辑的理性思考者。

理性论证的结论的正确或错误不具有道德含义。理性论证不需要任何道德维度，然而这仅仅指论证的前提中不出现道德价值的情况。既然道德价值因人而异，因此通过唯一的理性方法得到的结论可能不会对所有人有效。不同的人会把不同的道德观念当作他们论证的前提。而且，从一个角度来看是理性的道德观念，从另一个角度来看就是非理性的。理性因此变成情景依赖式的。

如果一个成年人给圣诞老人写了一封信，这个行为可以被描述为非理性和愚蠢的。但是一个五岁的孩子给圣诞老人写一封信则是完全合理的。孩子真的相信有圣诞老人，写信可以让他得到圣诞老人放在圣诞树下的礼物。

要让理性在道德上公平，我们需要更多智慧。理性本身不能产生智慧。那智慧指什么呢？怎样区分智慧的行为和仅仅是理性的行为呢？理性意味着得到的结论和已知事实没有逻辑上的冲突。一个理性结论必须在逻辑上完全从前提而来，而且必须不能自相矛盾。但智慧不仅仅如此。

人类的智慧不与手段而与目的相关。智慧与道德上的好坏相关。智慧需要理性，但是理性不需要智慧。一个理性论证就是逻辑步骤的机制链，智慧则包含道德判断以及可能蕴含的结论。智慧要比理性更具有包容性。正因如此，很难用精确的描述来把握这个概念。

智慧的推理是理性的，但理性的推理并不总是智慧的。

拥有观念并形成生活哲学

世界是什么样的？我该如何生活？什么是真正重要的？在生活中，我们迟早都会遭遇这样的问题。我们试图让自己获得一个关于世界和我们应该如何在其中生活的相当一致的图景。我们每一个人最终都会构造自己的生活哲学。

具有一种生活哲学意味着拥有对实在本性的信念，对一个人如何在世界中生活，一个人应该如何对待自己、他人、其他生物和环境有所感知。

任何生活哲学都具有两个方面：作为描述的一面（试图说明事物如何产生）和作为规范的一面（试图说明我们应该如何感知事物）。描述的一面试图获得对宇宙的理解，而规范的一面旨在建立价值系统和对人类本性的理解。所有关于生活的宗教和哲学都包含这两个维度。

"宗教"这一概念是文化的彰显，很难用普遍认同的、包罗万象的描述去把握。一个简单的定义可能是这样的：相信存在与人类有关的高级的、超自然的力量。宗教经常基于一神、多神或其他超自然存在物的概念。许多宗教徒谈论"一个人格化、有意识的神"，而另外一些宗教徒具有关于神的模糊概念。

生活哲学当然能够建立在完全不涉及任何类型的神或超自然力的实在观念之上。生活哲学不需要充满魔力的存在，它仅仅需要从描述层面和规范层面提供一个广阔的、表述清晰的和一致的观念集合。神和超自然力具有可供选择的特征。尽管每一种宗教都可以被当作一种生活哲学，但并不是每一种生活哲学都可以被当作宗教。

如你所知，不相信神的存在的信念通常被叫作无神论。而有神论认为存在一位或多位神。有神论或无神论本身构成了一种生活哲学吗？当然，瑞典国家百科全书对生活哲学的定义如下："……一组负载着理论和价值的观念集合，对宇宙和人类的整体图景产生了主要的影响；它表达了一组基本的新概念，包含着一个价值系统。"[1]

因为这个理由，一个人不能说任何旧的观念集合构成了关于生命的生活哲学。例如，如果我相信在其他星球上存在生命，它自身并不构成一种生活哲学。这仅仅是一个独立的观点而已，它没有道德含义（即缺乏规范的一面）。

同样，如果我是一个无神论者，不相信神的存在（或不相信上帝的存

---

① "livsåskådning," Uppslagsverket, accessed August 16, 2021, https://www.ne.se/uppslagsverk/encyklopedi/l%C3%A5ng/livs%C3%A5sk%C3%A5dning.

在），这种立场不过是针对孤立问题的一个观念而已，它本身并不足够丰富，从而构成一整套蕴含各种伦理的生活哲学。对有神论来说也是如此。相信上帝的存在并不必然蕴含一整套丰富的生活哲学。它不过是一个孤立的信念而已。

要求停止施加在动物身上的痛苦的实验、禁止堕胎、实行平均分配，所有这些想法自身并不构成生活哲学。然而，它们中的每一个都可能源自一个人的生活哲学立场，因此从属于一个人的道德观念系统。总之，生活哲学就是一个广泛的、合理的、一致的观念系统。

生活哲学的描述层面不仅仅包括何谓有效知识和我们应该如何运用这些知识的理论（在哲学中，这被称作"认识论"），也包括何物存在以及何物是真实的理论（这被称作"本体论"）。

生活哲学的规范层面包括关于人类价值和人类权利的基本观念。通常，也包括对种族主义或反种族主义、动物权利、环境议题等的看法。所有这些我们具有的价值观都属于生活哲学的规范方面。

大部分人在一生中的某个时刻，都会思考存在的基本问题，有人思考得深入，有人思考得简单。但不管我们投入多大精力来考虑这些问题，关于这些问题，我们芸芸众生总会有些想法。缺乏基本的生活哲学，我们将在世界中生存得非常艰难，也很难以一贯的方式看待我们周遭的环境。

哪些是生活哲学的基本问题呢？当然可以用不同的方式去描述。最为核心的问题也许包含：

1.关于知识和求知的问题。我们能够知道关于实在的一些事实吗？如果能，我们是如何知道的？什么是知识？我们使用什么方法获得知识？这些都是认识论问题，属于知识论。

2.关于何物存在以及实在本质的问题。这些是本体论。它们包括一神或多神的可能存在，"上帝"概念的含义，"上帝"概念与我们关于世界的其他观念是否相容等一系列问题。这些问题都属于神学或宗教哲学范畴。

3.关于道德问题——其本质、存在。怎样刻画一个好的道德行为？我们如何决定一个既定行为道德上是正确的或是错误的？存在独立于人类观念和欲望的客观道德吗？哲学的这一方面是伦理学。

4.关于人性本质的问题，包括善良、邪恶、命运、意识、死亡和不朽。我们具有自由意志吗？意识是否不仅仅是大脑的化学活动？邪恶存在吗？如果存在，在哪里？这些都属于形而上学。

5.关于我们应该如何组织我们的社会生活和生存条件的问题。社会的角色和功能是什么？一个人应该如何与权力和法律产生关系？在涉及他人和其他生物时，我们具有什么样的权利和义务？这些问题主要在政治哲学中（有时也在伦理学中）讨论。

为什么你（或其他人）应该考虑这些问题？一个最简单的理由是源自朴素的、古老的好奇心。你可以完全对世界是什么样的或应该是什么样的一点也不关心。另一个理由是，考虑这样的问题丰富了你的生活。你越深入地研究世界，它就变得越迷人。

还可以找到另外一个理由，即弄清楚你所具有的观念是独立思考的结果，还是源自你的"文化遗传"——不加反思地接受你的父母、朋友和你所成长的社会中的典范告诉你的观念。如果，在某个时刻，你毫无疑问地接受了关于人性和世界的一些教条、价值和观念，而这并不真正是你自己的观念，你就有可能陷入被他人操纵的危险。在这种情况下，你至少应在生命中的某个时刻反思你的价值系统并发展你的生活哲学。学习永远不会晚。

我的观念

我们每一个人都有自己的观念——我们看待世界的原点。

1964年，我出生在一个种族、经济相当同质化的国家，在这里，大部分人生活良好、谈吐优雅。我们的国家长期安全——两百年内没有战争。

但我还是个孩子的时候，大部分妇女都是家庭主妇，尽管很多人不安于这个角色——事实上妇女解放运动很快就开始了。现在，当我回溯过往，我看到广泛的社会变迁与平等和性别角色密切相关。我也成长在一个具有自由市场经济的民主社会。很多年来，来自欧洲、亚洲和非洲的移民如涓涓细流汇成江河。同时，我也受到1990年代数字革命的影响，这场革命使瑞典成为全球计算机和互联网领域的领先国家。当今，瑞典是高度全球化的国家之一，国内种族非常多元，和我成长之时非常不同。简单来说，在我的国家，我见证了社会生活、经济生活和政治生活的巨大变化。

在这一剧烈变化时期，20岁左右的我认识到自己具有世俗化的世界观。首先，我把上帝的观念仅仅当作人类创造的神话。其次，我对如何做一个人持有人文主义立场。因此我成了一名世俗人文主义者，直到现在我仍然是。这也是藏在本书论证背后的立场。

生于今世，人们带着高度差异化的生活哲学、意识形态和价值系统共同生活和相互合作。于我而言，世俗人文主义是关于世界的一种审慎思考的态度，而不只关乎实在的本性。它当然也包括健康的、富有感受力的价值观念，这些观念帮助我们共同生活。

对心灵和大脑来说，这是一个在理性上、道德上站得住脚的立场。

世俗人文主义

到底什么是真正的世俗人文主义？"世俗"一词，如我前面所提及的，来自拉丁文形容词saecularis，其意与"传道的"相反。在当代语境中，"世俗"指人类事物不应该与宗教观念或宗教规则混同（或被其控制）。

至于"人文主义"这个词，在瑞典具有三种相当不同的含义：

1.人文主义是教育的目标。在瑞典，如果一个人在大学的专业是人文学科，例如艺术史或比较文学，他可以自称人文主义者。

2.人文主义作为对人类福祉的一般性关切。在瑞典，一个人如果态度强烈地承诺人的权利（当然，他可以是个无神论者、基督徒、穆斯林、佛教徒或其他），就可以说他是人文主义者。

3.人文主义作为一种非宗教的生活哲学。

在英语语境中，有不同的语词来对应这些不同的含义。第一个含义可以用人文学科（the humanities），第二个含义可以用人道主义（humanitarianism），第三个含义可以用人文主义（humanism或secular humanism）。

"世俗"和"人文主义"在单独使用时具有不同的意义。一个人可以是世俗的，同时相信神。世俗也可以指那些认为相信上帝完全属于个人事务的人，并且他们认为社会不能提倡某一种具体的宗教信仰。

当这两个语词并列放到一起，作为"世俗人文主义"使用的时候，其意义就是指生活哲学不涉及神或超自然力，重要的是人类及其关切。

世俗人文主义根据世界是自然的，而非超自然的观念来建构实在。世界由物质、能量和自然规律构成，完全没有理由相信神、精灵或任何形式的魔力等超自然物是存在的。

世俗人文主义就是一种生活哲学而不是宗教。世界上还存在着许多不需要上帝存在的生活哲学。在非神论或无神论这个意义上，可以把儒家、禅宗、上座部佛教（Theravada Buddhism）①和道家作为中国人的生活哲学。

世俗人文主义也考虑人类对待他人和我们所处世界的态度，强调每一个人的自由、自主、价值和责任，相信人类具有探究知识和从经验中学习

----

① 梵语中的Theravada表示"最老的学派"。佛教的这一原始形式在今天广泛流传于斯里兰卡、缅甸、柬埔寨、泰国、老挝、越南。

的能力。①

我发现很多人混淆了世俗人文主义和无神论。后者稍后会仔细讨论，但是我希望在这里解释无神论如何与世俗人文主义相联系。

无神论者就是相信没有神的人。这一观念会局限于这个问题：神存在吗？既然无神论仅仅处理这个问题，那么就不能构成一种全面的生活哲学。与此对照，世俗人文主义是一个丰富的、综合的世界观，包含价值观。无神论仅仅是世俗人文主义基于自然观点的一个方面，因此一个世俗人文主义者往往是一个无神论者，但一个无神论者不必然是一个世俗人文主义者。

换句话说，无神论和世俗人文主义之间的关系可以比作理智信念"基督不是弥赛亚"和犹太教、伊斯兰教之间的关系，犹太教和伊斯兰教都是认同这一理智信念的广义生活哲学。犹太教徒和穆斯林相信基督不是弥赛亚，但很明显，具有这个信念并不意味着你必须是一个犹太教徒或穆斯林。

---

① 关于世俗人文主义的更多信息，参见Philip Kitcher, *Life after Faith: The Case for Secular Humanism* (New Haven, CT: Yale University Press, 2014)或Stephen Law, *Humanism: A Very Short Introduction* (Oxford, UK: Oxford University Press, 2011)。

插曲：
精神与流动

你曾经体验过"存在的眩晕"吗？

有一次，我和我的儿子莱奥傍晚出来到屋后的露台散步，我们肩并肩坐下来看星星。当然，在理想情况下，应该找一个没有街灯，甚至没有任何灯光的地方来观察。而且冬季是最好的，因为那时天空最为清朗。

如果莱奥和我运气好的话，我们就能够看到木星，借助双筒望远镜还能看到它的四颗卫星。我们看到无数星星，银河系的中心在天空中形成了一条乳白色的星河（顺便一提，银河系的瑞典名字是"vintergatan"，意思是"冬天的街道"）。在这里，莱奥和我，两个微不足道的地球生物，身处我们星系边缘的某个地方，而我们的星系不过是亿万星系中的一个。

有一回，我们突然想到，我们可能是往下看而不是往上看——毕竟宇宙中哪一个方向是"往上"呢？谁来确定这个方向？在这样的时刻，我感到措手不及，我发现自己陷入了"存在的眩晕"。我是无限广阔的事物中一个无限微小的部分，我对此具有最为清晰的感受。然后莱奥和我几乎不复存在了，不过是宇宙的广阔空间中两个尘埃粒子而已。这能够被称作一种精神性的体验吗？

我信奉宗教的朋友向我保证说，上帝是真正的精神体验中不可或缺的要素，但我并不买账。当我把自己抛入浩瀚无际的天空，进入宇宙难以理解的深处，崇高感与敬畏感给我一种比超自然神话更强有力的精神反馈。

这种感觉能够在不同的环境中得到激发。我坐在钢琴前与其他人一起弹奏音乐时，我通常必须挥汗如雨才能弹出正确的音符，不错过关键的和声。但是，有那么一次特别的经历：我恍然不知自己为何，任由音乐在指尖和脑海流淌。在那一刻，我超越了我自己——对音乐的感受超越了单纯的曲子和我。这对我来说是一次非常深刻的精神体验，完全没有宗教和神秘的弦外之音。

有人会说每一个人都有宗教诉求。我刚才的体验算是一个例子吗？谁有权来决定什么可以作为宗教？

我们真正需要的生活哲学，没有教条，没有诸神，没有罪责，没有羞耻，没有对地狱的恐惧，没有强制他人按照神的规则生活的诉求，没有无止境的真假争论。它认可开放和质疑，它激励着对诸如艺术、音乐、文学、自然、宇宙、实在的惊叹、着迷与深刻感受，这才是我们需要的生活哲学。

对我来说，精神性不脱离世间，我们的实践彰显了精神的本性。我们是沧海之一粟，我们是人性之海的一粟，我们是宇宙之海的一粟，我们是广漠实在的一粒微尘。这一想法足够令我眩晕。我觉得根本不需要渗入神圣之物或魔幻之力。

第二章
信我所知：
实在、知识和真理

值得注意的是，科学论者不因所信而与众不同，但因他相信的方式和理由而与众不同。他的信念是试探性的而非教条的；他的信念基于证据，而非权威或直觉。

伯特兰·罗素

你需要基本的概念语汇和工具才能形成实在的基本观念。你需要理解诸如真、学习、信念和知识这些概念，也需要自己做出决定去接受哪些基本的预设。所见似乎真实，但一切都是真实的吗？抑或不过是一场梦而已？所有的一切不过是你头脑中的梦幻泡影，抑或存在真与谬误的真实区分？理性存在的理由又是什么？

具有理性态度之人不会主张对所有关于世界本性的问题给出毕其功于一役的回答。当代科学知识也不能解释我们宇宙和星球上的所有现象，而且几乎可以肯定的是，它们永远也不能。因此，拥有一种理性态度就意味着一种智识上的谦虚。这意味着需要经常自我慎思，检查那些理所当然的观点和概念——尤其是那些特别有吸引力的观念。

许多对实在的宗教解释都使用了绝对论者表述事物的方式，宣称世间一切活动完全建立在宗教经典和传统之上。今天，科学不能解释的事情被理所当然地认为可以求助"上帝"，这不过是将类似议题彻底废除而已。例如"我们并不知道生命如何产生，因此肯定是一位神创造了生命"，或者 "我们不知道宇宙如何起源，因此肯定是一位神创造了宇宙"，再者"我们不知道意识如何寓居于头颅之中，肯定是上帝放进去的"，诸如此类。

但一个人可以具有完全不同的态度。用一个简单的比喻足以表明我的想法：我不懂如何建造房子，自己笨手笨脚，连灯泡都不会装。但这并不表明我相信有一位神建造了我的房子。当下，我仅仅接受我不知道如何建造房子这一事实。对我来说，当下是神秘的事物并不必然永远对所有人都是神秘的。也许我就是不理解！也许我就是缺乏合适的思考工具！

如上述比喻所言，人们不得不接受如今尚有无法解答的问题和神秘事实。也许有一天它们可以得到科学解释，也许不能。

何谓知识？

何谓知识？我们能知道什么？何谓真埋？我们如何确定真假？回答这些问题的哲学领域就是认识论或知识论，我们曾提到过。接下来我们会熟悉一些基本工具，来帮助我们用最好的方式使用我们的理性官能。

我知道瑞典首都之名。在这个例子里，我拥有知识。但也许一般性知识要远远比这个微不足道的例子更为复杂？当我们知道某事，什么是知道的精确标准？真正知道某事到底是什么意思呢？

当我们谈论知识时，需要三个条件，即信念、真和有力的理由。对我来说，知道某事（称之为"X"）必须坚持以下三个条件：

1.我相信X。

2.X是真的。

3.我具有有力的理由相信X。

我们很容易看出第一个条件如何满足。我不能知道我不相信的事情。如果我不相信巴黎在法国，那我当然不知道巴黎在法国。

我们能够想象这样的情景，X为真并且我有足够好的理由相信X为真，但不满足第一个条件：我就是拒绝相信X为真。举一个例子，我的一个朋友在我背后对我评头论足，我有一些独立、可靠的来源去获知（我有足够的理由去相信）这一事实。但我仍然不想去相信，因此我顽固地拒绝接受。在这个案例中，我确实不知道自己被苛评，我如何知道我甚至都不相信的事呢？然而后面两个条件是满足的。这样的行为对我来说不是理性的，但却是心理上可以理解的。

第二个条件呢？很明显，如果我们要知道某事，它必须是真的。我们有想法，也有好的理由去相信这一事实，但仍然可能出错，因为我的想法很可能就是错的。

假设我已经阅读了好几本关于某一历史话题的著作，也与博学之人谈过这一话题。我有够好的理由相信我关于这一话题的知识。但很容易设想，我所读的书中包含一些错误的信息，和我交谈之人传递了错误信息，甚至欺骗了我。我坚信的观念是不对的，因为尽管我有好的理由，我仍然不知道真正的事实。

最后，让我们讨论第三个条件：有力的基础。关于X的知识不仅仅关乎X为真和我相信X。我有足够好的理由相信X也很关键。假设一天，有一个内心的声音悄悄告诉我，我餐桌上的碗里有213个杏仁。并且假设，机缘巧合，事实就是这样。我所信也是真的，但是我的预感不能被算作知识。

一切都源于这个事实：我没有好的理由支持我的想法。我没有数过坚果，甚至都没有用常识来评估它们的数量，我只是在结果上碰巧对了而已：恰好有213颗杏仁在碗里。我不过是运气很好，猜对了。我并不确切地知道那里有213颗杏仁。总之，我们需要为一个真实的信念寻找一个好的理由，只有这样，我们才算拥有知识。

"信念"和"知识"这两个语词经常彼此对照。但在日常语境中，"我知道X"仅仅意味着我有非常好的理由去相信X。当我说我"知道"地球是圆的或者巴黎在法国，我的意思是，我相信它，对它深信不疑，对它有信心，并且有非常好的理由去相信它。当然，原则上，这些基础信念有可能是错误的，或许孩童时我就系统性地被这些信念欺骗了。

从知识论的视角来看，信念和知识并不是对立的概念。我们刚才谈论的"信念"和宗教意义上的"信仰"是相对照的，后者意味着"我不经证明和证据接受其为真"。如果你相信某事仅仅因为你想要去相信——因为它让你感觉良好或者给你的未来以希望——这就不是把你的信念称之为知识的充分理由。然而，人们经常相信一些事物，仅仅因为它可以宽慰自己或让自己对未来充满希望。

看似为真就是真实吗？

让我们思考一个非常极端的信念问题。任何人观看《黑客帝国》，都至少会考虑这样一种可能：我们整个世界不过是一个幻觉。

就我们所知，大脑经过百万年的自然选择演化而成，可以处理通过感官获得的信息。我们的大脑帮助我们在世界中定位，因为演化选择了能为我们提供最佳生存信息的大脑。但我们有什么理由相信大脑给我们提供了关于世界的真实信息，而不仅仅是给出帮助我们在环境中存活下来的信息？何种演化将帮助我们把世界真实的表征反映在大脑中？毕竟，演化选择大脑纯粹出于生存的能力，而非追求真理的能力。

然而，我们人类并不止于生存，反而发展出了独一无二的能力：去探索和发现那些深深隐藏的真理。数学领域最为明显。大部分被发展出来的数学，甚至没有锚定在物质世界之中。但是，许久以后，它们却成为用物理定律约束物质世界的关键。①

几个世纪以来，哲学家一直在思考人类是否能够知道外部世界。我们为什么依赖于感官传递给我们大脑的信息？事实上，我们知道感官有时候会欺骗我们，但感官能一直欺骗我们吗？一切有可能只是一场梦，一场幻觉吗？当我闭上双眼，我面前的桌子就不会持续存在了吗？我能够睁着眼确认桌子的存在吗？

哲学家的考虑具有合理基础。我们不能百分之百确信实在独立于我们的心智存在，我们也不能完全确信明天早晨太阳会照常升起，甚至也不能确信三分钟之后我们是否还存活于世。或许世界不过就是三分钟之前创造出来的，不过预先将孩童的记忆植入到我们的大脑之中……

我们也不能百分之百确信在自己之外存在他人的心灵。他人仅仅是我们想象出来的虚构事物吗？哲学上把这种想法称之为唯我论。罗素灵光一闪，给出了下面这个反驳唯我论的论证：

读一本书和写一本书的经验非常不同；然而，如果我是唯我论者，我就应该假设我创作了莎士比亚、牛顿和爱因斯坦的著作，因为这些都进入了我的经验。看到这些著作要比我自己的著作好太多，而且我没有为这些著作花什么工夫，那么我一定是足够愚蠢才会耗费时间用笔而非用眼睛来写作。②

哲学家对实在本质的怀疑，在日常生活实践中有什么含义呢？这应该影响好思之人的日常行为和思想吗？合理的回答是"并非如此"。

即便严格来说，我们不能知道实在存在，但我们能够认为实在大概率

---

① 参见Eugene Wigner, "The Unreasonable Effectiveness of Mathematics in the Natural Sciences," *Communications in Pure and Applied Mathematics* 13, no. 1 (February 1960); Max Tegmark, *Our Mathematical Universe* (New York: Penguin, 2015)。

② Bertrand Russell, *The Analysis of Matter* (New York: Harcourt Brace, 1927), 201.

存在。有三个简单的论证支持这一立场：

1.实在似乎大体上是稳定不变的。闭上眼睛，面前的桌子还在这儿。时日交替，我的房子还是那座房子。所有这些都提示我们并没有遇到随机混乱之物，而是处在可靠的规则性即自然律所约束的日常世界之中。

2.如果我和我的意识存在，为什么他人和他人的意识就是虚幻的呢？承认其真实存在不是最简单也最可能的假设吗？

3.演化塑造我们，使我们生存无碍。出于生存目的，最好正确而非错误地解释一个人所处的环境。如果在我准备过马路的时候有一辆车冲过来，那么为了生存考虑，我最好相信汽车会撞上我而非躲开我。

沉浸在哲学反思中总是很刺激，即便会牵涉到极端的怀疑论。但当把这种类型的论证带入到日常生活中（你怎么知道是她偷了你的车呢？毕竟，对于任何事情你都不能确知），我们应该有所限定。因为没有什么在严格的哲学意义上是绝对确信的，但这并不意味着每一个可以设想的可能性都是机会均等的。

用理性和好奇心武装头脑，我们就能朝着对实在的真知远航。也许永远不能到达终点，但借助清晰思考，我们可以越来越靠近真相。

关乎事实与关乎品位

我们应该区分两种关于实在的问题，并且有差异地对待之：关乎事实的客观问题和关乎品位的主观问题。真还是假是针对事实问题的回答，但就品位问题而言，并非如此。

关于事实问题的例子：篮子里有三个苹果。篮子里苹果的数目并不依赖于观察者。要么篮子里有三个苹果，这个论断就是真的；要么篮子里的苹果多于或少于三个，这个论断就是假的。在这个例子中，我们处理的是事实问题而非品位问题。

应该承认也存在一些边界划分模糊的关于苹果的案例，例如腐烂的苹果、成熟的苹果、被啃了几口的苹果，它们使得在某个确定的场景下，两个理性之人就苹果之数产生争议。也存在何为"在篮子里"的边界划分不清的案例。例如篮子太窄了，苹果不得不立成一排，最上面的苹果的重心超出了篮子的边沿。这算"在篮子里"吗？这种类型的问题含混模糊。如果读者愿意，我们可以把这个关乎事实的问题换成一个更清晰的例子：3是一个奇数。

另外一个关乎事实的论断是"地球是平的"。作为事实陈述，这是错的。

那么"其他星球上有生命吗"这个论断是关乎事实还是关乎品位呢？这似乎是一个关乎事实的问题，要么真要么假。然而，我们并不知道真假，而且也许永远不能知道真假。即便如此，这并不会让这个论断变得主观一些。

诸如"这座房子闹鬼""死亡之后还有生命""上帝存在"这些论断都是关于事实的，要么为真要么为假。确切来说，这预设了当我们在确证这些论断的真假之时，我们已经在"闹鬼""生命""上帝"这些概念的定义上达成了一致。

就事实问题而言，存在已有的方法来区分真假。这包括科学方法，我们将在后面的章节仔细讨论。依据这些方法，我们可以获得合理的判断：哪些论断为真，哪些论断为假。

至于品位则是另外一个问题。如果我认为Lady Gaga要比碧昂斯（Beyonce）好，而你认为碧昂斯要比Lady Gaga好，哪一个是真的呢？当然都不是！我们不过就是有不同的品位和偏好，仅此而已。这不过是个品位问题。我喜欢的你不喜欢，或者你喜欢的我不喜欢。

即便对于Lady Gaga和碧昂斯哪个更好没有客观的答案，仍然存在很多彼此可以交流的真陈述。例如我喜欢Lady Gaga胜过碧昂斯这一事实。如果你对我说："不，你并没有喜欢Lady Gaga胜过碧昂斯！"那我就会很恼火，因为你说的是错的。

关于事实或品位的争议经常流于表面。例如，就"上帝"存在这个问题，你说"上帝存在"而我说"上帝不存在"，如果我们对"上帝"的理解是一致的，那么这就是一个真正的争议。如果你说的"上帝"意味着"爱"，那么我们都会同意"上帝"存在。但是如果我说的"上帝"是站在云端留着稀疏胡子的老家伙，并且你也接受我的定义，那我们都会同意"上帝"并不存在。

品位问题亦是如此。如果就Lady Gaga和碧昂斯哪个更好能产生真正的争议，那我们就不能仅仅是对语词的意义理解不同。例如我们都知道"更好"的意思，但仍然不清楚这在音乐中意味着什么。当我就音乐谈论"更好"时，也许我的意思是"更具有原创力"，而你说的也许是"更为公众所追捧"。在这一案例中，我们并没有真正的争议，因为你和我的立场可以同时为真。

如果我们被教会如何区分事实和品位，就可以避免很多不必要的争吵。太多的讨论不着边际，因为讨论者所使用的表达并不表达同样的意思。

何为真？

关于什么是真，有很多理论尝试予以刻画。最为合理的一种是符合论（correspondence theory）。其名字出自如下想法：真意味着在世界言说和世界本身之间存在对应关系。"这里有三个苹果"的叙述为真，当且仅当真的有三个苹果。亚里士多德（Aristotle，前384—前322）在《形而上学》（*Metaphysics*）一书中实质性地提出了这一观点：

说是者非或非者是，是错误的；说是者是，非者非，是正确的。[①]

符合论的真概念预设了实在论（realism）这一关于实在的哲学立场。它意指实在的存在，在某种意义上独立于我们对它的构想。相反的立场是反实在论（antirealism），主张没有任何实在可以独立于人类的概念。

我们需要实在论立场以应对日常环境，更不用说科学实验室中的场景了。没有实在论的视角，我们就完全不能与周围的环境建立联系。

符合论和实在论因此变得不那么简单。考虑如下断言：在客厅桌子上有一颗淡蓝色的宝石。

这是真的吗？根据符合论，这一陈述为真，当且仅当真的有一颗淡蓝色宝石在我的客厅桌子上。但是"宝石"的意思是什么？"淡蓝色"的意思是什么？这都是人类的语汇。"蓝色"就像其他颜色词一样，是与我们的眼睛和大脑作为光线接收器开展工作相关联的一个概念，修饰词"淡"源于"蓝色"的变化，没有明确的边界，人们可以为此持续争论。因此"淡蓝色"一词充斥着各种类型的模糊和含混。

"宝石"呢？同样也是人类发明的概念。什么样的石头可以算作"宝石"？有各种类型的"宝石胚子"，专家可以就此争论它们是否真的就是"宝石"。"宝石"仅仅意味着是"菱形的"吗？当这个意思应用到扑克牌上呢？四种花色之一？

并且"在……上"是什么意思呢？如果桌子上有一块垫子会怎样？在垫子上的物品也在桌子上吗？陶瓷烛台放置在垫子上，置于烛台之上的蜡烛可以算作在桌子上吗？蜡烛头上的火焰也在桌子上吗？

我们创制了概念和语词与人交流，当我们与他人交谈时，别人能理解

① Aristotle, *Metaphysics*，引自Marian David, "The Correspondence of Truth," in *Stanford Encyclopedia of Philosophy*, last updated May 28, 2015, https://plato.stanford.edu/entries/truth-correspondence/#1.

我们心中的想法，但这并不意味着使用熟悉概念的语句总是具有精准的意义。如上所言，即便句子完全是由普通语词组成的，也不能做到精确。

另外一个问题是，一个概念如何与世界相符合。考虑"圣诞老人"这个词。即便我们这些成年人知道世上没有圣诞老人，但我们还是会在商业中心和广告中看到许多圣诞老人。因此，我们如何使用这个词呢？它指代什么？当我们都知道只有一位圣诞老人时（并且，说得复杂些，当我们也知道"唯一"的实体事实上并不存在时），将其复数化有什么意义呢？

上学时，我们知道原子就是一个极其微小的"太阳系"，原子核在中间，电子在轨道上环绕着原子核，就像轨道上的行星环绕着太阳。

事实上，这种图像与实在没有太多关系。原子核与在轨道上围绕其运转的电子组成了原子，但原子的"轨道"和星球的"轨道"是相当不同的，因为根据量子力学，原子中的一个电子并不在特定的时刻占据一个特定的位置，而是在每一时刻，每一个电子以不同的概率模糊地分布在空间中所有可能的点上。太阳系模型帮助我们用简单有效的方式理解原子，尤其是在"原子"这一概念首次被引进到课堂时。但是我们不应该将这种关于实在的教学模型与真实的实在相混淆。

量子力学是一个新奇的主题，运用其方程和计算，我们能对各种物理实验的结果做出令人震惊的预测。在这个意义上，我们能够说我们关于实在的量子力学模型是真的，它完美地发挥了作用。但即便如此，我们也没有一幅量子力学系统（如原子）的图像和我们基于普通事物的日常图像是相容的。量子力学中的粒子能同时处于不同空间中的能力——事实上是处于无限多的空间中的能力——违背了我们年深日久所建立起来的关于世界的日常生活直觉。

同样反直觉的是关于两个粒子互相纠缠的量子事实。它指的是当两个相互纠缠的粒子中有一个在特定的状态（例如被观察到旋转的方向是向上的），那么另外一个粒子的状态就同时被确定为具有相反的状态（旋转的方向是向下的），不管它们彼此之间相隔多远。看起来这两个粒子是在宇宙尺度上相关联的，即便它们在苍穹中遥遥相隔。这是量子力学深邃神秘的一面，阿尔伯特·爱因斯坦（Albert Einstein, 1879—1955）曾经对此抱有深深的疑虑，他称之为"鬼魅似的超距作用"。[①]

既然量子力学充斥着这些看似神秘的现象，它就变成了新纪元运动中的热门话题。不幸的是，新纪元人士很少思考真正的量子物理学，在他们的著作中，我从未遇到任何我曾经听到或知道的有关量子的想法——他们不过是随意使用这些好听的语词而已。如果量子力学有这么简单就好了！

所有这一切意味着我们永远不能真正精确地、确定地描述实在吗？并非如此，我们当然做得到。并非所有关于实在的描述都是同样好的，这中间有优劣之分。如果桌子上有三个苹果，那么说"桌子上有三个苹果"就比说"桌子上有四个苹果"或"桌子上有三个橘子"或"沙发上有三个苹果"等更为精确。即便我们只与我们自己发明的概念打交道，我们也不能随机产生一堆陈述，并认为它们同样为真。

在科学中，我们总是可以通过进行实验来检测哪些关于世界的陈述要更好一些。预测实验结果最为精确的模型或描述就是在实践中"最真的"。

我们关于实在的模型也可以用于建构技术——机器和工具。如果有用，那就有用，无须考虑这些工具背后的理论本性。以蓝光LED的发明为例，2014年，它的发明者被授予诺贝尔物理学奖。感谢这次发明和已经发明出来的红光LED和绿光LED，人们因此能够生产出LED白炽灯（红＋绿＋蓝＝白）。技术的进步并不意味着我们关于光的本性的理论构成了对光的精确且完整的描述。但是光的理论足够精确，让我们生产出LED白炽灯。有时候，科学之运用产生了相当美妙的结果，即使还是存在一些科学模型不能解决的问题。

---

① 关于量子力学的神秘性，参见Nicolas Gisin, *Quantum Chance: Nonlocality, Teleportation, and Other Quantum Marvels* (New York：Springer, 2014)。

绝对的真与相对的真

关于实在，我们可以就其本性知晓得越来越多，但也许不能完全获知其本性，这种态度通常被称为批判实在论（critical realism）。最近十几年，学术界产生并非常流行一种相当不同的真理观，即真是一个相对的观念。这是什么意思呢？

考虑这句话："对我而言为真的并不对你为真。"这表明并不存在客观的描述或真，一切都依赖于个人对情况的考虑。一个人关于实在的论断与世界实际所是无关，它们不过是表达个人思想、社会关系、意识形态以及各种权力的工具而已。

这种极端真理观可以追溯到符合论的反面，即融贯论（coherence theory）真理观。奇怪的是，这一观点源于逻辑和数学。融贯论主张，一个陈述在一个确定的框架内是否为真取决于和系统中的其他陈述是否相容，所有陈述是否都在同一个框架中彼此兼容。换句话说，属于某一给定框架的陈述可以被称为"真的"，只要这个框架具有内在一致性——系统中的陈述没必要符合外部世界的需要。

拿我自己举例吧。我永远都不会忘记年幼的我知道二进制数时有多激动。例如我知道"1111"表示15，因为这是 $1 \times 2^3 + 1 \times 2^2 + 1 \times 2^1 + 1 \times 2^0$ 或 8+4+2+1的缩写。类似的"1001"表示9，这是 $1 \times 2^3 + 0 \times 2^2 + 0 \times 2^1 + 1 \times 2^0$ 或8+1的缩写。我知道如何用二进制加数，如何相乘。然后我发现了例如10×10=100。现在，你也许觉得我的发现了无新意，因为你早已知晓"10乘10是100"！但这并不是二进制的意思，在二进制中，它表示"2乘2得4"，即 $(2^1 + 0 \times 2^0) \times (2^1 + 0 \times 2^0) = 2^2 + 0 \times 2^1 + 0 \times 2^0$。

两个表述都是真的，但是在"10×10=100"这串符号中，一个使用了二进制，一个使用了十进制，同样的符号表示不同的意思。任何一种选择都没有问题，只要它们可以保持系统内的自我一致就可以了。二进制是一个系统，十进制是另外一个系统，每一个系统都是内在一致的。

我也知道"10＋10＝100"这个方程在二进制中为真，尽管在十进制中为假。在二进制中，这意味着"2加2等于4"；在十进制中，这意味着"10加10等于100"。第一个陈述不能更真，第二个陈述不能更假。

尚是幼童的我，已经大开眼界了。二进制与十进制以一种比以往任何时候都要清晰的方式向我表明符号如何与观念相符，这种联系尽管任意，却可以系统拓展，使得各自独立的观念集合用同一个符号表达，但却指称不同的事物。这激动人心，开放且自由。

融贯论真理观第一次被提出来大约是在1830年，当时刚刚发现非欧几里得几何（简称"非欧几何"）。其中一个公理是对有两千年历史的欧式几何中的一个公理的否定。这一公理被欧几里得（Euclid）称为"平行公理"：给定一条线l和一个不在l线上的点p，有且仅有一条线通过点p与l平行。这一陈述在欧式几何框架中为真，但是在非欧几何框架中为假。说得更直白一点，就是一个陈述可以在一个系统中为真，在另一个系统中为假。这听起来非常像真理的相对概念。

是的，但别操之过急。平行公理及其否定中所使用的"线"并不在两个框架中指称同一个概念，因此这并非是同一陈述对一些人为真，对另一些人为假的例子。例如两条欧式几何平行线彼此之间等距，但非欧几何中的两条平行线之间的距离是不同的。简而言之，欧氏几何线和非欧几何线是不同的，这也解释了为什么比较这两种几何如此迷人。两种几何中的"线"并不指称同一个概念。在非欧几何的世界里，不存在欧式几何线，在欧式几何的世界里，不存在非欧几何线！

这一切都并不比"10+10=100"在二进制中为真，在十进制中为假更让人困惑。相应的，"芝加哥在东部"对某些人为真，对另外一些人为假。理由很简单：一个洛杉矶人说"这儿"和一个波士顿人说"这儿"，所指是不同的。就如在二进制中"10"并不指十进制中"10"所指的数字。

感谢非欧几何的发现（当然也包括稍后的奇异几何），数学家和逻辑学家开始逐渐习惯，看起来同样的表达在不同的概念框架中表示完全不同的意思。但这并不意味着"真"是相对的，只是表明一些语词的意思随语境发生了变化。一个陈述可以在一个公理系统中为真，在另外一个系统中为假，但这两个陈述并不谈论同一事物。这种表面上看起来近似真理相对论的场景，并不是说"真"变成一个捉摸不定的概念，完全依赖观察者的情境。实际上，在数学中，"真"仍然是一个核心的、确定的概念。

顺带说一句，各种"竞争"几何学的发现表明，所有内在一致的数学系统都可以存在，而不需要对应到物理宇宙之中。问题在于哪一种"竞争"几何学适用于实际世界。最终，我们知晓我们身处其中的浩瀚宇宙是通过非欧几何得到描述的，尽管落到地球这个实践尺度，我们把世界看作是欧式几何的。

数学家们非常高兴他们建构了不同的竞争系统，它们看起来具有"不同的真"。但是，他们知道这并不意味着真是相对的。他们清楚地知道各个竞争理论所对应的实体名同而实异。

融贯论真理观尽管可以帮助数学家去理解彼此独立的"竞争"公理系统，但在数学领域之外并不适用。数学家们在几个世纪前苦苦挣扎并最终吸收的关于真理与一致性的微妙教训不应被轻率地误用，因为世界本身并不是一个公理系统，更不是彼此竞争的公理系统。

拒斥真理是客观的并不仅仅是天真的、错误的，说得严重一些，它在道德上都是有问题的。在政治上，则更为严峻：一个人只相信那些和他的个人目的一致的事实，而不是相信通过感知和理性所获得的事实。

如果你认为森林里有精灵，但我并不相信，很显然其中肯定有个人错了，有个人对了。即便我们不知道哪一个是正确的（缺乏大量调查研究），但我们仍然同意只有一个正确答案。你可以论证说，森林里潜藏有精灵这一观念在你的世界观中是非常核心的，这一世界观在你所处的文化中源远流长，因此一定是真的。但这似乎是一个荒谬的、空洞的论证。假设有人迎面给你一耳光，然后告诉你："我的世界里根本就没有抽耳光这个事，因此无关紧要。"你接受这种怪异的真理相对论吗？

如果人们接受真理相对论，那么赫尔曼·戈林（Hermann

Göring）①就可以在纽伦堡审判中被判无罪，因为他所理解的世界和法官所理解的世界是不同的。如果法庭允许这样的观点，那就不会有任何罪行。既然任何一个陈述都不比另外一个陈述更真或更正确，那么任何既有的论断都可以为真。

"一切都是同等正确的"这一相对真理观很容易导致不道德的社会，诸如世界各地的宗教激进主义者的社会。他们对何为真理常自以为是，视野局限，自我封闭。他们对杀害那些和他们意见不一致之人习以为常。

严肃来说，相对真理观也是一个自我拒斥的观念。如果这一观念真的有效，那么"所有的真都是相对的"这一声称自身就会在喜欢这一观念的人那里为真，在不喜欢的人那里为假。这太荒谬了。简单来说，稍加研究就会发现，相对真理观是一种自相矛盾的真理观，零碎不成系统。

有一些语言现象在表面上和相对真理观类似，例如前面提到的"芝加哥在东边"。句子的真假依赖于说话者是谁。如果瑞典的国王说"我住在斯德哥尔摩"，他说的是真话。但是居住在安阿伯的艾丽斯说"我住在斯德哥尔摩"，她说的是假话。同一个陈述可以既真也假！这当然并不表明相对真理观是有效的，尽管使用了同样的语词，但实际上做出的是不同的论断。当瑞典国王说"我"的时候，他谈论的是一个人；当艾丽斯说"我"的时候，她谈论的是另外一个人。

如果我说"鲜花在钢琴的右边"，当我是在面对钢琴准备弹奏时说的，这就是真的；但如果我转过身背对着钢琴，那么这句话就是假的。"在……右边"这一语词依赖于未被明确描述的参考系，因此这一陈述内涵模糊。但是一旦明确了参考系，那么这个陈述就不再模糊，而是或真或假。

运动和速度也都是相对的，对此我们有熟悉的经验。坐在火车上望旁边的火车，突然那辆火车开始移动起来。或者是我坐的火车开始移动了？很难辨别！物体的速度总是有一个固定的参考系，除了光速，光速总是以同

---

① 赫尔曼·戈林，纳粹德国首要战犯，1946年在纽伦堡审判中被判处绞刑。——编者注

样的速度相对于观察者移动，而不管观察者处于哪种参考系中。这个高度反直觉的观念乃是阿尔伯特·爱因斯坦在1905年创立的狭义相对论的核心。

爱因斯坦出生在德国的乌尔姆镇，后来成为瑞士人，美国人。他的相对论是对伽利略（Galileo Galilei, 1564—1642）早期假设的"相对论原理"的一种推广，伽利略认为物理学中的所有参考系都是同样好的（这意味着物理定律在所有系统中都一样）。实际上，伽利略原则局限于惯性参考系，即相对于对方或在力学实验中具有恒常速度的参考系（在伽利略时代，力学就是物理学唯一的分支）。爱因斯坦设想伽利略的原则能够从力学现象拓展到电磁现象（尤其是光）。这看起来是观念上的一小步，却带来了20世纪初期物理学中的巨大革命。

几年之后，爱因斯坦进一步推广了伽利略的经典原理，使得它在所有的参考系中都成立，而不再考虑它们如何运动。这种超级推广被恰当地称为"广义相对论"，早期的"相对论"则被重新命名为"狭义相对论"。据说，爱因斯坦在乘坐火车时，经常喜欢拿相对论开玩笑，他会问列车员："您好，芝加哥在这列火车上停靠吗？"

最近一些年，学术圈最有名的相对真理观提倡者是美国哲学家理查德·罗蒂（Richard Rorty, 1931—2007）。[1]罗蒂认为所有真概念都基于我们关于实在的基本公理和我们反思世界、体验世界所选择的方法。

典型的例子是伽利略在1615年被指控为异端。他发表的天文学结论与基督教的教义相冲突，后者断定太阳围绕地球转。大主教罗伯特·贝拉尔米内（Robert Bellarmine）是梵蒂冈教廷的主审法官。伽利略邀请大主教检查他的论断，用他的望远镜（他自己做的）看看太空。然而贝拉尔米内拒绝了，他认为《圣经》能够提供比科学仪器更好的论证。[2]伽利略选择

---

[1] 对罗蒂思想的一个很好的介绍参见Robert Brandom, *Rorty and His Critics* (Malden, MA: Blackwell, 2000)。

[2] 参见Paul Boghossian, *Fear of Knowledge: Against Relativism and Constructivism* (Oxford, UK: Oxford University Press, 2006)。

了客观观察法，贝拉尔米内选择了神圣经文提供的真理。

那么是地球围绕太阳转，还是太阳围绕地球转？根据真理相对论者罗蒂的观点，这完全取决于你如何选择和实在之间的关系。他相信不存在一个事实问题，我们没有一个客观的方式来说明两个天体哪一个围绕哪一个转。

另外一个极端的真理相对论者是法国哲学家布鲁诺·拉图尔（Bruno Latour），他出生于1947年，相信事物在被注意之前从未存在过。[①]他以细菌为例，声称在发现它们之前，它们根本就不存在。

罗蒂和拉图尔的错误在于混淆了现象的描述和现象本身。在细菌没有被发现之前人们当然不能谈论细菌及其性质。社会上存在着人们患病死亡的其他理论。但是这并不意味着细菌只有在人们察觉到它的那一刻才开始存在。[②]

一个包含原子的客观实在是存在的，即便科学模型永远是可修正的，是需要修正的，以至于并没有"完美无瑕和永恒"意义上的"真"。科学家不是独断论者，而是对新的证据持开放态度（顺带提一句，理智且诚实地拒绝宣称自己已找到终极真理，即便存在大量证据，这对科学家而言意味着极其谦逊的科学态度）。但是绝大多数极端真理相对论者走得更远，他们不仅完完全全拒斥"真理"这一概念，也拒斥实在的存在。不幸的是，这种立场经常伴随着对科学的无知和轻蔑。

真概念不能被相对化。另一方面，我们有责任相信诸如政治和经济权力等因素影响了我们在社会学及其他社会科学中认为何者重要的观念，或许还影响了自然科学中的一些观念。特别是，这些事情能够对政府和其他资助机构资助什么类型的研究产生巨大影响。但这并不能让一个人得出结论，说真概念是不可靠的。如果一个理论有效，那么它独立于让人们相信它的那些事实。

---

① 参见Bruno Latour, *Pandora's Hope: Essays on the Reality of Science Studies* (Cambridge, MA: Harvard University Press, 1999)。

② 参见Ophelia Benson and Jeremy Stangroom, *Why Truth Matters* (New York: Continuum, 2006)。

社会建构

尽管有很多理由认为社会建构论高度可疑，但它还是根植于非常合理的前提——人们生活的环境会影响他们对周围世界的看法，尤其是对研究和科学分析的看法。种族、性别、阶级、意识形态等因素对一个社会应该进行哪种类型的研究、什么样的结果是重要的产生了影响。

关于这种效应的一个经典例子是苏联遗传学家特罗菲姆·李森科（Trofim Lysenko, 1898—1976），他在1930年代批评查理·达尔文（Charles Darwin）的进化论，提出了另外一种具有意识形态色彩的物种起源理论。他宣称，遗传并不是由基因或染色体决定的，而是可以通过环境得到修正。他的理论基本是错误的，但是这个理论很新颖，并且和当时苏联的意识形态相符，这就对斯大林很有吸引力。相反，孟德尔遗传学，这个被西方世界接受的科学理论，被贴上了"资产阶级伪科学"的标签。[1]

受到诸如法国哲学家米歇尔·福柯（Michel Foucault, 1926—1984）等激发的社会建构论认为，科学对知识的追求并非看起来的那样，实际上福柯视科学为罪恶的工具，认为其被用来帮助白色人种、异性恋、中产阶级、具有经济能力的中年男性去排斥穷人、女人、同性恋、少数民族，以及非欧洲文化。

不幸的是，历史表明，科学经常以这种方式得到发展。在19世纪及20世纪的一段时间里，生物学、人类学被用来为种族压迫辩护。对那些行为偏离正轨的人施以监禁、脑叶切除也一度得到医学的辩护。脑叶切除是在大脑中施行的外科手术，1930年代由葡萄牙神经学家安东尼奥·埃加斯·莫尼兹（António Egas Moniz, 1874—1955）提出，该手术把从前额叶到大脑其他地方的神经通路切断，背后的想法是要让那些患有焦虑症或

---

[1] 现在，我们认识到李森科的一些观点并非是错的，今天被称为表观遗传学的研究表明，环境对遗传的影响事实上要比我们曾经认为的更大。

其他心理疾病的病人可以安静下来。然而，这种手术也会破坏病人的个性特征和情绪生活，如今已不再使用。同时，被认为偏离社会道德规范的妇女会被强制执行绝育。种种案例展示了在我们的历史中，科学和"社会工程"是如何被滥用的，科学如何被用来支持压迫、按照阶级分离人群，而这些总是源自当时统治阶层一时的心血来潮。

在很多案例中，社会建构论者的分析都是有帮助、有道理的。当我们试图理解我们身处的环境，对社会建构的洞见是重要的。这些理论做出了很多贡献。我们实际上一直被社会建构所包围：例如，当我们在零售店使用硬币，我们就是在使用一种社会建构。毕竟，一枚硬币不过就是一小块被印制的金属而已，它在日常交易中作为工具的价值和功能并非自身所固有，不过是一种社会建构而已。

然而，把所有的实在都仅仅当作一种社会建构是成问题的。男子气概和女子气质这些传统的社会建构为我们提供了一个清楚的案例。在远古时代，妇女总是与感受相联系，男人则与理性和智力相联系。我们今天仍然接受这些古代的社会建构，但它们不仅仅是错误的，也极端限制了个人的机会和潜力。

其他有害的社会建构是那些关乎性别起源、性别关系以及家庭本质的规范，大量消费主义、成功和社会地位的规范也是如此。①

后现代主义者与教育

社会建构论和真理相对论通常被认为属于后现代主义②这个重要的思

---

① 关于社会建构论的批判性研究，参见Ian Hacking, *The Social Construction of What?*（Cambridge, MA: Harvard University Press, 1999）。

② 后现代主义是一个非常宽泛的概念，可以对其有很多解释。其中最为典型的解释是，后现代主义认为仅仅存在主观的和个人的真理，拒斥任何通过理性、技术和科学进步获得的人性自由的信念。

潮。"社会建构"这个术语不过是当代社会术语体系的一部分，从属于后现代主义综合征，后现代主义综合征也包括文化相对主义以及与之相关的价值相对主义。

后现代主义引起了深刻的认识论、道德和政治问题。后现代主义中最为极端的一个版本宣称自然科学不过就是社会建构——一个随机的"叙事"不会比任何人凭空捏造并宣传的叙事更有效。

1996年，美国物理学家艾伦·索卡尔（Alan Sokal, 1955— ）加入战斗，有力地批评了后现代主义。他愚弄了一家著名学术期刊《社会文本》（*Social Text*）的编辑，投了一篇自己撰写的毫无意义的文章，这篇文章表面上是对试图将爱因斯坦的广义相对论和量子力学结合起来的社会建构论的批评。这篇讽刺文章有一个相当晦涩的标题，《超越界限：走向量子引力的超形式的解释学》（ "Transgressing the Boundaries：Towards a Transformative Hermeneutics of Quantum Gravity"），这是一个"解构主义"写作风格的荒谬证明。在该文中，索卡尔戴着傲慢的面具，使用标准的后现代主义行话，邪恶地攻击"所谓的科学方法"。

例如索卡尔伪装的后现代主义者写道，"独立于人类存在的外部世界"这一概念不过仅仅是"后启蒙时代支配着西方知识界的教条"。这个伪装的真理相对论者继续认为，"面对持不同政见者和边缘群体的反霸权叙事"，科学研究"不能宣称具有认识论的优先地位"（简单来说，即科学不断定真假，任何个人都有自己的"真标准"）。索卡尔继续运用大量行话和伪科学论证，甚至从那些相信超感官知觉（ESP）和其他超自然现象的新纪元运动中借用了一些观点。所有这一切都是为了制造一种对杂志编辑称之为"以男性为中心的科学"进行强烈抨击的假象。如索卡尔所愿，编辑掉入了他的陷阱，为之所困，又信以为真，并且广为传播。①

---

① 对这一著名事件及其后果的绝佳讨论参见Alan Sokal, *Beyond the Hoax* (Oxford, UK: Oxford University Press, 2009)。

另外一个关于后现代主义谬论的案例来自我的祖国瑞典。几年前我参加了一场关于学校的辩论,一位颇有素养的教授参与了圆桌讨论。这位教授宣称,进化论和创世论不过是关于人类文明故事的两套不同的"叙事"或范式。辩论并不讨论一种说明是否比另外一种更加"真实"。对我来说,这样一种立场在智识上是不诚实的。如果一切不过是观念之争,那我们还有什么可以争论的?

关于这种态度的另外一个例子来自瑞典教育学教授莫伊拉·冯·赖特(Moira von Wright)。1998年,她给瑞典教育部撰写了一个关于学校物理学教育的报告。她宣称物理课程中的"科学内容"应该"为了平等的要求"被修改,她用如下术语拒斥了科学思考的过程:

科学思考具有优越性的概念与平等和民主的概念是不相容的……在科学界,一些思考和推理方式会比其他方式得到更多回报……无视于此,就会有得出误导性结论的风险——例如,无意识地从科学思考是更理性的观点跳到科学思考应该取代日常思考的观点。[①]

稍后,在同一个报告中,赖特继续写道:

物理学教材认为向学生传递一个世界机械的、决定论的图像非常关键,并强调了其优越性,这对平等意味着什么?强加这种具有固定解释的狭隘知识和我们学校追求平等的目标是不相容的——然而这就是大部分物理学教材所做的,它们维持了科学世界中男性和女性的非对称的、按等级划分的关系。当物理学被毫无批判地当作唯一真理,它便具有了一种科学

---

① 参见Moira von Wright, *Genus och text: När kan man tala om jämställdhet i fysikläromedel?* [Gender and text: When can one speak of equality in physics teaching materials?] (Stockholm: Skolverket, 1999), 24。

立场，从而对学生获取知识行使一种（消极的）象征性权力……①

一个具有性别意识和性别敏感的物理学将会涉及对物理学的看法；而且物理学的标准科学内容将会被删除。②

赖特的报告结论如下：

或许从一开始，我们就应该以一种新的方式问自己，如何让女孩对自然科学领域的职业产生更多兴趣。例如，我们不要考虑如何让女孩对物理学产生更多兴趣这样老掉牙的问题，转而提出一些新颖的问题：我们如何让物理学更关注性别和女性视角？③

赖特的报告所表现出来的态度不仅仅是反智的，也是反科学的。而且这不过是对女人采取了一种居高临下的态度，认为她们在理性思考方面逊于男人。然而，从2010年到2016年，赖特在斯德哥尔摩的索德脱恩大学担任校长。

相对主义与政治

当真理的相对化思考蔓延到政治中时，情况就变得更糟糕了。假设，例如在瑞典，统计调查表明瑞典女性的平均收入要低于男性（事实正是如此）。想象在瑞典议会上，一个政客发表观点："这个调查也许对你来说是真的，但对我来说并不是！我认为真相是女性收入比男性高！"

任何不接受客观事实的政治家都会卷入麻烦中。很明显，在关于社会和政治的争论中很难获得真相。政治家经常选择性地传达给民众有关实在

---

① Von Wright, *Genus och text*, 64.

② Von Wright, *Genus och text*, 65.

③ Von Wright, *Genus och text*, 65.

的一个方面。他们仔细选择何者需要重视、何者需要忽视，尤其在涉及数字和统计的一些演讲中。如果主题足够复杂，几乎不可能判断统计数据是否经过"精心挑选"以支持某种特定的解释。

很多人相信统计不会说谎（至少不会有意造假），但是人们可以仔细挑选一些统计信息，以便突出实际情况的某一个方面。统计学以这种方式左右人们。政治家和其他显要人物非常善于传播负载价值的事实，那些表面看来纯粹的事实能潜移默化地传递隐含的意识形态。

统计学是描述现实的一种方式，但是它并没有告诉我们事物间复杂联系的运行机制——而这正是政治家玩弄于股掌之上的东西。某个党派宣称就业率攀升，其反对派则宣称失业率上升。双方都可以获得同一时期的统计数据支持。细致分析才能理解何以如此——甚至细致分析也会遗失重要的事实。换句话说，与政治领域中的相对主义搏斗是一场极其困难的斗争，但这是相当关键的斗争，因为宣称不存在真理是既不诚实又不道德的。宣称真理不存在，等于置身于污水之中。

插曲：
三大谜团

我们知道万物是如何起源的吗？

在我的床头柜上，我总放着三本探讨存在之谜的书。第一本讲解宇宙的起源；第二本讲解生命的起源——如何从无生命过渡到有生命；第三本讲解意识的神秘。书会不断调换，但你总会在我的床头发现关于这三个谜团的书籍。

年幼时，这三个谜就吸引着我。在这一方面，我并不独特，因为这些问题都是我们所知最为神秘的问题，从具有思考能力之时起，我们就开始考虑这些问题。

纵观历史，富有洞察力的研究者、哲学家、思想家们想象出了不同的理论来回答宇宙的起源、生命的起源和意识的本质，但目前人们对这些答案并没有达成共识。我们内在的好奇心总是推动着我们进一步努力去回答这些问题。

有人认为这些问题永远不会有科学的答案，它们超越了科学的领域，是不可解决的。神圣之宗教而非科学有义务回答这些问题。

不幸的是，我不能理解这一论证思路。我觉得这种完全格格不入的思路预先忽视了科学终究能够回答我们今天认为神秘的事情。为什么有人会拒斥获取知识的新途径呢？为什么一个人在可以张开双眼看世界的时候却要选择闭上双眼呢？

这种消极的态度排除了可能性。"这种可能性永远不会发生，我们永远不会知道真相，这是不可能的！"这种说法多么狭隘。几个世纪以来，科学解决了那些人类在早期认为毫无希望解决的无数神秘现象。我们学会了如何飞行，我们学会了如何治疗疾病，我们知晓了那些不可设想的遥远星球的物质构造以及它们的能量来源，我们学会了如何在难以置信的微小尺度上看到新奇的现象（字面意思就是用显微镜观看），我们也学会了如何在难以置信的巨大尺度上看到新奇的现象（字面意思就是用天文望远镜观看）。感谢自然选择理论，我们能够解释大量复杂、美丽的生物。那些曾经认为不可解释的现象如今不再神秘，为什么这样的事情不会一再发生？

我希望我们人类对还不理解的事情持有更为开放、更为谦虚的态度。也许有一天我们能够非常容易地理解组成我们大脑的数十亿神经元（和数万亿突触）是如何产生意识的。

也许有一天，我们能够通过化学过程以及源自太阳的巨大热量来解释如何从无生命的物质中产生生命。或许在遥远的未来，我们能够通过量子物理学的巨大进展理解宇宙的诞生（奇迹般地从无到有）——或者通过我们还未曾有任何了解的其他类型的宇宙论。

也许，我们不能为这些神秘现象找到任何解释。但这只是我们现在不知道而已。我当然不想预先否定任何事情。毕竟，我们有限的知识在持续增长。基于谦虚和开放的态度，我会说："也许有一天我们终将弄清真相。"

直到现在，我还在继续阅读床头柜上的这三类书籍——永远是新的作者，永远是新的想法。阅读这样的书籍让我感到思想在高空中快速飞翔，这是一种让人眩晕的感受。或许，在某个美好的日子里，我的床头柜上将只有一本书——它对所有这些问题给出了合理的、有充分证据支持的答案。

第三章
基于良好理由的信念：
关注信念背后的基础

现代世界中造成问题的根本原因就是愚人自以为是，智者满怀疑虑。

伯特兰·罗素

现在，我们已经探索过实在和真理的本性，产生了大量的问题：我应该相信什么？我为什么应该相信？相信某事对我意味着什么？

"信念"（belief）一词有多种含义。当谈论起今天的时间或肯尼亚的首都，我们经常会说"我认为现在五点了"或者"我相信首都是内罗毕"。这是一种类型的信念。与之相对，"我相信亨利"并不仅仅表明我相信亨利存在，而且表明我对亨利有十足的信任。一个人也可以说"我相信正义"，这表明此人相信正义无处不在。

"我有信仰"（I have faith）通常指我有一神或多神的宗教信仰，但也可以在没有宗教含义的情况下使用，例如"我对你有信心"（I have faith in you）。

相信某件事与什么有关？在此问题上区分两种类型的信念是有意义的。

第一种可以被叫作"认知信念"（cognitive belief，来自拉丁文 cognitio，意为"知识"），指的是相信某物以某种特定方式展现或具有某种确定性质。典型的例子是"我相信现在五点了""我相信明天早晨下雨"或者"我相信其他星球上有生命"等等。认知信念是对真实之事的宣称。

第二种信念是"虔诚信念"（faith-like belief）。这种类型的信念关乎信心、信仰、信任和依赖。它更加关注相信某事或某人，而不是相信某事实际如此。"我相信你"并不意味着"我相信你存在"（虽然这是明显的事实），而是意味着"我知道我总是可以信赖你"。

我们相信很多事情，既在认知信念的意义上，又在虔诚信念的意义上。

我们对世界的大部分信念是认知信念。我们相信眼前的桌子存在，我们相信自身存在，我们相信世界一直存在，我们相信明天早晨太阳会照常升起（也不一定，如果十二月二十一日我们在瑞典北部的话），我们相信地球围绕太阳转。所有这一切信念都不能在认识论意义上得到绝对性的证明，但是我们有非常好的理由认为上述论断都是真的。

为了更清晰地思考信念的本质，需要区分"证据"和"证明"。我们经常听到这样的话语——一个人不能证明科学理论（例如进化论）是真的。的确如此，"证明"这个术语在纯粹的意义上仅仅适用于数学论证。[①]

除了数学之外，这种严格的证明并不存在。因此，从纯粹的认识论的角度来看，我们永远无法在逻辑上证明爱因斯坦的相对论是正确的，我们也无法证明地球是圆的。然而，非数学陈述本来就不能以严格且狭隘的方式被证明，但这并不意味着所有非数学领域的认知信念都是同等程度地得到辩护。科学不能给出绝对不会错的证明，它的力量在于对科学理论能给

---

① 数学中的证明是这样一种论证——一连串纯粹的逻辑步骤。从前提（公理）开始，运用严格的形式规则（推理规则），得到最终结论（定理）。

出或强或弱的证据。

人类相信各种各样的东西。我们或拒绝或接受一些观念，有意无意地建立起关于实在的图像。

当我们试图描述身边的世界如何构成时（换句话说，就是当我们从事自然科学研究时），我们形成了关于天地万物如何运行的理论（或观念、模型）。出于上述理由，我们不能对理论做出一个无懈可击的证明，但是我们可以发现一些证据，来检测支持这一理论的各种观念的真假，也可以检测根据这一理论得出的各种结论。每一次，我们都证实一个证据或结论，增加理论的可信度。我们也可以证伪理论（例如表明它们不起作用），当实验检测出的合理假设与我们既有的预测不一致时。

相信一个理论，意味着相信某些事物以某一确定的方式运行或具有某些确定的性质。当然，我们能够拥有半信半疑的信念，例如"我不能那么确信，但是我怀疑……"，我们也能够拥有强大的信念，例如"我一点都不怀疑……"。但是，无论我们在这种连续的信念程度中处于什么位置，我们仍然是在和可能性打交道，永远不会有绝对的确定性。当关于同一现象存在几种竞争理论时，我们通常相信我们认为证据最为充足的那一个。

当我们说知道某事时，我们不仅仅是相信它，也有相当充足的理由相信它。

除了拥有认知信念，我们大多数人也拥有虔诚信念。我们信任朋友和爱人，我们对他们的能力有信心。我们也相信爱情或某个政治理想，诸如民主——我们对这些抽象概念的力量和强度充分确信。

我们也常常无意识地信赖我们的感官。这种类型的信赖是一种虔诚信念。如果我们看到花园里有一棵树，那么我们就相信那里有一棵树。当然，如果我们仍然对树的存在心怀疑虑，我们也可以走到花园里摸一摸，但是要根据这个行动得到结论，我们就仍然需要以虔诚的方式依赖我们的触觉。如果不信赖我们的感官，没有对它们的信念，我们就很难在这个世界上生存、生活。

"但是你相信什么？"

我经常会遇到这个问题："但是你相信什么？你总得相信点什么吧！"通常这种提问总是带着有些沮丧的语气。

我永远不理解这一问题背后的玄机，与其他心智健全的成人一样，我有无数个信念——就是没有任何关于神的信念。但是，一个人不相信神并不意味着这个人缺乏信念。我总是个人。好啦，那我到底拥有哪些类型的信念呢？

从认知信念的角度来看，有一些典型的例子。我相信10+10=100（二进制）；我相信车沿着棋盘的纵横线移动而不是对角线移动；我相信我的车上有一个方向盘而不是一个龙骨；我相信原子构成物质；我相信细胞构成生物；我相信基因构成传递遗传信息的DNA；我相信只有在神话小说中才能找到独角兽；我相信达尔文的进化论正确描述了物种起源；我也相信"上帝"是一个人类创造的概念，这个语词不指称任何事物或与外部世界的任何实在相对应。

从虔诚信念的角度看，我也有大量信念。当然，我没有关于神的虔诚信念，因为这要求我拥有一个关于神的认知信念（一个人不能相信他不相信的东西）。但是，关于我的虔诚信念的正面案例有，我相信人性的巨大潜力；我相信人类理性思考的能力；我相信人们愿意承担责任；我相信平等、反种族主义、反性别歧视和人权。

这是我对本节标题所提出的问题的回答。

相信科学是一种信仰吗？

一种广泛的误解是，如果有人相信科学，就好比另外一些人相信神。

问题出在"相信科学"这一说法极具误导性。相信科学，即对产生科学理论的方法具有信心是合理的。科学信仰和宗教信仰非常不同，后者仅仅是出于信仰而被接受，而且有可能是错误的。当质疑世界时，科学建立在理性推论和检测的基础之上，几个世纪以来，科学已被证明要比预言、启示、梦境更为可靠。

这一成就的直接结果就是得到充分支持的科学观念为我们提供了关于世界的实际知识。如果某个傍晚我往窗外看，看到天空清朗，并且听到天气预报说明天早晨阳光灿烂，那么我会充分确信当我醒来时阳光将洒满大地。当然，这并不是一个严格的、确定的、教条式的信念。也许在我睡觉之前天气转阴，或者我听到最新的天气预报说天气有所变化，那么我的预期就会发生变化。我对明天天气的信念建立在经年累月对世界的熟悉之上，包括感官直觉获得的信息资源。我的信念可以随着我所接受的新证据而发生改变。所有这一切都和科学如何获得结果非常相似，不管是物理学、化学、生物学，还是其他类型的科学。

大部分人相信科学，就像我们通常依赖既有的发现和严肃的研究者一样。我们对科学有虔诚的信念，尽管这并不意味着我们教条式地相信我们所阅读的东西。大部分科学观念在长期的变迁中变得不再正确，然而科学之美就在于无数研究者对真理的孜孜以求，错误的观念最终会在稳定可靠的时代思潮中被剔除，留下真正的观念作为遗产。

过去的几个世纪，科学方法被证明在描述世界、解释世界、预测事件方面最为成功。宗教信仰则并非如此。事实上，历史绵延不绝，经文和启示所提供的关于世界的诸多观念和我们今天所知晓的观念形成了直接的冲突。

与宗教对照，科学通过持续地检测其假设而进步，因此成为一种自我纠正的认知方式。在神学界，一些人宣称科学需要神学才能充实自我。[①]一个沮丧的研究者带着幽默的口吻说："科学不是宗教，要是就好了！因为在那种情况下，获得资金支持会容易得多。"

---

① 就我所知，实际上没有任何神学家可以解释这种所谓的依赖是如何产生的。

智识的诚实

今日社会信息发达，充斥着大量互相竞争的观念。我们在报纸上读到占星术，在午夜电视节目上看到如何用巫术治疗可怕的疾病，在网络上看到各种神奇食物的功效，等等，诸如此类。预言家和通灵师宣称可以知晓我们的未来或者了解我们的心灵。通俗小报上充斥着灵魂转世或印度大师凭空掏出宝石这样的报道。在街头集市，小贩卖给我们磁性手镯，说可以赋予我们能量，或者卖给我们水晶球，说可以恢复我们生活的和谐。各种各样的布道者建议（或要求）我们应该相信这个或那个神。面对这些彼此竞争的观念的无情冲击，一个心智健全的人究竟如何才能知道应相信什么？

缺乏任何严肃的知识和研究来支持兜售给我们的论断、观念和产品，其背后不过就是卖家赚钱或宣传意识形态的欲望而已。我们迫切需要一种检测此类论断真实性的理智且可验证的方法。

如果科学发现是被实验所合理确证的，那么我们就有理由相信它。至少我们可以信赖这一科学结论，直到其被更为可靠的被确证的观念取代。这当然意味着我们需要采取开放的态度去检测和修正我们的信念。

我们不能用任何坚不可摧的数学证明来表明宇宙中并非充斥着一些随机漂浮的茶壶，或我们不会一直在无形无味、完全沉默的大象中穿行。但不能以一种绝对无懈可击的方式来否证这些愚蠢观念并不意味着我们应该相信它们。试图反驳人死之后还能继续存在的想法也是如此，我们当然不能以逻辑上不可拒斥的方式来否证它，但另一方面，我们有什么理由相信它呢？

你怎么知道你再一次站在镜子面前的时候，一定能看到自己？也许你根本不会在那儿！也许，下一次你张开手，鹅卵石不会从手中掉落，而是悬浮在空中。也许在厨房窗外盘旋的小小蜂鸟会突然穿过玻璃而没有击碎它，然后变成一只会飞的恐龙，咬掉你的脑袋。但是我们有很好的理由怀疑这些情形，当然，我们也不能证明它们。证明仅仅限于数学问题。

但是，如果我们不能确信任何事，那如何过好这一生呢？当我们问自己这些问题时，记住英厄马尔·赫德纽斯的智力诚实原则是好的：相信一个观念，当且仅当你有好的理由相信这个观念为真。尽管听起来微不足道，但这是一个帮助我们在这个世界中生活的重要原则。观念应该被检测，甚至那些稀奇古怪的宣称也应该被给予一个机会。你能在哪里找到一个比这更为宽容的态度？这就是赫德纽斯原则为何重要的原因。

当你遇到一个关于世界本性的新说法，问问你自己，有足够的理由严肃对待这一说法吗？有好的理由摒弃这一说法吗？有其他方式解释这一说法吗？解释这一说法最好的办法是什么？支持这一说法的证据有多强？这一说法和其他我们已知为真的事情相吻合吗？这是不太可能发生的还是合理的？提出这一说法的人有什么隐藏的理由吗？

在生活中，我们常常必须依赖他人的观念和知识。我们必须相信物理学教科书上的东西，因为它们都是物理学专家写就的。与此对照，我们很少或根本不相信我们在小报上看到的那些生动而可怕的标题，例如美国的《世界新闻周刊》（现已停刊）、英国的《每日镜报》、瑞典的《晚报》中的标题。请看《世界新闻周刊》中如下令人愉悦的标题：

世界上最丑的女人照完镜子后死了

海豚长出人类的手臂

阿道夫·希特勒是个女人！

猎鸭人射杀天使

1939年失踪的飞机降落了！

撒旦的头骨在新墨西哥州被发现！

哈勃望远镜拍摄到天堂！

有着人类面孔的马！

奥巴马是个机器人！

少女吃了4000块海绵！

希拉里·克林顿收养外星人宝宝！

在救生筏上发现泰坦尼克号幸存者！

美国国家航空航天局拍摄太空幽灵照片！

金枪鱼三明治里发现了迷你美人鱼！

在乍得海岸发现5000年前的不明飞行物

农夫射杀23磅重的蚱蜢

秃头男人在头上煎鸡蛋

为什么我们读到这些标题时会心生疑窦？什么线索让我们起了防卫之心？

有时候是因为这些说法完全不合理，有时候是因为这些说法太无耻，有时候是因为这些说法过于怪诞，有时候是因为这些说法和巫术差不多，有时候是因为这些说法过于幽默，有时候是因为这些说法似曾相识。在接触过足够多的小报标题之后，我们开始对"这种胡说八道"产生无意识的第六感。

另一种说法是，在长时间阅读小报标题的过程中，我们逐渐学会识别某些重复出现的模式。小时候，我们对这样的标题很感兴趣，觉得很有趣。但随着时间推移，我们学会了怀疑。

显然，你不可能亲自检查每一个可能的主张，所以必须依靠别人来帮助你识别正确的方向。因此，我们都需要学会辨识哪些类型的权威可以信任，哪些类型的"权威"根本不是真正的权威。一个物理学教授大概比我懂得更多的物理知识；据推测，《纽约时报》要比《世界新闻周刊》可靠得多。但这并不意味着我们在任何时候、任何情况下都应该盲目依赖某些信息来源。我们不能相信每一位物理学教授所说的每一句话，也不应该不加批判地接受我们在《纽约时报》上读到的每一个字。归根结底，在接受足够的培训和获得足够的经验之后，你自己必须能够判断你遇到的主张是否可信。

在一个豪华的宴会上，坐在你身边的一个优雅的女士告诉你，她被外星人绑架了，在他们的飞船里被关了两周。她补充说，她的房子里有一些从太空船上拿来的东西，她很乐意把它们给你看。你大概会怀疑这件事。为什么呢？基本上是因为她的说法违背了你一生中对这个世界的所有经验和教训。而且，尽管并不重要，如果真的发生了这样的外星人绑架事件，那么所有的报纸肯定会大张旗鼓地报道。

你断定你的邻座在胡说八道，但你能证明吗？不，你所能做的就是把她的故事当作极不可能发生的事而已。

如果对她的故事最为简单合理的解释是她真的被外星人绑架了，那么你相信她的故事便是有道理的。但这并不是最简单、最合理的解释。更简单、更可能的情况是：她在勾引你，或者她想骗你，或者她渴望得到关注，或者她喝醉了，或者她有严重的心理疾患，甚至她只是想引诱你回她家。或者她只是迷失或者累了。上述所有对她这个牵强附会的故事的解释都比你（或其他任何人）接受所谓外星人绑架确实发生过这一想法要更加合理。

非凡的主张需要非凡的证据

当某人听到一个令人震惊的故事时，一个很好的经验法则就是扪心自问：最有可能的解释可以表明这一说法是真的吗？另一个很好的经验法则是卡尔·萨根（Carl Sagan, 1934—1996）的名言："普通的主张只需要普通的证据，但非凡的主张则需要非凡的证据。"卡尔·萨根是一位非常有影响力的美国天体物理学家和作家，他那句引人入胜的话呼应了法国伟大的天文学家和数学家皮埃尔·西蒙·拉普拉斯（Pierre Simon Laplace）和英国哲学家大卫·休谟（David Hume）的早先言论，即"对于一项非同寻常的主张，证据的分量必须与其奇怪程度相称""智者将自己的信仰与证据相结合"。[①]

有个朋友告诉你明天要下雨。你相信她，因为没有什么特别的理由去怀疑。她还说她只是看了电视上的天气预报，而你没有看。第二天你也许会发现她的说法是错误的，即便如此，你相信她这件事本身也是非常合理的。

另一个好朋友告诉你，藏族僧侣打坐的时候可以飘在空中。经过一番思考，你得出这样的结论：他的主张与整个现代科学世界观背道而驰。它与我们所有关于重力的经验和约束物体运动的经典力学定律相矛盾。但这并不意味着你可以用严密的数学来证明你朋友的说法是错误的。稍微多想一会儿，你就会想到，如果藏族僧侣真的能在空中盘旋，这就构成了一个革命性的科学事实，它会在新闻媒体上像野火一般传播出去。第一个观察到悬停僧侣，描述这一现象并为其提供有力证据的人肯定会获得诺贝尔物理学奖。但实际上从来没有发生过这样的事情。

然而，这可能是一个全新现象，不过没有登报而已？嗯，你的朋友补充说，冥想中的僧侣在半空中盘旋并不是新鲜事，事实上，千余年来，西藏就一直有这样的现象。他还不经意地说，虽然自己没有目睹，但他是从一个朋友那儿听到的，那是一个非常聪明的人，在西藏生活了很多年。

突然间，一个小小的口号出现在你的脑海里：相信一个观念，当且仅当你有好的理由相信这个观念为真。要么僧侣在空中盘旋着打坐，要么僧侣乏味地坐在地上打坐。在全面考虑了朋友的说法之后，你认为有充分的理由相信世界上所有的僧侣，包括西藏的僧侣，都要服从万有引力定律，即使他们在冥想。因此他们不太可能，甚至完全不可能在半空中盘旋。

事实上，你得出这个结论并不表明你过于怀疑或教条式地封闭心智。恰恰相反！它表明你对新事物的思考是非常开放的，你仔细地考虑各种说

---

① Pierre Simon Laplace, *Théorie analytique des probabilités* (Paris, 1812); David Hume, "Of Miracles," in *An Enquiry concerning Human Understanding* (1748).

法，也以非同寻常的谨慎考虑非同寻常的说法。在这种情况下，你的仔细思考让你得出这样的结论：你的朋友很可能是被他的朋友蒙蔽了，或者在证人和相信者之间的链条上有一个薄弱环节，朋友在不知不觉中上当，甚至撒谎了。

揭开不真实的面纱

要找到合理的方式去思考不寻常的说法，可以使用另外一个很好的方法论原则：归谬论证。其基本方法是进行一个思想实验。首先假设你所考虑的想法是真的，然后尽你最大的努力去看它会导致什么样的后果。这会导致荒谬吗？如果是的话，就有理由断定这个实验性的假设是错误的。

考虑一个物理学中关于思想实验的典型例子。[①]

约2300年前，亚里士多德认为具有不同质量的物体下落时具有不同的速度。他认为重1磅的石头下落的速度要慢于重10磅的石头。但是又过了近2000年，伽利略[②]认为亚里士多德错了，所有物体都以同样速度下落（在真空中）。伽利略能以推理的方式得出这一结论，以下就是他的归谬论证：

假设亚里士多德是对的，10磅的石头下落速度快于1磅的石头。让我们想象，在释放石头之前，两个石头用一根很轻的线绑在一起。那么10磅重的石头就会被下降较慢的1磅重的石头拖后腿。而轻一点的石头因为被重石头拉扯，会加快速度。因此轻石头将会比它没有被绑在任何物体上时落得更快，而重石头将会比其他情况下落得更慢。结论是，两个绑在一起重

---

① 这个例子源自Sören Holst, *Tankar som ändrar allt* [Thoughts that change everything] (Stockholm: Fri Tanke, 2012)。

② 如前所述，伽利略与天主教会发生了尖锐的冲突，因为他认为《圣经》中关于自然界的部分论述并非为真。其中之一就是教会声称太阳围绕地球转，而非地球围绕太阳转，而他相信后者。

11磅的石头下降速度要比10磅石头自己降落的速度更慢。这就违背了亚里士多德的主张：一个重石头（11磅的"组合石头"）要比一个轻石头（10磅的石头）下落得更快。

根据这种基于纯粹想象的推理，我们得到了组合石头下落的速度要比10磅的石头既快又慢。这就是归谬（显然，两个相反的结论不可能同时为真）。作为结论，我们不得不取消最初的假设（即亚里士多德的主张），因为它引导我们进入了死胡同。

归谬论证原则指人们首先尝试提出一个假设为真的主张，然后通过推理来确定这个想法是否会导致自相矛盾（或完全不合理）的结果。如果发生这种情况，那么应该退一步，拒绝一开始假设为真的主张。简言之，就是：

1.假设你所听到的主张X是真的。

2.通过推理，检查你根据前提所得到的结论。

3.如果结论是荒谬的或自相矛盾的，就应该拒斥主张X。

还有一个关于归谬论证的例子。有个四处流浪的发明家敲你的门，想卖水晶。他说该水晶里蕴藏着奇妙的能量，如果戴在身上，你会感觉非常好。此外，如果把水晶放在车内，油耗会下降20%。这款水晶只需99美元，你可以用它来节省燃料，弥补买它的成本。所以，你应该相信吗？

看看我们能否使用归谬论证原则。假设发明家的话是真的，水晶就如他吹嘘的那样有效。那么，既然如此，为什么汽车制造商不在自己的汽车上安装这样的水晶呢？如果这是真的，他们中的任何一个都会为拥有一个能使他们的汽车比竞争对手的汽车油耗低20%的装置而欣喜若狂！这在市场上将是一个多么令人难以置信的优势！

好吧，难道不能简单地说，发明家还没有向任何汽车制造商介绍这个小装置吗？嗯……为什么一个发明家会对所有汽车制造商隐瞒这一非常有价值的信息呢？假设通用汽车公司（GM）可以购买这种水晶的专有权，也可以获得通用技术的专利，如果所有通用汽车的油耗都比竞争对手低

20%，那么通用汽车将在和其他对手的竞争中获得巨大优势。

现在，通用汽车公司很有可能愿意为这个绝佳的机会向发明家支付一笔高昂的费用。为什么发明家没有选择用这种非常简单的方式致富呢？也许他是个非常有理想的人，只想帮助人们，对金钱毫不在意？既然如此，他为什么要以99美元将水晶卖给你？为什么不把他的水晶送给你（或其他人）？如你所见，整个场景越来越不合理，越来越怪诞，越来越愚蠢，越来越荒谬。归根结底，又是一个归谬论证的案例。

我们首先假设那个流浪的发明家说的是真话，然后我们表明这个假设导致了荒谬的结果。结论就是发明家关于水晶的说法几乎可以肯定是假的。

在真实世界中，没有一种推理方法是绝对不出错的，即便在数学领域，真正聪明的思想家也会在思考中犯下严重错误。让我们看看乔瓦尼·吉罗拉莫·萨凯里（Giovanni Girolamo Saccheri, 1667—1733）的一个奇怪的例子。他是一位非常有创造力的意大利数学家和耶稣会教士，其一生的最高目标是通过证明欧几里得的平行公理（前面提到过）为真来捍卫他的英雄欧几里得。

在萨凯里尝试证明平行公理之前，很多人已这样做过（尽管总是徒劳），但没有人敢走上归谬论证的道路。萨凯里认为这是一条值得踏上的理想道路，所以他大胆地假设对欧几里得平行公理的否定是真的。这位大胆的耶稣会教士不停地证明一个又一个全新的定理，所有的定理都是基于这个奇怪的新假设。他鄙视这个假设，但仍然决定去探索，尽管每一个新定理都与他的直觉背道而驰，萨凯里还是咬紧牙关，继续进行长达几百页的证明。终于有一天，他发现了一个非常奇怪和令人难以置信的结果——三角形有一个最大的可能面积。他举起双手，说："这个结果与直线的性质相违背！"

这一结果对他来说是完全荒谬的，而这也正是他想要的！遵循归谬论证原则，萨凯里愉快地回溯到开始，拒绝了最初的假设：对欧几里得神圣的平行公理的否定是真的。嗯，如果对欧几里得平行公理的否定必须被否定，那么欧几里得平行公理本身就必须被接受。目标达成！万岁！

在生命的最后时光，萨凯里出版了一本书，名叫《欧几里得没有任何缺陷》（*Euclides ab omni naevo vindicatus*），在书中他阐述了自己的发现。多亏了这本书和它自信满满的书名，有一段时间，至少有些人相信，欧几里得的平行公理终于得到了严格的证明，欧几里得已经被证明是对的。这对萨凯里和欧几里得来说，是多么幸福的时光啊！

不幸的是，萨凯里发自内心的"反感"并不来自一个真正的矛盾或悖论。它只是一种情绪反应，一种直观感受，一种直觉。萨凯里死后大约100年，一些勇敢的数学家——其中最著名的是匈牙利的亚诺什·鲍耶（János Bolyai）和俄罗斯的尼古拉·罗巴切夫斯基（Nikolai Lobachevsky）——追随他的探索，拒绝了欧几里得的平行公理，代之以对立的假设。但是这些顽强的灵魂并非简单地宣布欧几里得和萨凯里的结论荒谬或令人厌恶，而是慢慢开始看到一种新的几何学正在他们眼前形成，有一种并非欧几里得意义上的直线，它的内在逻辑令人惊讶，但无可挑剔。事实上，在这个几何学中，三角形有一个最大的可能面积是完全可能的。非欧几里得几何学诞生了，事实上，它在匈牙利和俄罗斯同时诞生了。

可怜的萨凯里错过了创立"萨凯里几何学"的机会，因为他先入为主的观念过于僵化死板。他虽然勇敢，但还不够勇敢。他错误地运用了归谬论证原则，声称自己发现了渴望已久的荒谬，而这有点太早，太容易了。"违背直线的性质"并不是他把所有奇怪的定理掷出窗外的充分理由。我们得到的教训是，一个人在思考时必须非常小心，不要太容易被自己的偏见所误导。当然，知易而行难。毕竟，在很多方面，讲理和明智是一门艺术，而不是一门科学。

很多人愿意把神奇的力量归于异域的藏族僧侣，或把治愈的能力归于神秘的水晶，或把超自然的力量归于非凡之士。如果一个人对这些归因表示怀疑，就会经常遇到异议："你不能证明僧侣们在冥想的时候没有在半空中盘旋！你为什么如此狭隘？你应该心智更开放一点！并不是每件事都能用科学来解释！不妨再谦虚一点！"

我们又一次发现自己置身于对理性和非理性的广泛偏见之中。在这样一个具有挑战性的背景下，重申这样一个事实就变得更加重要了：若一个人愿意包容各种想法，考虑其后果，并且愿意接受任何最能得到支持的想法，那么任何人都不可能比他更加开放。相比之下，如果有人愿意接受那些缺乏有力证据的想法，并且不准备改变主意，即使有很强的证据支持对立的观点，那么这个人很难被称为"心智开放"。事实上，这种僵化、教条化的立场正是心智封闭的标志。

这些讨论中的一个特例是当涉及某事物是否存在的问题时，我们不可能给出某事物不存在的铁证（不妨想想大脚怪或尼斯湖水怪）。但原则上，我们很有可能给出某事物存在的有力证据。

假设你的一个朋友声称有绿天鹅。

"不，不，不！"你抗议，"根本就没有这回事！绿天鹅不存在！"

"请给我证据！"你的朋友反驳说。

好吧，现在你有麻烦了。如果你想给出有力的证据证明世上没有绿天鹅，你就得走遍天涯海角，去看看你遇到的每一只天鹅。即便如此，你也不足以证明你的说法，你还必须明确证明在搜索过程中没有错过一只天鹅。这太夸张了！

基于你自己和他人的观察，你认为没有绿天鹅。但你不能给出无可辩驳的证据来证明——只有部分证据（顺便说一句，假设绿天鹅确实存在并不会导致荒谬，在这种情况下，归谬论证也不会奏效）。另一方面，如果你的朋友想证明你错了，他只需要制造出一只绿天鹅！看起来，举证的责任就在你的朋友身上，而不在你的身上。你可以安静地坐在扶手椅上，建议他开始寻找自己的绿天鹅。

同样的情况也适用于盘旋在半空中的藏族僧侣这一例子。如果僧侣可以一边冥想一边飞翔，那么人们很容易就能证明他们的存在：你只需要让其中一个僧侣在可控的条件下飞行，并让人给他拍一段视频。但是要证明没有这回事，你所能做的仅仅是提供部分证据。如前所说，关于某些事物不存在的证据必然是较弱的、零散的证据，它们汇聚成一种合理的趋势。然而，在所谓悬空的僧侣的例子中，关于他们不存在的部分证据仍然是一个有力的论据（只要没有确凿的证据支持他们能在空中盘旋）。

在所有关于某些假设实体（悬空的僧侣、喜马拉雅雪人、希格斯玻色子、绿天鹅、魔鬼、鬼魂、暗物质、亚特兰蒂斯大陆、上帝）存在或不存在的争议中，举证责任就在声称这些实体存在的人那里。

插曲：
棋局中的对弈与人生中的对弈

你是国际象棋棋手吗？我希望你至少偶尔是个玩家。

你下棋技术越好，下一步棋时考虑到的可能的步法就越少。这听起来奇怪吗？

嗯，不应该啊。下棋的目标是找到最好的一步，而你必须在非常有限的时间内完成，因为下棋是有时间限制的（至少在激烈的比赛中）。因此，关键在于不要浪费宝贵的时间去检查臭棋，相反，你要集中心智找到有希望的几步棋。当然，你的目标是在这几步棋中选出最好的一步。

在面对我们生活于其中的复杂世界时，情况也同样如此：依靠多年积累起来的知识，我们能够，而且必须尽最大努力迅速从似乎看不到希望的候选方案中挑出有希望的方案，从而考虑下一步该走什么样的道路（也就是说，在人生的游戏中，该下哪一步棋）。只有这样，我们才能更深入地理解世界。

从长期生活经验中产生的广泛、深入且为我们所熟悉的知识有一个极为重要的功能，它可以帮助一个人把他的探索保持在合理的限度之内。顺便说一句，"限度"在这里的使用不是负面的。恰恰相反，我指的是具有高度正面影响的限度。

说得具体点，生活如棋局。在大多数情况下，原则上一个棋手每一手大约有35种不同的行棋步法（这多少取决于一个人是处于棋局的开始、中间，还是收尾，但35通常是一个相当准确的估计）。然而，一个老练的棋手知道，这35种棋步几乎都不是很好。事实上，大多数相当可怕。所以优秀的棋手很快便会专注于几个固定的棋步——最多三五步。从35步中选出三五步要归功于经年累月的下棋经验！

在一场复杂的棋局中，大师能很快从各种野路子中找到一步好棋，发现熟悉的套路，将手头的棋局和经年累月的下棋经验类比起来。对棋局的熟稔节省了大师思考的时间。新手根本看不到定式，也发现不了这些类比。由于缺乏经验，他们会对大师瞬间放弃的各种招式保持开放的态度，甚至根本不会察觉自己错了在了哪儿。

大师明显不应该听从还在学习规则的小孩子过家家式的建议，也不会听从那些不过下了100局棋的业余爱好者的建议。听这些新手的建议不过是浪费大师的宝贵时间，计时器在嘀嗒嘀嗒响呢！至关重要的是，心智不要如此开放！毕竟，人生如棋，时间有限。

　　但在什么时候划清界限呢？大师应该听从12岁象棋神童的直觉吗？毕竟他赢过本地的一些比赛。或者，假设这位年轻的象棋神童最近与芒努斯·卡尔森（Magnus Carlsen，国际象棋世界冠军）对决，并与他展开了竞争。在什么时候，一个人应该开放心智，接受那些看起来古怪的观念？好吧，这些都是微妙的判断，显然不可能有一个"固定的配方"可以完美地给出"正确"答案。

　　在日常生活中，我们不可能对任何事情都保持开放的心态。我们不可能考虑来自各个方面的善意的建议。我们必须依靠自己的个人经验（以及我们所拥有的间接经验）从野路子中挑选出明智的策略，使我们能够迅速缩小选择范围。

　　因此，如果你以前每次尝试吃动物肝脏时总是感到讨厌，你就不必再对它保持心态开放。同样的道理，我不能再接着读我过去一直讨厌的某个作家的新书，即使封底有一堆说得天花乱坠的推荐语。对比吉塔来说，尽管她的朋友古尼拉善意地催促，也不必继续尝试她已经尝试过好几次的在线约会服务，因为结果总是灾难性的。信任你自己的经验就够了！只要你有大量经验，那就没问题。

　　如果你的生活经验丰富，你就能够而且应该有足够的自信，迅速放弃掉大多数随意的想法和善意的建议，就像大师迅速拒绝新手的建议一样。当然，偶尔有外行提建议是好的，希望你（或大师）有足够的经验，能认识到这个建议与其他建议有什么不同。当然，没有铁板钉钉的事。迅速拒绝大多数外行的建议，你自然会冒一点错过宝藏的风险——倒洗澡水时把孩子也倒掉了，但这就是生活。
人生如棋，总要冒险，但希望这种冒险是经过深思熟虑的，根植于
多年的经验之中。

假设数学家A多年来一直在探索数论中的某个难题，并将这个问
题告诉了不是数论专家的数学家B。B从来没听过这个问题，脱口而
出："嘿，我想这可能和素数的分布有关，你应该看看。"A应该马
上放下手头的工作，试着按照B的思路探索吗？当然，存在各种未知
因素，但在其他条件相同的情况下，这一行当的专家A因为一个局外
人而立即转换轨道是没有任何意义的。B所说的很可能是天真的、错
误的。当然，如果B是A所从事的数论领域的世界级专家，那就大不
相同了，因为那时B也已拥有渊博的知识。

虽然我们不应该把生活和象棋混为一谈，但从这一精彩类比
中，一定能获得一些洞见。

第四章
什么是科学：
关于理论、实验、结论和科学的本质

整个科学不过是对日常思维的提炼。

爱因斯坦

每时每刻，我们都在建立关于天地万物如何运转的信念。缺乏对世界本性的信念，我们就会茫然失措：面对任何情形，都不知道该如何作为。每一个人都要动脑子，尽可能多地理解周围发生的一切。[①]

我们越理解世界，就越有动力去寻找新的知识。这种知识积累的过程从生命早期就开始了——好奇心强的孩子通过游戏性的实验来获得这类知识。探索周边的环境时，孩子不停地试错，把各种各样的物件放进嘴里去尝，扭转东西，试图把一个东西放进另一个东西里，搭起积木塔看它们倒

[①] 2014年，诺贝尔生理学或医学奖颁发给了发现我们的大脑如何跟踪位置的科学家。英国的研究人员约翰·奥基夫（John O'Keefe），挪威的研究人员梅-布里特·莫泽（May-Britt Moser）和爱德华·莫泽（Edvard Moser）在大脑中发现了决定一个人的方位感的新型细胞，即海马中的"位置细胞"和内嗅皮层中的"网格细胞"。

塌，在桌子椅子上爬上爬下，在床底下滑来滑去，在沙发上跳来跳去——一句话，想把所有东西都亲自检查一番！

孩子当然会经历擦伤、切伤、刮伤、刺伤、撞伤，但所有由好奇之心带来的伤痛会使他们逐渐广泛、深入、切身地了解到世间万物的运行机制。这包括对他人、动物、植物、水源、天气、风的感知，对哪些东西会漂浮和哪些东西会沉没的感知，对美味或难以下咽的食品的感知。孩子知道了马车、三轮车、自行车、汽车，知道了电、电线、插头和插座，知道了烤箱、炉子、电冰箱和微波炉。

孩子的知识有一小部分是从那些向他们描述和解释事物的成人那里获得的。但是大部分源自他们自己的探索，源自不断地上当和犯错。最终，随着孩子的成长，他们从他人那里获得的知识会逐渐多于从自身经验中获得的知识。曾经通过频繁地亲历获得的经验变得越来越少，信息的获得越来越多，诸如：读书、读杂志、读报纸；看电视、看电影、看视频；在网上搜索自己感兴趣的东西；偶然遇到网上的随机信息；和朋友进行无数次毫无预期的交谈；吸收那些可以企及的各种洞见；倾听和反思在广泛的公共讨论中彼此碰撞的观念。

当然，这些大量碰撞的观念不过是观念，不是事实。大部分观念在我们的生活中没有任何作用。为确定起见，我们可能会经常阅读那些"新"东西，但是只要不对我们的生活造成直接影响，我们就不需要对其真假持有一个态度（尽管有时候受到兴趣或好奇心的驱使，我们会去反思那些遇到的看法）。然而，当一个论断或看法对我们个人来说，因为某个理由变得重要的时候——我们用它作为我们行动的基础并且让它帮助我们做出关键的决策——这时我们就应回到年轻时的个人化试错模式。

这就是科学方法该起作用的时候了，科学不过就是一种对知识更为系统的追求，使用的方法基本和孩子的一样：不把任何事物视作理所当然，亲自考察每一件事，翻过来，转过去，摸一摸，闻一闻，用最直接的办法认识世界。

科学的核心

科学是一种通过试错来探索世界的高度结构化和系统化的方法。早在公元前2000年，巴比伦人（稍后还有古希腊哲学家）便发展出探究的方法和思考的方式，这可以被视作为科学奠基。

伊斯兰哲学家伊本·海赛姆（ibn al-Haytham，965—1039）经常被当作科学方法的创始人。他居住在巴士拉和开罗，并写了光学专著，其中包括对光学和视觉的科学描述。为了验证假说、理论，他构想了进行系统和重复实验的观念。他的视觉理论结合了观察、实验和逻辑推理，在他看来，光线从物体上反射进入眼睛，而不是相反。[①]

在科学中，事实、假设和理论是有区别的。一个事实通常是某个非常具体的观察，或某个实验的结果。理论是一套更宏大的观念集合，以预测或解释实验结果为目的。"理论"一词用来描述一组相互联系的观念，这些观念用来解释某个特定的事件或某组普遍的现象。因此，理论比个别的陈述更复杂。单独提出的不确定的主张通常被称为假设。

人们在从事科学研究时，会提出一些可以检验的假设，它们来自人们希望检验的某个理论。然后科学家根据各种观察和实验来检验这些假设。从这个意义上说，假设是解释狭义现象的第一次粗略尝试，而理论则是对一大类现象的更具雄心的解释。

一个科学理论不仅要与已经确定的事实相一致，而且也要至少能预测某些实验结果。一个不能做出任何预测的理论是空洞的。因此，假设和理论必须是可检验的，这意味着它们必须可以通过某种方式被证伪（也就是说，被表明是错误的）。如果一个理论或假设是不可检验的，那么它在科学上是无用的。

让我们来看看科学史上的一段插曲，它清楚地表明了理论和假设之间

---

① 参见Nils J. Nilsson, *Understanding Beliefs* (Cambridge, MA: MIT Press, 2014)。

的区别，也展示了科学运转的机制，这就是发现海王星的故事。

17世纪初，德国数学家约翰内斯·开普勒（Johannes Kepler，1571—1630）发表了3条描述行星绕太阳轨道运动的定律。他指出，行星的运动既不是圆形的，也不是匀速的，这违背了已统治西方数千年的信仰（或教条）。

几十年后，艾萨克·牛顿（Isaac Newton，1642—1727）提出了万有引力定律，让开普勒定律变得更加清晰、精确。他的理论在许多方面都与直觉相悖。毕竟，像太阳这样的天体怎么会产生一种神秘的力量，这一力量弥漫在整个空间，并影响到离它很远的物体呢？但这是牛顿的新理论的重要组成部分。许多批评家认为这一理论是超自然和神秘的，但是到了19世纪初，牛顿的万有引力定律和描述行星轨道的开普勒定律已经确立了牢固的地位。

巴黎索邦大学的教授、天文学家于尔班·勒威耶（Urbain Le Verrier，1811—1877）对行星运动进行了广泛的研究。通过仔细地观察，他发现当天王星穿过星空穹顶时，它的运动有点偏离。乍一看，这些偏离不能与牛顿定律和开普勒定律相吻合。基于这个理由，勒威耶提出了一个假设：天王星运行的轻微偏离肯定是由于某个位于天王星轨道之外的未知行星所产生的引力造成的。

根据这一猜测，他运用牛顿和开普勒的可靠理论进行了理论计算，得到了一个具体、可验的预测：宇宙中存在一个质量为m，运行轨道为o的迄今未被发现的行星，应能在时间t和位置p被观测到（当然，这些都是以精确的数字给出的）。然后他致信柏林天文台的天文学家约翰·伽勒（Johann Galle），信中准确说明了这颗行星应该在何时何地可见。伽勒在1846年9月23日收到来信，就在那天晚上，伽勒证实了于尔班·勒威耶的预言，发现了一颗处在被预测位置的新行星。

这个故事清楚地展示了理论、假设、观察和可检测性之间的联系。然而，许多人认为理论比事实更弱。他们会大叫："那只是一个理论！"这只是对科学中所使用的"理论"一词的误解。

在日常实践中，"理论"一词通常指的是缺乏充分证据的人提出的一种观点。我们经常听到这样的话："哦，这就是为什么珠宝从锁着的抽屉里消失的理论！"或者："警方由理论推断出两名而非一名劫匪涉案。"在这种情况下，"理论"意味着一种似是而非的猜测，人们已经把它当作一种可能，但缺乏任何有力的证据。

但在科学界，"理论"这个词有着完全不同的含义。它描述了一组紧密相关的概念，概念之间不仅在逻辑上一致，而且可以解释纷杂的现象，甚至产生新的预测。一套观念必须通过各种方式得到证实，才配享有"理论"之名；在此之前，它不过是随机猜测而已。

当然，日常思维和科学思维之间的界限并不清晰，"理论"具有一定程度的模糊性。有时它表示只有最薄弱证据的观念集合，有时它表示具有充分证据的观念集合，有时则指任何介于二者之间的观念集合。

在科学中，任何理论都应该随时接受修正和改进，这一点至关重要。但同时，对于一套值得贴上"理论"标签的想法来说，它必须已经通过了无数的可信度测试，因此有无数的证据支持它。其中一些证据可能非常有力，而另一些证据可能相对较弱。但科学理论总是能获得一定程度的证据和支持。

爱因斯坦的广义相对论是一个得到高度支持的理论，历经100多年的实验检测而保留下来。达尔文的进化论也得到了世界各地的观测结果的有力支持。另一方面，还有一些所谓的"暗物质"和"暗能量"的理论仍在探究之中，它们解释了一些现象，但却无法解释其他一些现象。

理论物理学中有一种奇特的知识体系，叫作"弦论"，其数学观念完美自洽，但迄今为止还没有得到任何实验证据。因此，弦论是"理论"一词的特例，把弦论当作一个理论（至少在某些人看来）是因为它的观念和数学方程具有非常紧密且一致的联系（不妨与非欧几何那些内在一致的定理做类比），即使它们尚未得到实验支持（即使它们从未得到最微小的实验支持）。

简言之，科学理论存在各种各样的可能，从非常有力的证实到相当微弱的证实。科学家们已经习惯于"理论"一词涵盖不同可信度这一境况。然而，外行人士常常抓住这个词的模糊性，来嘲笑那些让他们不舒服的理论。这就是为什么我们偶尔会听到这样的咆哮："进化论也只是一种理论！"说这种话的人并没有意识到，进化论是一个经过深刻确证的科学理论，它不是推测而是真理。

那么，一个理论被认为是科学的根据在哪儿呢？在科学中，自然科学和社会科学之间有一个标准的区别。这两种类型的科学完全不同，即使这种差异经常被局外人夸大。自然科学的首要目标是找到描述自然界如何运作的一般规律。粒子物理理论不仅描述1912年位于南达科他州的粒子，或者更广泛地说南达科他州的粒子是如何表现的，而且要描述某一种特定类型的粒子在任何时候，在任何特定情况下是如何表现的。

在社会科学中，人们往往对个人或具体情况更感兴趣。其目的可能是描述一种特定文化的风俗和传统，或者描述剧作家奥古斯特·斯特林堡（August Strindberg）在其作品中所表达的人性观。另一方面，在某些社会科学，特别是心理学中，其目标是要形成非常普遍的理论，例如视觉感知如何在大脑中运作，或者为什么人们在长大后学习某门语言时会带外国口音，或者是什么让人们记住一些事情，而忘记其他事情。

给"科学"下定义很重要的一个理由是，我们需要能区分真科学和伪科学，后者披着科学的外衣，但并不遵循真正的科学方法。伪科学家可能会模仿真正的科学家的工作，创造出大量包含专业术语的东西；或者他们会养成写下充满希腊字母和下标的公式的习惯，因为这使他们看起来像物理学家；或者他们会使用大量带有圆圈和箭头的图表，试图以此模仿真科学所特有的严谨和精确。但实际上，伪科学并不尊重使科学是其所是的核心与不可或缺的原则，即试验与犯错、理论与实验、证实与反驳，简言之，就是各种理论之间激烈竞争，适者才能生存。

科学不仅仅是一系列的陈述，不仅仅是关于问题的答案，而是一整套探索世界的方法。科学的根本特征是对各种假设进行可靠的检验，并且毫不犹豫地放弃任何禁不住认真审查的假设。

区分真科学与伪科学的标准就是不断应用这一方法。那些在自然科学中不依赖这种方法的主张——不能被检验的主张——是不科学的。这样一种主张可能是："只要没有人以任何方式观察我，我就能在水上行走。"另一种主张可能是："在月之暗面的反质子表面的紫色洞穴里，生活着数十亿只微小的、无形的具有负质量的象。"有时候，乍一看，这种说法给人以科学的印象，尤其是用高度技术性的术语表达的主张。但如果你仔细审查，它就不能接受严格检验，因而必须被归入伪科学的范畴。

科学经常被批评过于教条，过于确信其"真理"。然而，这种批评乃是基于对科学实际运作方式的深度误解。事实的真相是，科学方法中包含了科学家进行无情自我批评的过程，这意味着科学家们在不断地检查、复查和改进自己的结果，当然也包括同行的结果。

诚然，有些科学家在情感上致力于验证、确认和捍卫自己的想法，因此产生偏见，甚至变得盲目，但其他科学家并不视他人的想法为理所当然，他们会弥补这些人的偏见和盲目的看法。结果就是任何有缺陷的理论都不会在严酷的科学界长久存在。

实验、拒斥、修正：何谓科学的核心

我们运用科学方法，也即检测和修正理论来获得知识。以这种方式，我们逐渐建立起对实在越来越准确的描述。

当然，几个世纪以来，科学界也出现过重大错误，比如人们曾经认为可以从头骨的形状来判断一个人的性格特征（这一观点被称为"颅相学"）。弗朗茨·约瑟夫·加尔（Franz Joseph Gall，1758—1828）提出这一观念，他是维也纳的一位医生。这一思想的基础源于大脑由许多部分构成，这些部分与各种心理功能、能力和性格特征对应，如视觉能力、言语能力、数学能力、音乐能力、性欲、胆怯、合群、自信、诚实、易怒、慷慨、利他主义、宗教性、可靠性、奉献精神、自我牺牲等。颅相学的概念由来已久，但它仍然是一门伪科学。

另一个例子是"N射线"。备受尊敬的法国物理学家普罗斯珀－勒内·布隆德洛（Prosper-René Blondlot，1849—1930）在德国物理学家威廉·伦琴（Wilhelm Röntgen，1845—1923）发现X射线（在某些语言中被称为"伦琴射线"，如在德语、瑞典语中）后不久，于1903年宣布这一发现。布隆德洛在用X射线做了实验后，确信他发现了一种新的辐射形式，他以南锡大学的名字命名这一射线，他是该校的教授。许多研究人员迅速重复了他的实验，兴高采烈地证实了N射线的存在。在最初的声明发布后的一年里，布隆德洛和一百多名同事声称检测到了来自包括人体在内的各种物质的N射线；然而奇怪的是，这些射线显然不是由绿色木材或某些经过处理的金属发出的。一位名叫古斯塔夫·勒庞（Gustave Le Bon，1841—1931）的研究人员非常渴望获得这一荣誉，他声称自己才是最初的发现者，而非布隆德洛（毫无疑问，勒庞希望能因为他的工作而获得诺贝尔物理学奖，而且很明显，勒庞的诺贝尔奖会让回文①爱好者们感到高兴。但遗憾的是，勒庞和回文爱好者们失望了）。最后，不管最初如何确认，结果人们发现根本没有这样的射线。不久之后，所有实验都失败了，整件事很快烟消云散。这些研究人员怎么会犯同样的错误？他们不过是在自欺，因为想发现点什么。这是科学界著名的自欺欺人的故事之一。

也许现代最臭名昭著的故事是"冷聚变"，指两个原子核在室温或接近室温的环境下自发融合在一起，从而释放出巨大的能量（通常称为"结合能"）。如果这一现象是真的，那将意味着能源的获取将毫无限制、不

---

① 回文，亦称"回环"。辞格之一。运用词序回环往复的语句，表现两种事物或情理的相互关系。——编者注

费吹灰之力——这对人类来说是一个难以言状的恩惠。事实上，这种核聚变过程发生在极高的温度之下，例如恒星内部，但认为它们也可能在日常温度下发生的想法是高度推测性的。尽管如此，1989年，犹他州的两位备受尊敬的化学家还是宣布了实验结果，整整1年，科学界一直在激烈争论冷聚变的奇迹是真还是假。最后，由于它从未在任何地方得到可靠的重复实验，冷聚变就不值得一提了。从那时起，就再也听不到关于冷聚变的任何消息，除了在一些孤立的实验室里，他们的研究没有得到权威机构的支持，其发现也没有发表在主流期刊上，因为他们的做法不符合严格的标准。尽管如此，仍有科学家（或者更确切地说，非主流科学家）希望冷聚变成为现实，而且他们仍在努力实现这一点。

所幸的是，类似案例极少，上述故事表明，每一个伪科学的泡沫迟早都会破灭（尽管令人遗憾的是，新一代伪科学家不断制造出新的科学泡沫）。相比之下，科学的常规路径大不相同：最初的发现被证实，提炼，发展，扩展，随着发现的递增，科学观念也越来越深刻、越来越丰富。

批评家们有时会说：“依赖科学毫无意义，每天都有以前被认为是错误的新事实出现。”艾萨克·牛顿和阿尔伯特·爱因斯坦的例子常常被当作关键的例子。论证如下：两个世纪以来，每个人都相信神圣的牛顿世界观，后来爱因斯坦出现了，他证明伟大的牛顿错了。然后牛顿消失在窗外，就像这样！噗！迟早，同样的事情也会发生在爱因斯坦身上。它会一直持续下去。所以在科学上你不能依赖任何科学家！

这种油腔滑调的论调毫无根据，因为它严重歪曲了事实。牛顿在17世纪末和18世纪初完成了他的工作。他创立了一个力学理论，其核心是三大运动定律和万有引力定律。这就是所谓的牛顿世界观。200年来，它完美地解释了行星和地球机械系统的运动。它还完美地解释了气体（热力学）、液体（流体力学）、汽车、飞机和无数其他机器的行为。

大约200年后，20世纪初，阿尔伯特·爱因斯坦发展了他的广义相对论，在某种意义上，这个描述时空的理论取代了牛顿的理论模型。爱因斯坦的理论比牛顿的理论要更精确一点，但这并不意味着他表明了牛顿的理论缺乏基础或毫无用处。他怎么可能做这种事？毕竟，牛顿的理论这么多年来一直很有成效！

真相是牛顿的理论并非完全失效，它只是获得了新的视角。它是爱因斯坦理论的一个限制性情形——即当速度不是接近光速时（这个条件适用于所有宏观物体，如冰球、人、保时捷和行星），当重力不是非常强大时（当然，这个条件适用于地球的引力场，也适用于太阳更强大的引力，该引力形成了太阳系）。换言之，除了在最极端的物理环境中，包括高速或强引力场，爱因斯坦的理论几乎完全等同于牛顿的理论。

可以说，爱因斯坦的引力理论比牛顿的理论更接近真实。但同样重要的是，不要忘记，只要我们在日常生活中，牛顿的理论就给我们提供了极其精确、近乎完美的预测。如上所述，牛顿的理论本身就是爱因斯坦的理论的一个严格推论，在"低"速度（比有史以来最快的火箭的速度快得多）和"低"引力场（像普通恒星的引力场，当然还有那些行星的引力场，行星的引力场要弱得多）的条件下，牛顿的理论仍然是超级可靠的，从某种意义上说，工程师们一直在用它来建造桥梁、火箭、卫星、汽车、船只等。只有当涉及非常精确的测量，比如GPS系统等设备所需要的测量时，工程师们才偶尔需要运用爱因斯坦的理论，以及后来发展起来的量子理论。

科学理论是对实在的良好近似，而且它总是会变得越来越近似。爱因斯坦的相对论和随后的量子理论比牛顿的理论更接近实在，很有可能在未来的某个时候，它们也会被更精确的理论所"取代"，但即使发生这种情况，它们也肯定不会完全"消失在窗外"——就像100年前的牛顿一样。这只是一种错误的想法。

研究另外一个案例。19世纪，人们对光是一种电磁波毫不怀疑。这种看法来自苏格兰物理学家詹姆斯·克拉克·麦克斯韦（James Clerk Maxwell, 1831—1879）发现的奇妙方程式。它将以前独立的电学和磁学理论合并成一组由四个方程式组成的单一而美妙的集合。从这个奇妙的统一中诞生了收音机、电视、电话、电动机、电影、微波炉和其他无数20世纪的技术进步。

但是在1905年，阿尔伯特·爱因斯坦利用他曾经猜测过的一个深层类比，提出也许光根本不是由电磁辐射组成的，而是由粒子组成的！多年以来，没有一个物理学家重视这一观念。在这个信念中，爱因斯坦是一个叛徒、一个离群者、一个孤独者。但18年后，20世纪20年代早期，关于光的实验发现（尤其是康普顿效应）与麦克斯韦方程组根本无法调和，物理学家们开始意识到，也许早在1905年，爱因斯坦对光的本质的认识就是正确的。然而，这并不意味着麦克斯韦把光描述为电磁波就是错的，而是说这幅图景还有另外一个更深的层次，在某些非常极端的情况下，光表现出的行为只能用粒子图景来解释。麦克斯韦的光理论在所有情况下都是有效的，它继续起作用，而且永远都会继续起作用——也就是说，在地球上通常会遇到的几乎所有情况下，它都会继续起作用。

我们再一次看到，科学中"真"和"假"的含义比预想的要微妙得多。一个理论可能在严格意义上是错误的，但对所有的实践目的来说，却是完全正确的！这既适用于如上所述的牛顿的世界观，也适用于麦克斯韦把光视为波的描述。它们曾经被认为是普遍、完美、完全有效的，但现在我们明白了每种理论都自有其限度；然而，这并不意味着这些理论在正常情况下是无效的。事实上，旧理论仍然是理解大多数日常情况的最好方法，这就是为什么在高中和大学里，它们被继续作为所有物理课程的核心内容来教授，并且所有的工科学校也需要它。

目前，我们把光描述为一种混合体，有时光呈现为波，有时光呈现为粒子。这是一种令人不安的平衡，因为我们人类所知道的"真实生活"中没有任何东西以这种混合的方式表现，但我们必须习以为常，因为这是我们对这一神秘现象能给出的最好图景。即便是爱因斯坦，光的现代图景的创造者，也一直被自己讨厌的"光量子"（或我们现在所说的光子）所迷惑，直到生命的尽头。1951年，即爱因斯坦去世前4年，他在写给他一生的朋友米歇尔·贝索（Michele Besso）的信中感叹道：

> 50年的深思熟虑并没有让我更好地去回答什么是光量子这个问题。当然，今天在智力上不诚实的人以为自己知道答案，但这不过是自欺欺人。①

也许未来的某一天，我们将对光的本质有一个比今天更深刻、更令人满意的认识，但那实在是个模糊的愿景。

但不管现在关于光的描述是否让我们完全满意，就其适用性而言，它非常准确、卓有成效。例如，我们目前对光和原子的理解即便并非最终定论，也足以让我们制造出奇妙的装置，可以为我们提供关于身体内部情况的非常详尽的图片。尤其是，我们经常使用磁共振扫描仪（磁共振成像），在医院中发现肿瘤，也在实验室中研究身体各个器官的变化情况。

磁共振扫描仪使用强磁场和无线电波，并利用氢原子的某些特性（氢原子的核由一个质子组成）。水分子（H_2O）包含两个氢原子和一个氧原子，而人体的大约四分之三由水分子组成。氢原子的原子核，也就是质子，可以被看作是一块非常微小的磁铁，可以朝向不同的方向，作为它所处磁场的函数（可以把磁场看作是由力线组成的，质子"想"沿着这些力线排列）。当磁共振扫描仪产生一个强大的磁场时，无数微小的质子磁铁会迅速沿着它排列。这时，无线电波被指向测量样本，质子吸收了波的能量，从而改变了它们的方向；然后，当无线电波被关闭时，质子又回到了原来的方向。在这样的过程中，它们以新发射的无线电波的形式释放出刚刚吸收的能量。这些无线电波现在就包含了关于氢原子位置的有用信息，它们被接收后，可以由高速运转的计算机处理，从而产生非常精确的人体

---

① Albert Einstein, *The Born-Einstein Letters*: *Correspondence between Albert Einstein and Max and Hedwig Born from 1916 to 1955*, *with commentaries by Max Born*, trans. Irene Born (London: Macmillan, 1971).

内部图像。

假设玛丽患有严重的慢性头痛，她去看病，医生要求做磁共振。结果显示，玛丽脑部的某个特定部位有一个良性肿瘤。玛丽很快接受了手术，当外科医生打开玛丽的头骨时，他们发现肿瘤就在他们预期的位置，而且肿瘤的形状和大小也与他们依据磁共振扫描仪提供的图片所做的预期完全一样。外科医生切除了肿瘤，玛丽恢复了健康，不再头痛。所以，外科医生看到的图像是真的。这个故事对我们有何启发？

磁共振扫描仪基于电磁辐射、磁场、组成原子核的粒子（在这里是质子）以及所有这些实体相互作用的理论。外科医生发现肿瘤就在它本该出现的地方，这一惊人的成功（连同与这些理论有关的数以百万计的其他成就）是否意味着这些理论是绝对完美的？当然不是。

举例来说，假设有一天，弦论通过各种实验和宇宙学观察被展示出来，让我们对粒子的本质有了一个比以前更深刻的认识。[1]特别是，假设我们知道质子和其他粒子是在10或11个维度上"振动"的无限小的"弦"。如果发生这种情况，尽管这显然是弦论的一个巨大胜利，但它不会以任何方式、形状或形式暗示，使用磁共振扫描仪（基于更早的理论，而不是弦论）发现的玛丽的肿瘤是一种幻觉！

我们可以从刚才考虑过的小故事中得出一个重要结论。许多属于当代物理学和化学的理论都有技术应用——测量工具、计算机等，这些设备的运作与发明者的意图完全一致（例如，显示人体内部）。在任何重要的意义上，现在的理论将永远不会与更准确或更"真实"的理论相冲突，那些理论可能会在未来的某个时候出现，比如说，50年或100年（如果它们真的发生了冲突，那就意味着基于它们的设备是个骗局，或者更糟的是，这些设备根本不可能被发明出来或运行）。未来将要出现的理论可能既广泛

---

① 弦论，前面简单地提到过，是一种非常抽象的数学尝试，用来描述物质的最微小的组成部分。到目前为止，弦论没有得到任何经验证实，尽管如此，仍有许多研究者认为弦论颇具前景。只有时间才能证明它是否真的成立。

又深入，因此比今天的理论"更真实"，但即便如此，它们也不会使今天的理论失效。今天的理论永远不会被证明是错误的；和新理论相比，它们只会被视为一种更不精确的"近似值"。

这一切教导我们，对实在可以有好的，很好的，甚至更好的科学描述。所有这些彼此"竞争"的描述可以具有不同程度的准确性和品质，但都有其有用性和适用范围。因此，它们是朋友而非对手，因为它们在不同的情境下可以互相弥补不精确的缺陷，这就是科学的结构。

科学方法如何起作用？为了解释这一点，我将要讲两种从已知事实获得结论的方法：演绎和归纳。

演绎推理过程

科学活动包括逻辑推理的规则，即如何从前提有效地得到结论。这些规则有一个名字：推理规则。其目的是保真。这意味着，如果我们对一个或多个前提（或"输入"）应用一个推理规则，那么我们就可以确信"输出"（即结论）也将是真的。这是任何推理规则的关键属性：只要前提为真，结论必为真。

有效的推理规则有很多，这里我将举几个例子。第一个规则被称为假言推理（modus ponens），详情如下：

前提1：如果炉子上的一个燃烧器的温度被设置为"高"档，那么把盛有水的锅放置其上，水一会儿就会沸腾。

前提2：炉子右前燃烧器的温度被设置为"高"档。

结论：把盛有水的锅放在炉子右前的燃烧器上一段时间后，水开始沸腾。

这个结论从两个前提中得出，所以它必须是真的，只要这两个前提是真的。

我要展示的第二个推理规则叫作否定后件的假言推理（modus

tollens），详情如下：

前提1：如果炉子上的一个燃烧器的温度被设置为"高"档，那么把盛有水的锅放置其上，水一会儿就会沸腾。

前提2：我放在炉子右前燃烧器上的锅里的水没有沸腾。

结论：炉子右前燃烧器的温度没有被设置为"高"档。

和上面一样，这个结论从两个前提中得出，所以它必须是真的，只要这两个前提是真的。

第一条推理规则用来证实某事：如果A蕴含B，我们知道A，那么我们也知道B。第二条推理规则用于反驳某事：如果A蕴含B，并且我们知道B为假，那么我们就得出A为假。

我要展示的第三个推理规则是实例化（instantiation）。可以对其进行如下表述：

前提1：所有X都有属性P。

前提2：A是X。

结论：A具有属性P。

例如，假设我们知道所有成熟的草莓（也即所有的X）都有红色的属性，若我们知道某个对象A是一颗成熟的草莓，那么我们可以绝对肯定地得出A是红色的结论。

稍后，我们将看到如何将这些推理规则应用于科学。切勿忘记，用推理规则得出的结论并不必然与实在相符——毕竟前提本身可能就不符合实在！请看这个例子：

前提1：所有的狗都有八条腿。

前提2：菲多是只狗。

结论：菲多有八条腿。

我们正确地使用了假言推理，并且结论是以铁的逻辑从前提中推导出来的，然而，这个结论碰巧不是真的。这是因为第一个前提为假。但逻辑学本身并不关心前提的真假，它只关心以适当的方式应用推理规则，这个推理中正确应用了假言推理。我们可以有把握地说，如果两个前提都为真，那么通过假言推理得出的结论也将为真。

另一个经典的推理规则被称为排中律（tertium non datur，有时被称为rule of the excluded middle）。它陈述了一个显而易见的事实：一个陈述和它的否定不可能都为真。例如，不可能出现这样的情形："我的国王既受制于人，也不受制于人。"这毫无意义！地球不可能同时是圆的和非圆的（例如平坦的），这也毫无意义！同样，尼斯湖水怪不可能同时存在和不存在！这有多无意义呢？怎么说也不为过。

如我们将要看到的，在关于上帝是否存在以及其他许多关于实在观念的推理中，这一推理规则起着重要的作用。

归纳推理过程

前面我所描述的几种推理规则，对于用演绎法获得结论至关重要。但也存在能有效得出结论的归纳法。这涉及从单一案例（或几个案例）的陈述到更宽泛的概括。请看这个例子。

前提：每次我松手，手中的石头就会落地。

这是我的个人经验：张开握石头的手时，石头就会落地。

通过归纳，我得出一个更具一般性的结论：只要一松手，石头就会落地。

与演绎规则相比，归纳规则不能保证从真前提到真结论。前提是真的，但结论可以是假的。请看伯特兰·罗素的一个经典例子。

想象一下，一只火鸡每天中午在谷仓里被喂食。起初，它担惊受怕，充满疑虑。但经过足够多的重复之后，火鸡开始习惯这个做法。它注意到，每当教堂的钟声响起（每天只响一次，正好在中午），它就得到了食物。所以前提是：到目前为止，每当教堂的钟声响起，我就得到了食物。归纳出的结论是一次飞跃，它更具普遍性：每当教堂的钟声响起，我都会得到食物。过了一阵，每当教堂的钟声响起，火鸡就开始向农夫们飞去。然而，感恩节前一天，事情并没有完全按照火鸡的预期发生。事实上，当教堂的钟声在中午响起时，火鸡就会立刻被抓起来，然后被带去屠宰。正如火鸡学到的（遗憾的是，时间很短），归纳法并不总是得出结论的可靠方法。但这个结论往往非常可信，就像石头落地事件一样。

切勿忘记，原则上，科学结论总是暂时性的。即便归纳推理中的前提为真，结论也可能为假。正如我刚刚指出的火鸡案例。当新的事实出现时，结论必须加以调整。严格来说，我们永远不能证明松手后每一块石头都会掉在地上，但我们可以认为这个结论是非常可靠的。我们具有丰富的经验，所以我们可以假设石头掉到地上的情景总会发生，而不必怀疑它。事实上，这并不是一个完美的、铁板钉钉的结论，但这并不意味着人们应该对此表示怀疑。

科学研究通常基于一套理论上可测试的假设之上，从这些假设出发，运用归纳和演绎规则进行研究。有时这种方式被称为"假说-演绎法"（the hypothetico-deductive method）。

只要前提成立，演绎步骤正确，通过推理得出的结论总是正确的。但是当我们试图通过科学来更深入地了解世界时，我们经常使用归纳规则。由于归纳的结果不能保证永远为真，所以我们不能确信所有的结论，即便它们都是用假说-演绎法得出的，能始终与实在相符。

描述科学的一个简单方法是：我们了解事物如何相连，或它们如何运行。我们为事物的行为提供理论，然后生成一组可以检验的假设（如果一个假设具有解释价值，它就必须能以这种或那种方式被检验）。接着，我们开始调查实在中发生了什么。实验结果与我们的预期相符吗？我们的假设要么被证实，要么被拒斥。

这通常是一个反复循环的过程。研究者回去再次检测自己的想法，提炼想法，再次检测。假说-演绎法可以概括如下：

1.从一个给定的理论开始，或者形成一个新的理论。

2.设计一个或多个可检验的假设。

3.通过观察或实验来检验这些假设。

4.根据检验结果，加强或削弱该理论的可信度。

归纳法在这一切中扮演什么角色？当我们阐述一个理论时，我们通常在第一步中使用归纳法。例如，如果我们目前看到的乌鸦都是黑色的，那么我们可以据此推测，世界上所有的乌鸦都是黑色的。

案例研究：路易斯·巴斯德和自发生成

假说–演绎法的一个经典应用是19世纪中叶由伟大的法国化学家和生物学家路易斯·巴斯德（Louis Pasteur, 1822—1895）进行的一项实验。他设计了这个实验来检验当时流行的"自发生成"理论。

生命起源之谜一直困扰着人们。地球上的生命是如何起源的？无生命之物如何变成有生命之物？亚里士多德提出了自发生成（spontaneous generation）的概念，意思是，生命可以自行产生。在许多个世纪里，这一理论居统治地位。果蝇在堆肥中成群结队地飞来飞去，蠕虫在腐肉中生长，这被当作是小动物在适当的环境中自发产生的证据。至少有些思想者认为，事情正是如此。

巴斯德不太相信。他把两块肉放在桌子上。然后把其中一块放进一个封闭的抽屉里，把另一块暴露在露天环境中。为了检验自发生成理论，巴斯德提出了一个可检验的假设：如果自发生成是真的，那么蠕虫很快就会在两块肉中都出现。实际上，过了几天，放置在露天环境中的肉长出了虫子，而放在密闭抽屉里的肉没有长出虫子。巴斯德的结论是，他的实验证明了自发生成理论是错误的。他运用了否定后件的假言推理，如下所示：

前提1：如果自发生成是真的，那么蠕虫就会出现在两块肉中。

前提2：两块肉中有一块没有出现蠕虫。

结论：自发生成理论是错误的。

对一个认真的研究者来说，单独的一个实验不足以得出强有力的结论。巴斯德因此提出了一系列新的猜想，并用新实验对它们进行了检验。最终，他对肉块的实验使他拒绝接受亚里士多德的自发生成理论。

巴斯德后来提出了他自己的理论，即细菌漂浮在空气中引起了腐烂。这是我们目前对细菌感染的初步理解，这一理论有着重大的实际意义——无论是对我们今天如何处理食物，还是对我们如何避免伤口感染。巴斯德随后的科学研究也具有重要意义，例如，他能够为患狂犬病的儿童接种疫苗，这是医学史上的一次创举。

这一案例展现了科学探索知识的核心所在。科学试图为我们提供对实在的准确描述。未能通过检验的理论被抛弃，通过检验的理论存活下来，但必须进行进一步的检验。这至少是科学理想运作的方式。

什么时候可以合理地得出这样的结论：一个理论在一定程度上描述了实在？答案是，当理论能够比早期的理论更好地解释一个或多个现象时，当重复的检验一次又一次地给出相同的结果时。假设给定的理论没有受到其他检验的质疑，这个理论就会逐渐被科学界所接受。如果这一理论可以进一步应用于建造新的实验装置和设计新的技术装置，那么可以说，这个理论已经证明了它的可行性。

当然，科学界对新理论的接受存在一定的阻力。一个理论越具开创性，越惊世骇俗，在科学界接受它之前需要的证据就越多。这也是为什么阿尔伯特·爱因斯坦在1905年提出光是由粒子组成的这一激进的主张时，遭到如此轻视的原因——它太激进了，而且没有足够的实验证据证明这一点。这是思想史上一个有点悲哀的插曲，幸运的是，这样的事情并不多。事实上，我们应该感到非常欣慰，科学家们并不会立即推动任何新想法。如果科学实践者们不经过认真审查，就热烈欢迎任何新旧思想随意进入科学的殿堂，那么科学将只不过是一个真假学说混杂的拼盘而已。

经验和实验是科学实践的中心。但我们能一直依靠实验吗？也许实验者忘记了一些因素，或者寻找某个结果的愿望影响了实验者的客观性？对一个孤立的实验结果持怀疑态度完全合理，尤其是如果它与以前的结果迥异的话。

因此，检验和实验的可重复性是一个关键原则。世界各地的其他研究人员应该能够在他们自己的实验室里重复一个给定的实验，当然他们也应该得到同样的结果。如果一个理论成立，那么不管谁做检验，它都应该有效。如果一个理论被广为接受，那就意味着至今没有人能在其中找到任何漏洞。出于这个原因，我们似乎有理由假设某个理论是对实在的一种很好的描述，因为它能够以不同的方式被应用，至少在对实在的另一种描述出现之前，这种描述要更好。

可证伪性

维也纳哲学家卡尔·波普尔（Karl Popper，1902—1994）是20世纪著名的科学哲学家之一。波普尔提出了"可证伪性"一词，并声称这一概念实际上处于科学进步的核心。

一个理论是可证伪的，这意味着必须有某种方法来设计一个实验或一个情境，其原则上可以证明该理论是错误的。否则，必须有某种方法来说明什么足以最终证明该理论是错误的。如果做不到这一点，这一理论就缺乏科学内涵，也就没有科学价值。

这样，证伪就是否定后件的假言推理的一个例子。我们有一个理论A，它产生了一个实验，如果这个理论是正确的，实验应该给出结果B。我们进行了这个实验，结果发现它没有给出结果B，而是给出了非B。然后我们可以推论出非A，也就是说，我们证伪了理论A。

波普尔认为，这才是科学的真正核心。任何科学理论都不能被认为是绝对正确的；它充其量是暂时正确的，直到被证伪的那一天。正如他所说：

进步之处在于我们能够获得越来越多内容更丰富的理论。但一个理论内容越多，它所排除或禁止的就越多，因此被伪造的机会也就越多。所以内容更丰富的理论是可以被更严格地检验的理论。[①]

可证伪性的概念也可以通过众所周知的"二十问游戏"来说明。某人提出一系列是／否问题——最多二十个，试图弄清楚另外一个人在想什么样的对象（动物或人）。当然，人们会选择答案能提供尽可能多的信息的是／否问题。因此，理想情况下，每个新问题都将可能的对象（动物或人）分成数量几乎相等的两组，一组对应"是"答案，另一组对应"否"答案。这是找出谜底最有效的方法（一个人永远不会问一个几乎肯定事先知道答案的问题，因为那样做只会浪费二十个问题中的一个）。

做一个实验来检验科学理论，就像提出一个关于实在本质的问题。如果不可能设计出一个答案可能是"否"的问题，这个理论就不是科学理论。

不管提出什么样的验证问题，答案都为"是"的理论是不可证伪的，它并不能帮助我们认识世界。科学的目标是要阐述世界，因此，只有"是"的理论和科学无关，而仅仅是伪科学。[②]

因此，可证伪性是区分科学与伪科学的一种方法。在自传中，波普尔描述了他在成为教师之前是如何思考科学的本质的：

在这一时期的早些时候，我进一步发展了我关于科学理论（如爱因斯坦的理论）和伪科学理论（如弗洛伊德和阿德勒的理论）之间分界的想法。我明白了，使一个理论或一个陈述科学化的，是它拒绝或排除某些可能发生的事件的力量——阻止或禁止这种事件发生的力量。因此，一个理

---

① Karl Popper, *Unended Quest: An Intellectual Autobiography* (New York: Routledge, 1976).

② 参见Nilsson, *Understanding Beliefs*。

论受到的约束越多，它告诉我们的东西就越多。[1]

如果你提供了一个科学理论，那么你必须能够说明，在什么样的情况下，你会承认你的理论站不住脚。这就是波普尔著名的区分科学与伪科学的"划界标准"（更广泛地说，科学哲学中的"划界问题"涉及如何找到一个标准界定真正的科学。这一界限可以在科学与伪科学、科学与宗教、科学与迷信之间）。

数学与绝对真理

有没有什么科学发现是绝对真理——当新发现出现时也永远无法被推翻？它们只存在于一个领域：数学（以及像逻辑学这样的相关领域）。数学世界确实是先验科学（先验，拉丁语是"从一开始"的意思，先验的知识是指有效性不依赖于感官经验，也不与物质世界接触的知识）。

先验结论即不必离开舒服的扶手椅就能得出的结论。换句话说，为了得出这样的结论，我们不需要在世界上到处探测、观察。数学不依赖于任何形式的外部观察，所有结论都通过逻辑推导得出（至少从既有的数学证明文章来看是这样的。然而，在现实生活中，数学家几乎总是首先跳过逻辑类比，根据直觉得出结论。数学家和我们一样会猜测，但他们写文章时，会有意掩盖思想的踪迹，在文章中看不到原始猜想的蛛丝马迹，一切都用纯逻辑的语言来表述，好像作者是一个机器人而不是一个人）。这意味着一个数学定理一旦被严格地证明，就永远不会因任何外部观察、测量或经验而失效（如前所述，数学定理是通过纯粹的逻辑步骤从公理中推导出来的陈述。一组形式符号加上一组公理、一组推理规则，构成了一个形式系统或公理系统。在系统内推导出的定理，在该系统中总是为真）。

---

[1]　Karl Popper, *Unended Quest*. (Italics in the original.)

当然，即便数学家也应该多多少少保持谦卑。数学家和其他人一样会犯错。即便没有实验能推翻数学结果，人们仍然可能在（所谓的）定理证明中犯下逻辑错误。因此，数学比较特殊。如果一个人在推导定理的过程中没有犯任何错误，那么这个定理就会被永远保存在定理博物馆（体系）里。注意，这个被证明的定理只被保存在某一个人使用过的形式系统的博物馆里。对于其他形式系统，可能还有其他博物馆，在那里根本不出现给定的定理。事实上，1931年，年轻的奥地利逻辑学家库尔特·哥德尔（Kurt Gödel）指出，在任何足够复杂的既定公理系统中，都有某些陈述注定成为定理，因为它们表达了真，但在既定系统中却无法被证明。换句话说，在一个既定公理系统中，真与可证之间有一个巨大的鸿沟。哥德尔指出，在所有足够丰富的公理系统中，都有无穷多的真但不可证的陈述。数学界花了几十年才吸收了这个惊人的结果：哥德尔不完全性定理。

盲法试验和安慰剂

如何避免在科学探究中犯错？当然，没有避免错误的妙方。几个世纪以来，草率鲁莽、一厢情愿、渴求名利让许多研究者误入歧途。但是，尽管人类不能避免错误，但科学探索作为一种人类的集体活动，具有某些固有特性，它们能极好地帮助人们保持诚实，走上真理之路（科学家被理所当然地认为是诚实君子）。所有这些方法中最为重要的，尤其是在医学领域中最为重要的是著名的单盲和双盲试验。

这类测试的目的在于消除研究人员的隐含偏见或一厢情愿的想法，并且，只要涉及人类受试者，就也要消除受试者的这种倾向。今天，我们意识到，在新药测试等情况下，一个人的欲求和信仰可能对疗效产生积极或消极的影响。

失眠症患者可能希望每晚都服用安眠药。病人可以从医生那里得到药片，但医生可能在病人不知情的情况下给他一些糖丸，而非真正的安眠药。病人吃了药，睡眠良好。这种效应被称为安慰剂效应（"安慰剂"在拉丁语中的意思是"我会取悦你"）。归根结底，一个人的心理预期有时会产生一种与真正的药物一样有效的医疗效果。

与安慰剂效应相反的是反安慰剂效应，即积极的预期导致负面的后果。在某些以自然为基础的非洲宗教里有这种现象的好例子。在尼日利亚的某个小村庄里，有一天，一台燃气发电机从一个小屋里消失了。有人偷了它。村里的巫医召集全村居民开会，宣布他已经对偷发电机的人下了咒语，并且立即生效。他声称，这种咒语会使人进食困难，胃痛剧烈，并慢慢变得极度不适。几天后，发电机突然出现了。一个小男孩病了，随后他听到了这个咒语。他不能正常吃东西，最后他归还了发电机。这就是反安慰剂效应的一个明显例子，对魔法力量的信仰导致了咒语所描述的症状出现。安慰剂效应和反安慰剂效应都有大量的深入研究和材料记录。

如果我们想研究一种新药的疗效，我们必须通过所谓的单盲试验来避免安慰剂效应。这意味着，一组受试者收到的是真正的药物，而另一组受试者收到的制剂看起来与药物完全相同，但实际上只是一种糖丸，不含任何真正的药物成分。两组人员都不知道哪一组得到了真正的药物，哪一组得到了糖丸。换言之，他们面对这一知识时是"盲"的。只有在这种可控的情况下，测试才能表明药物是否真的有效，而不仅仅是安慰剂效应或其他"幸运"的干扰。

在一些药物测试中，服用糖丸的那一组经常表现出很强的正面效果。这显然是一种安慰剂效应。幸运的是，得到真药的群体会表现出更强的正面效果。因此，这两种正面效果之间的差异应能表现出真药的药效。如果这两种测试的正面效果根本没有区别，那么这种药就毫无价值了。

如果研究者一厢情愿、固执己见呢？这会对单盲试验的结果产生影响吗？当然！正是因为这一原因，人们设计了双盲试验。在这种情况下，研究者和受试者都不知道哪一组接受了真正的药物，哪一组得到了糖丸。只有对试验进行统计分析，他们才能知道实际的药物分配。

当涉及对人类的影响的科学研究，单盲试验和双盲试验至关重要。同时，这些方法在对待今天盛行的伪科学治疗和药物方面尤为重要，特别是在新纪元运动圈和另类医学的从业者中。不幸的是，这些实验和假药忽悠了很多人，受害者丢了钱财，伤了感情。通常，与新纪元运动医学（以及其他另类医学）相关的方法和药物，如果通过单盲试验或双盲试验进行适当和认真的测试，几乎总是不合格。

那么，一种真正有效的另类医学应该叫什么呢？那就是真正的医学。

科学的阴暗之面

有时，我们会遇到一些僵化呆板的科学从业者。与医生打交道时，我们都曾有过这样的经历：去就医，感觉医生完全不听你讲细节。无论医生的脑袋里有什么，它们似乎都比我们想要表达的东西重要得多。

如果你对医生的傲慢态度感到沮丧，那么请记住，这不是科学的错，而是这个科学从业者的错，他的思维已成定式，不再愿意倾听。

一个人是科学从业者并不能保证他不会被欺骗。显而易见，科学家的文化圈，就像其他任何人的文化圈一样，充满了拥有情感需求和心理需求的人。因此，有的研究人员发表伪造的结果，不过是为了名声和荣誉而已。

也有不少研究人员一直不愿接受新的事实和结果，因为接受就意味着不得不放弃他们长期以来的信念，而他们的职业生涯就是建立在这些信念之上的。这幕后也可能牵涉经济利益，这会驱使人们总是对新结果产生怀疑。因为如果接受新的结果，就会降低已有的某种名药的销售。

例如关于溃疡的研究。2005年，巴里·J.马歇尔（Barry J.Marshall）和J.罗宾·沃伦（J.Robin Warren）因为发现了一种名为幽门螺杆菌的细菌而获得诺贝尔生理学或医学奖（这种细菌最早是在1982年从患有慢性胃炎的病人身上提取的培养物中发现的）。多年以来，溃疡被认为是压力和营养不良的结果。但是马歇尔和沃伦有不同的看法，他们提出的理论认为细菌引起溃疡。过了一段时间，马歇尔证明了他的理论。他决定自己去喝一种幽门螺杆菌培养液，不久之后，他就患上了严重的胃部炎症。这一因果关系被证实，马歇尔和沃伦随后表明，溃疡患者可以服用抗生素从而被永久治愈。然而，在细菌感染和溃疡之间的联系被证实之前，病人经常困扰于这种慢性的、不断复发的疾病。

刚开始，马歇尔和沃伦的发现遭到了怀疑，因为它损害了很多行业的经济利益。制药业由于从各种治疗溃疡的药物中赚了大钱，所以毫无兴趣去怀疑溃疡的既有理论。毕竟，对制药行业来说，病人复发再治，比一劳永逸地痊愈要好。马歇尔和沃伦的研究成果被推迟出版，至少部分原因是如果他们的研究成果被认真对待，就会牵涉很大的经济利益。

通常来说，对科学知识的探索最终会比所有其他途径都成功，但它实际耗费的时间可能比应该耗费的多。任何因虚荣、金钱或固执而阻碍进步的尝试通常不会维持很久。有时，研究人员被指责互相拍马屁，互相隐瞒缺陷。事实上，科学研究界很难被视作失败理论的庇护所。任何一个研究者如果能成功地彻底粉碎某个既定理论，那么他可能名利双收，甚至斩获诺贝尔奖。说真的，这也提供了相当强烈的动机去伪造理论。

科学与宗教彼此相容吗？

科学和宗教是否兼容是一个经久不衰的公众话题。这个问题常常成为进行冗长的、所谓深邃的冥想的借口。

事实上，这个问题很容易回答：只要宗教不提出任何违背科学知识的主张，宗教和科学就是相容的。更简单地说：只要宗教不考虑世界，那就没有冲突。举例来说，有人相信有一个造物主从无到有创造了宇宙，后来他不再起作用。在实践中，这种上帝信仰毫无意义。它并没有回答我们为什么会在这里，我们要去哪里，我们应该如何生活，或者实在的本质是什么。

另一方面，灵魂在肉体死亡后仍然存在、有灵魂转世，或其他类似的超自然观点不符合科学。这并不是说这些想法本身就是必然错误的，而是科学的发现毫不含糊地表明了它们的错误。

另一个经常讨论的问题是，如今，神学是否能有益于科学，或者反过来说，科学是否能有益于神学。对于第一个问题，除了说"不"，我看不出任何其他可能的答案。无论其主张是否正确，神学都是超出科学领域的问题（除了那些与科学直接冲突的神学主张）。然而，科学可以帮助神学摒弃某些先入为主的观念，比如说，人类与自然演化无关，也不是自然演化的结果。

宗教对科学有什么帮助吗？有，如果我们回顾一下科学的历史，我们不得不说它确实有帮助。世界是可理解的这一观念，在历史上一直与存在一个智慧造物主这一观念相联系。如果一个人不相信世界的可理解性，那么他投身于科学毫无意义。从这个意义上说，宗教为科学的进步铺平了道路。然而，这一事实并没有增加上帝或智慧造物主存在的可能性；但可理解性的概念帮助科学取得了最初的进展。

插曲：
论科学的有用性

一个人能不能过于相信科学？毕竟，历史告诉我们，科学并不总是正确的。

人们很容易忘记，科学并不仅仅是生产大量关于世界真相的事业。科学远不止于此。科学是研究实在的一种方式——一种制造模型、图片和关于宇宙如何运作的理论的方法。科学对实在的描述需要经常修改，我们不知道有什么比遵循科学道路更好的方法来获得对实在的认识。从这个意义上讲，我们不可能不坚信科学。

我们所说的科学实际上应该根据其发现的有效性来判断：当它给我们提供了战胜癌症或霍乱等疾病的工具和药物，或者当它给我们提供了克服熟悉的自然约束（如重力）的聪明方法，使我们能把人类送上月球，或者很快将能送上火星。

科学总是一股向善的力量吗？好吧，想想硝化甘油这个化学物质——它既可以拯救心脏虚弱的患者的生命，也能把人炸成碎片。所有的知识都是如此。科学是否合乎道德，归根结底要看人们如何利用它。知识本身是中性的。

科学对我们的日常生活有什么意义？当我们听到有关一项科学发现的新闻时，它常常涉及一些极其抽象和遥远的事情。例如2012年发现希格斯玻色子（这并非我在办公室露面时需要知道的东西），或者2014年，在发射约10年后，空间探测器罗塞塔号（Rosetta）的"菲莱"登陆器（Philae）降落在彗星表面。但我们不应忽视这样一个事实：2014年诺贝尔物理学奖的颁发是因为LED灯的研究进展。这一多年研究和发展的成果改善了全球数十亿人的生活。

　　就我个人而言，几乎可以肯定，科学延长了我的预期寿命，并给了我更多体验生活的机会。我大概率比我几百年以前的祖先活得长一倍。我可以拥有双倍时间陪伴我的亲人。我可以看着我的儿子长大，成人，读书，游戏，获得点点滴滴的知识。多亏了科学，我才有了这么好的运气。我一直感谢科学给我这些惊人的礼物。

第五章
脑里的幽灵：
我们奇妙但易被愚弄的大脑

当我思考时，不是我在思考，而是我的大脑在思考。

四岁的莱奥·斯图马克

为什么我们需要遵循科学的方法来认识世界？为什么我们需要进行某种严格训练，难道我们的大脑本身不够好吗？

科学家经常把人脑描述为"我们所知的宇宙中最复杂的现象"。事实上，我们大脑的能力相当强大，令人惊叹。即便如此，一个完美健康的大脑也常常发生各种各样的偏离。

我们的大脑蒙蔽了我们的眼睛

人类的大脑有许多明显的缺点，它们中的部分或全部很可能会在未来一百万年左右的时间里通过进化得以修复完善。但目前，我们只能与其共存。

视错觉

最简单的例子就是视错觉。我们可以很容易地确信，两条长度完全相同的线条看起来截然不同。例如，看看图5-1中的两件家具。这个错觉图只是斯坦福大学杰出的心理学教授罗杰·谢泼德（Roger Shepard）在20世纪80年代早期设计的众多错觉图之一。你认为构成钢琴凳左侧的斜线与构成方形桌远边的水平线的长度相同吗？可能不相同，前者不是要长得多吗？

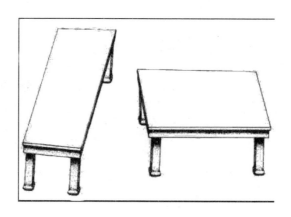

图5-1

好吧，事实上并非如此。两条线的长度完全相同。你的眼睛正确地告诉你，如果这两件家具并排安置在一个房间里，左边的钢琴凳会比右边的方形桌长得多，但是你的大脑会将正确的信息转化为错误的想法，即图像中的两条线的长度相差悬殊。这个错误的推论很有说服力，不是吗？我每一次看到这张令人惊叹的照片时都不敢相信，不得不对它们进行实际测量。面对大脑对我耍的把戏，我都透不过气来。

出于这些原因，我们需要一些工具来帮助我们了解这个世界的本来面目——这些工具比我们无助的感官和容易受骗的大脑更加可靠。

通感

有时，我们的大脑会拼凑信息，并从中得出毫无理性根据但却非常有创造性的结论。一个典型的例子是名叫"Kiki"和"Muma"的两个形状。看看图5-2中这两个形状，请告诉我哪一个是"Kiki"，哪一个是"Muma"。

图5-2

几乎每个看到这两个形状的人都确信下面的那个叫"Muma"，上面的那个叫"Kiki"。为什么？这张图片并不显示你在日常生活中要处理的任何信息，并且这两个名字不过是毫无意义的单词而已。那么，究竟是什么让你得出一个有把握的结论：一个词必然是其中一个形状的名称，另一个词是另一个形状的名称？

并没有什么合理的理由。简言之，我们听到"Muma"一词，会感到这是比"Kiki"更柔和、更圆润的声音，"Kiki"听起来更刺耳、更有棱角。我们倾向于将下面的形状看作是柔软而圆润的，而上面的形状看起来更刺眼，更棱角分明。这种声音和形状之间的联系是一种通感，意味着来自不同感官的感觉彼此融合。另一个通感的例子是许多人都觉得某些数字与某些颜色相关联。因此数字"7"对你来说可能是蓝色的，而"3"可能看起来是黄色的，以此类推。

一个著名的通感高手的例子是丹尼尔·塔米特（Daniel Tammet），他能背诵圆周率小数点后2万多位数字（3.1415926535979323846264……）。在他的书《星期三是蓝色的》（*Born on a Blue Day*，2006）中，他解释说，为记住这么多数字，他不会单纯关注数字，而是用心灵之眼，将它们看作一系列颜色和起伏的风景。

我们的大脑常常欺骗我们，而我们却丝毫没有意识到。错觉并不总涉及感官知觉。我们可怜的大脑在很多方面都很容易受到影响。这就是我们必须发展科学程序和进行双盲试验的众多原因之一。

锚定效应

拥有以色列和美国双重国籍的心理学家丹尼尔·卡尼曼（Daniel Kahneman）调查了我们如何做出决策，以及我们在决策过程中如何受到影响。[1]他发现了锚定效应：每当我们试图估计任何类型的数值时，我们都会无意识地受到刚刚看到的数字的影响，不管这些数字是否与手头的问题有关。

卡尼曼将这一影响公之于众的例子就是经典的"幸运转盘实验"。[2]

---

[1] 丹尼尔·卡尼曼生于1934年，现为普林斯顿大学名誉教授，因"将心理学研究融入经济科学中，尤其是在不确定性下的人为判断和决策方面的深刻见解"而获得了2002年诺贝尔经济学奖（Daniel Kahneman Facts, Nobel Prize, accessed August 16, 2021, https://www.nobelprize.org/prizes/economic-sciences/2002/kahneman/facts/）。

[2] 参见Daniel Kahneman and Amos Tversky, "Judgment under Uncertainty," *Science* 185, no. 4157 (1974): 1124–1131。

在这个实验中，受试者被要求回答一个答案在数字1到100之间的问题，例如"世界上有百分之多少的国家位于非洲"（关键在于受试者并不知道答案，只能猜）。在受试者回答问题之前，他们会被问及是否愿意使用彩票转盘进行一点赌博（大多数人同意）。这种转盘通常可以在1到100之间的任意数字上停止，但这个转盘碰巧是被操纵的，只在16或45停止。这个实验测试了大量不同的受试者（比如1000人）。这意味着大约有500名受试者在回答数字问题前旋转转盘并转到了"16"；其他受试者，同样大约500人，在回答数字问题前转到了"45"。

结果表明，平均而言，那些得到"16"的受试者对非洲国家所占百分比的猜测比那些得到"45"的受试者的猜测要低。尽管彩票转盘与他们回答的问题没有任何关系，但他们还是产生了这样的偏见。

受试者做出的猜测会因之前所看到的数字而无意识地产生偏差。这一测试表明我们的大脑是多么容易受到愚弄，也表明它们不能总是做出可靠的猜测。当我们遵循直觉或"当下感觉"时，意识到这些弱点是很重要的。这种无意识的偏见在法庭审理或证人的数值估计对各方意义重大的情况下令人烦恼。

膨胀的自我形象

人类也难免有这样一种倾向：总是高估自己，产生过于正面的自我形象。有一个非常清晰的例子，在一个实验中，受试者会在电脑屏幕上随机看见100张脸孔。[①]然后实验者测量受试者在屏幕上找到并指出自己的脸所需的时间，重复进行大量实验，每次都要打乱人脸出现的位置，使它们出现在屏幕的不同位置上。

受试者不知道的是，在一两次实验之后，他们的照片会被替换成1张

---

① 参见Nicholas Epley and Erin Whitchurch，"Mirror, Mirror on the Wall: Enhancement in Self-Recognition," **Personality and Social Psychology Bulletin** 34, no. 9 (2008): 1159 - 1170。

经过修正，显得更好看（至少按照传统标准）的照片。结果表明，受试者在随机人脸中找到自己好看的肖像要比找到未做修改的肖像快。

不用说，我们对自我形象的理解并不准确。也许曾经，自我感觉良好对人们是有用的；也许自我感觉良好的人会更适合生存。但这对今天的我们是一件好事吗？人们常说乐观主义者比现实主义者更快乐，但我们还是应该意识到大脑的这种偏见。

焦点和盲点

我们也不像自己认为的那样具有很强的观察力。当我讲到清晰思考的工具时，我经常播放一段来自著名实验的短片。在这个短片中，受试者观看一段视频，视频中有6个人四处走动，来回投掷篮球。受试者被要求计算3个穿白色衣服的球员传球的次数。结果非常令人惊讶，观看视频片段的人对传球次数的估计差异很大。但还有更让人震惊的影响。我不想透露太多，我强烈建议你自己看看这段视频[①]，而且你只有在看过之后才能进一步阅读。试着准确地数一数3个白衣球员传球的次数。

许多观看过这段视频的人都忽略了在传球的同时发生的其他趣事，当他们重看视频时会非常惊讶。

僵尸病毒的概率

大脑存在缺陷的另一个例子是，我们大多数人对风险和概率的评估能力都非常差。大脑并不特别适合做这样的判断，这一事实会导致非常严重的错判。你可以通过以下思想实验来测试自己的能力：

1.现在有1种僵尸病毒正在全国迅速蔓延。众所周知，每500人中会有1人感染病毒。感染者将在1个月内变成僵尸，当然，这对他们来说非常不好。

---

① 在我的网站中观看这一视频："The Monkey Business Illusion," Sturmark, accessed August 1, 2021, https://www.sturmark.se/bollspel。

2.在医生的办公室里可以进行测试，以检查人们是否携带病毒。但这个测试并不完全可靠。

3.研究已经证实，对那些携带病毒的人来说，测试结果的准确率为100%。换句话说，携带病毒的受试者可以通过这种测试得到确认。

4.研究还证实，对那些没有携带病毒的人来说，该测试的准确率仅为95%。这意味着有5%的人在接受测试时会出现假阳性，会被医生告知他们被感染了，即使他们并没有。

现在，你并不想变成僵尸。因此，你非常急切地想知道你是否被感染了，所以你去看医生，接受测试。几天后，你收到了结果：测试表明你携带了病毒！

你当然对这个结果感到非常沮丧。但是你知道这个测试并非完全可靠，所以现在问题来了：你有多大的机会真正携带病毒？请注意，我不是在找一个确切的答案，只是要一个粗略的估计。你被感染的概率是大于还是小于50%？在你查看答案之前，请先考虑一下这个问题。①

三门问题

我们也会陷入与我们的直觉强烈冲突的概率错觉中。有一个典型的案例。假设你是一个电视竞赛节目的参赛者，一张大幕被拉开，露出三扇紧闭的门。主持人告诉你有一扇门后面是一辆崭新的跑车。如果你打开那扇门，你就会得到车！但另外两扇门后面是山羊，如果你打开那两扇门中的任何一扇，你就会得到山羊。你很想赢得这辆车，而不想带只山羊回家。

主持人知道三扇门后面都是什么，而你不知道。游戏规则很简单：

1.你首先要选一扇门，然后站在旁边，但不打开它。一旦你做出了选择，主持人就会走上前去打开另一扇门，在那扇门后面你看到一只山羊。

---

① 答案可以在这里找到："Zombieviruset," Sturmark, accessed August 1, 2021, https://www.sturmark.se/zombievirus。

现在你站在两扇紧闭的门前，第三扇门开着，一只山羊站在门后。主持人现在为你提供了一个新选项，可以接受或拒绝。

2.你现在想换成另外一扇关着的门，还是你更愿意坚持原有的选择？

你怎么看？你换了门，中奖概率会增加还是保持不变？请仔细考虑一下，再接着往下看。

大多数人都说，在这个阶段你换门与否无关紧要。一开始，你选定一扇门，有1/3的机会赢得这辆车。现在你有了一个新的机会在两扇门中做选择。很明显，你现在站在"有奖"门口的概率是50%，站在"无奖"门口的概率也是50%。那么，在这一点上，换门究竟有什么用呢？一点用都没有，对吧？

然而，问题在于这种推理看似完美，却大错特错。事实上，如果你换门，赢车的机会将加倍：概率从1/3跳到2/3！这种说法破坏了我们的直觉，但它是完全正确的。[①]

让我们暂停片刻，对上述问题稍做讨论。我们实际上处于一个非常奇怪的认知领域，关于选门的电视节目，我们用铁板钉钉的推理得到了结论（也就是说，我们换还是不换无关紧要——我们赢车的概率不会增加）。这不正是本书一直关心的论题——运用推理，而非单纯依靠偏见、《圣经》或随机猜测来得出结论吗？但现在，很不幸，我们被告知大脑的推理不是真正的推理，而是错误的！推理过程误导了我们！那么，前面的讨论难道不是让我们怀疑我们的推理过程，而不是相信它们吗？所以，这场讨论难道不是在削弱本书的核心论题，即我们应该总是用推理来获得结论吗？

好吧，不管我们喜不喜欢，找到真相有时相当棘手，推理本身当然不是机械的或琐碎的。我对三门游戏的讨论试图揭示，正如存在感知错觉，推理错觉同样存在。我们人类不仅容易受到视觉上的欺骗，也容易受到逻

[①] 如果你觉得这是无稽之谈，就像大多数读者一样，那么我邀请你在我的网站上查看解释："Mysteriet med de tre dörrarna," Sturmark, accessed August 1, 2021, https://www.sturmark.se/tredorrar。

辑推理的欺骗——被引导到花园小路上，沉迷于听起来流畅的话语和完美无瑕的论证。

　　美国逻辑学家雷蒙德·斯穆里安有一本绝佳好书，名叫《福尔摩斯的国际象棋之谜》（*The Chess Mysteries of Sherlock Holmes*）[1]。书中许多"国际象棋之谜"都涉及夏洛克·福尔摩斯和他的忠实朋友华生博士在伦敦一家经常去的国际象棋俱乐部里偶然发现的棋局，而其他棋局则是在贵族乡村庄园里，甚至是在开往异国他乡的轮船上遇到的。问题是这样的："谁最后走——白子还是黑子？""最后移动的是哪一个子？""哪颗子最后被吃掉？"这类谜题被称为逆向棋类分析谜题，意思是查看一个棋子的情况，并逆向推理这一棋局从哪里开始形成。

　　下面是华生博士写就的一个案例：

　　福尔摩斯第一个发言。"我解决的第一个逆向问题是'王车不能易位'。"

　　"你还记得那是什么吗？"雷金纳德爵士饶有兴趣地问道。

　　"哦，是的，"福尔摩斯回答说，"只是我觉得这太简单了，引不起你的兴趣。你知道的，不过是个小事。"

　　"为什么不给我们展示一下呢？也许知道你如何开始解决这些问题是很有意思的。可以用你刚刚习得的技能来挑战我们啊。"

　　"很好。"福尔摩斯摆出了以下棋局。

---

[1]　Raymond Smullyan, *The Chess Mysteries of Sherlock Holmes* (New York: Knopf, 1979).

图5-3

"这是黑方走子,"福尔摩斯说,"黑方可以王车易位吗?"

既然福尔摩斯把这个问题描述为"简单",我想我有可能解决它,所以我尽了最大的努力。我必须骄傲地说,我首战告捷。复盘时我犯了好些错误,但多半是因为疏忽而非推理错误,并不严重。下面是我的分析(填补了所有缺漏)。

白方的最后一步显然是用兵。黑方的最后一步是为了吃掉在此之前移动的白棋。那颗棋一定是马,因为车不在棋盘上。显然没有一个黑棋能吃掉马。黑后的车也不可能吃掉马,因为那里没有一个方格让马可以走。同样,象也不可能吃掉它,因为马唯一可以走的方格是D6,在那里它会将军。要么吃掉王,要么吃掉王的车。所以,黑方不能王车易位。[①]

这个谜题似乎很难,足以打破我们对大脑的信任,但它是书中最简单

① Smullyan, *The Chess Mysteries of Sherlock Holmes*.

的一个。这种令人震惊的认识可能会让阅读此书的人心生胆怯，甚至感觉自己愚笨。雪上加霜的是，斯穆里安在许多问题上对他的读者耍起了高超的伎俩。通常是这样的情况：华生审视了给定的情况，并非常理智地谈论它。当我们阅读华生的分析和思考他的推理时，我们没有发现任何缺陷。我们相信他已经揭示了谜题的真正答案。在一些谜题中（比如上面的那个），华生的确是对的，那就是谜题的全部。但有时，出乎意料，福尔摩斯（由作家斯穆里安引导）非常温和地指出了华生刚才所说的话中的一个微妙缺陷。

原来，华生忽略了一个不寻常的可能性，或者没有考虑到棋盘上的某个微妙的事实，或者忘记了一些晦涩难懂的国际象棋规则。一下子，一切皆变！华生突然意识到，我们读者也认识到，情况并不像他分析的那样，尽管他的推理是完全有说服力的。是的，华生确实在运用推理；他当然不是在胡乱猜测，也不是在盲从毫无根据的迷信或经文。即便如此，华生的推理尽管很诱人，甚至可能完全令人信服，却是错误的推理。

更引人入胜的是，有时，华生会从这样的认知冲击中恢复过来，然后以自己的推理方式得到一个完全不同的结论，一个考虑到福尔摩斯所指出的棘手特征的微妙结论，然后福尔摩斯会又一次戳破它！

原来，华生再一次疏忽了，但这一次疏忽更加微妙。显然，斯穆里安非常喜欢欺骗他的读者，导致他们忽略了华生的推理中致命的漏洞，一而再，再而三！

让我们来看看这类自命不凡的夏洛克式恶作剧。以下摘自斯穆里安称之为"方向问题"的国际象棋之谜：

我和福尔摩斯一起闲逛到俱乐部。俱乐部空荡荡的，只有两个人：我们熟知的马斯顿上校，还有一位尊贵、聪明、幽默风趣的绅士。

"福尔摩斯，"马斯顿从棋盘前站起来说，"让我把你介绍给我的好朋友，雷金纳德·欧文爵士。我们刚刚完成了一个非常有趣而且怪异的游戏。双方玩得都非常疯狂，当然它完全合法。"

"我明白了。"福尔摩斯看着棋盘说。

图5-4展示了棋局：

图5-4

"为什么，马斯顿，"福尔摩斯说，"每次我看到你下棋时，你都持白棋？"马斯顿大笑，但突然变脸了。"为什么，福尔摩斯，"他说，"你到底是怎么知道我在下白棋的？我确信，在你或华生进来之前，我已经走完最后一步棋。你怎么可能知道呢？"[①]

虽然答案没有揭晓，故事还在有趣地进行。晚上，福尔摩斯和华生回到了福尔摩斯在贝克街221b号的住所。福尔摩斯穿上他最喜欢的睡衣，点燃了他最爱的烟斗，转向华生问道：

———————————

① Smullyan, *The Chess Mysteries of Sherlock Holmes.*

"你能明白我是怎么知道马斯顿在下白棋的吗？"

我回答说："不知道。我用了你教我的所有方法，我彻底检查了整个房间，但没有发现任何线索！"

听了这话，福尔摩斯大笑起来。"整个房间，华生，整个房间！你也检查过大楼的其他部分了吗？"

"我从没想过。"我小心地承认了。

"我亲爱的华生，"福尔摩斯笑得更厉害了，"你知道我只是开个玩笑而已。根本没有必要检查整栋大楼，也没有必要检查整个房间、桌子、下棋者，只需要检查棋盘就行了。"

"棋盘？棋盘有什么特别的？"

"棋局，华生，棋局。你不记得棋局有点奇怪吗？"

"是的，我记得，当时我觉得这个棋局很特别，但我不明白怎么能从中推断出马斯顿下的是白棋！"

夏洛克站起来。"让我们重新摆出棋局……"

"好了，"福尔摩斯复原了下午的棋局，然后说，"你不能推断哪边是白棋，哪边是黑棋吗？"

我仔细地看了很久，但完全找不到任何线索。"这是一个你所说的'逆向分析'的例子？"我问。

"一个完美的例子，"福尔摩斯回答说，"尽管这是一个相当基本的例子。现在，你还是看不到任何线索？"

"一点也看不到，"我悲伤地说，"表面上看白棋在南边。但这一想法真的很肤浅。游戏显然快结束了，王被赶到棋盘的另一端司空见惯。看来白棋真的可以属于任何一方。"

"就没有什么能吸引你的注意力，华生？"福尔摩斯绝望地问道。

我又看了看棋盘。"好吧，福尔摩斯，我想有一个特点可能会引起任何人的注意，那就是黑王现在受到了白象的控制。但我看不出这与哪一边是白棋有什么关系。"

福尔摩斯得意地笑了。"华生，所有的关系都在世界之中。这就是逆向分析的原因！在逆向分析中，人们必须深入研究过去。是的，过去，华生！既然黑棋已经被困，那么白棋的最后一步会是什么呢？"

亲爱的读者，这是一个很好的机会，审视一下棋盘，看看你想到了什么。你的想法也许会与华生注意到的相符，也许不会。无论如何，请试一下，然后继续读下去。

我又看了看棋盘，回答说："本来很容易，E5上的白兵刚从E4移走，突然发现象在将军。当然，这是假设白棋在南方。但另一方面，也可能是因为白棋在北方，在这种情况下，他的最后一次移动就是从D5到D4。我看不出在这两种可能性之间做出选择的依据。"

"很好，华生，但如果真的如你所说，白棋最后一步是用E5或D4上的一个兵，那么在那之前黑棋会走哪一步呢？"

我又看了看，回答说："显然是黑王，因为它是唯一的黑子。它不可能从B8走到B7，因此它一定走A7进行将军。"

"不可能！"福尔摩斯喊道，"如果它在A7，它会同时被白后和白象将死在C5上。如果白后最后走，黑棋就已经被象将死了。如果白象最后走，那么黑棋可能已经被白后将死了。这种不可能的将军在技术上被称为'假想将军'。"

我想了一会儿，意识到福尔摩斯是对的。"那么，"我喊道，"根本不可能出现这一棋局！"

"一点也不，"福尔摩斯笑着说，"你根本没有考虑到其他可能性。"

"听着，福尔摩斯，你自己已经证明了黑棋的最后一步别无选择！"

"我没有证明这一点，华生。"

这时我有点不耐烦了。"哦，得了吧，福尔摩斯，你刚刚令人信服地向我表明，黑王的最后一步别无选择。"

"没错，华生，我证明了黑王的最后一步别无选择，但这很难证明黑棋的最后一步别无选择。"

"但是，"我喊道，"黑王是棋盘上唯一的黑子！"

"现在棋盘上只剩下唯一的黑子，"福尔摩斯纠正道，"但这并不意味着白方走最后一步棋之前，黑王就是棋盘上唯一的黑子！"

"当然，"我回答说，"我真蠢！白方最后一步可能吃了一个黑子。但是，"我喊道，比以往更加困惑，"无论在E5还是D4上，最后走的兵都没有吃子！"

"这只能证明，"福尔摩斯笑着说，"你最初认为白方的最后一步是走两个兵中的一个的猜想是完全错误的。"

"错误的！"我困惑地大叫，"怎么可能呢？"

亲爱的读者，在我们继续这个国际象棋之谜之前，建议你休息一下，尽力弄清楚福尔摩斯的意思。华生看似无懈可击的分析怎么可能是错的呢？

好吧，既然你想了想，我们继续……

我这才恍然大悟！"当然！"我得意地喊道，"我明白了，我真傻，我一直没注意！白方的最后一步是G2的兵在H3上吃了一个黑棋。这招既将了黑王的军，又吃掉了一个黑棋，恰恰就是这个黑棋——不管是什么——让前面的黑棋移动了！"

"干得不错，华生，但恐怕不行！如果一个白兵刚刚在G2上，那么H1上的象怎么可能走到这个格子上呢？"

这是一个新的谜题！这时我说："真的，福尔摩斯，我现在完全相信这个棋局根本就不可能！"

"真的吗？好吧，好吧！我经常说，信念，无论多么坚定，都不是真理的保证。"

"但我们已经想尽了一切可能！"我喊道。

"除了，华生，正确的那一个。"

"在我看来，我们真的涵盖了所有的可能性。我敢肯定我们已经证明这一棋局是不可能的！"

福尔摩斯的表情变得严肃起来。"逻辑，"他回答说，"最微妙、最脆弱的东西。正确使用它时，它的功能强大，稍微偏离严格推理则可以产生最具灾难性的后果。你说你可以'证明'这个棋局不可能，那么我希望你能严格证明这一事实。如果这样做，你会发现自己的谬误。"

"好吧，"我同意了，"让我们逐步回顾一下可能性。我们，或者更确切地说是你，已经证明了D4或E5上的任何一个兵都不可能最后走。对吗？"

"当然。"福尔摩斯说。

"H3上的兵也是如此？"

"对。"福尔摩斯说。

"当然，H1上的象也没有最后走！"

"又对了。"福尔摩斯说。

"显然，C5上的另一个象和白后也不能最后走。而且白王肯定也没有！"

"到目前为止，我完全同意你的意见。"福尔摩斯说。

"那好吧，"我说，"证据已经充分了！没有一个白子能最后走！"

"错了！"福尔摩斯得意地喊道，"这是完全不合逻辑的推论。"

"等一下，"我叫道，有点发狂，"我已经说明了棋盘上的每一个白子！"

"是的，"福尔摩斯说，对我的惊愕感到非常好笑，"但不是那些已经被吃掉的子。"

在这一点上，我开始怀疑我的神智。"真的吗，福尔摩斯，"我绝望地喊道，"既然白方走了最后一步，那么他走的这一步一定在棋盘上，因为黑方还没有吃掉它。你知道，棋子不可能自己从棋盘上消失！"

"错了，"福尔摩斯说，"你的错误就在这里！"

这时，我眨了眨眼，抖了抖身体，确信自己很清醒。我尽可能控制住自己的情绪，平静而缓慢地说："诚恳点，福尔摩斯，在国际象棋中，一个棋子不被吃可以离开棋盘吗？"

"是的，"福尔摩斯回答，"有且只有一种类型的棋子可以做到这一点。"

"一个兵！"我说，松了一口气。"当然，兵走到第8格可以升变。但是，"我接着说，"我不知道这对我们理解当前棋局有什么用，因为白后不在第8格上——不管白后往哪个方向走。"

福尔摩斯回答说："国际象棋有没有规则要求一个棋子升变时，一定要变成后？"

"不，"我回答，"它可以升为后、车、象或马。但这对我们有什么帮助？……嘿，当然！可能在H1升为象，这当然意味着白棋在北方。但这怎么会给黑方留下最后一步棋呢？啊，我找到了！在G2升变的兵同时吃掉了H1上的黑子；黑子在这之前移动了。所以说，白棋一定在北方！"

"很好，华生。"福尔摩斯平静地笑着说。

"不过，有一件事让我很困扰，福尔摩斯，到底为什么白方要升变为象，他本可以升变为王？"

"华生，"福尔摩斯非常仔细地回答，"这个问题属于心理学和概率论，当然不能逆向分析，逆向分析处理的不是概率，而是绝对确定。我们从来没有假设一个棋手下得很好，他只是下得合乎规则。因此，无论一个步骤是多么不可能，如果没有其他步骤是可能的，那么它必定是事实上走出的那一步。正如我多次重复过的，当一个人消除了不可能的步骤，那么剩下的步骤，无论多么不可能，都必须是事实。"[1]

---

[1] Smullyan, *The Chess Mysteries of Sherlock Holmes.*

在这个国际象棋之谜中，华生学到了我们人类都需要学习的谦逊的一课，我们越来越意识到推理的本质——即使一个人确信自己在极其小心地推理，也会陷入心理陷阱。这是一个令人谦卑的教训，但也是关于生命的一个美妙且核心的教训。人们反复暴露在各种心理陷阱中，这有助于人们与真实的世界而非一厢情愿的世界打交道。

在许多不同的情况下犯错是很重要的，在那些情景中，人们被轻易地蒙住眼睛，没有产生任何怀疑。过了一段时间，你开始有一种感觉，陷阱潜伏在毫无所知的人那里。没有铁一般的保证，没有万无一失的指南，没有正确思考的完美程序。即使是最可靠的科学思考者也不免落入认知陷阱。

牛顿犯过错，麦克斯韦犯过错，爱因斯坦犯过错，费曼也犯过错，甚至连雷蒙德·斯穆里安也在他深爱的逆向象棋分析课题中犯过错（书中有一个错误的答案，当斯穆里安意识到自己的错误时，他很沮丧，尽管很快就恢复了兴趣）。人类并不完全遵循规则。这就是为什么我在本书中一再声明，即便科学也不会产生绝对的、永恒的真理。而科学的"弱点"实际上是科学的荣耀和力量：只要有足够的证据，科学总是愿意并且能够改变看法。

盲目选择

心理学实验揭示的极令人吃惊的现象之一就是盲目选择，这种现象往往伴随着一种强烈的需要在事后为自己的决定找理由的感受。在一个典型实验中，受试者收到一份问卷，每个问题都相当复杂和微妙。问题后列有选项，受试者从中选择一个作为答案。在受试者做出了所有的选择之后，他们被要求解释为什么做出这些特定的选择。然而，他们几乎没有意识到自己被骗了。在实际问卷下面，看似是一个复写本，但内容却与他们填写的并不完全相同；其中一个问题的答案实际上已经被改成了与受试者的选择相反的答案。

以下是一个典型案例，受试者可能选择了它作为对问题的回答：

在一个社会里，保护公民的人格完整要比发展他们的福利更重要。

如果受试者选择了这个答案，"复写本"则显示他们选择了以下答案：

在一个社会里，发展公民福利比保护他们的人格完整更重要。

另一个典型的例子可能是：

即使一个行动有可能伤害无辜之人，从道义上讲采取这种行动也可以是站得住脚的。

如果这是受试者选择的答案，"复写本"则显示他们选择了以下答案：

如果一个行动有可能伤害无辜之人，那么从道义上讲采取这种行动是站不住脚的。

这个实验的有趣之处在于，当研究者和受试者坐在一起讨论答案背后的原因时，实际填写好的问卷被交给房间外的人，然后由他撕下并交回原件下面的"复写本"。受试者据此解释他们选择的答案背后的原因。很多受试者完全没有注意到返回给他们的答案已经被修改了——这些人中的大多数甚至会努力为一个与他们的实际选择相反的答案辩护。

此类实验自然会引导人们进行严肃的自我反省。这些发现不禁让我们追问：我们有多少次决定支持某些价值观和理念，事后才试图为它们找到合理的依据？显然，在最好的世界里，所有的价值判断都应该来自坚定的推理和令人信服的论证。很明显，这不是我们的世界。

社会思维与抽象思维

我们的大脑不太擅长的问题解决方式往往涉及演化后期发展起来的能力。作为一个物种，我们还不能完善这些能力。也许再过一百万年，我们在这些思维方式上会取得进步，但这对现在没有帮助。

例如，演化心理学家认为，我们的抽象思维能力在大脑发育过程中出现得很晚。另一方面，我们的社会思维能力则出现得早得多。这就是为什么我们常常很难对抽象现象进行逻辑推理，却很容易对社会状况做出判断。在这里，我将展示一个构思美妙的实验，它清楚地表明，我们思考抽象情境比思考社会情境更加艰难。

你面前的桌子上有四张牌。每张牌的一面是字母，另一面是数字。你的目标是要检查四张牌是否都遵守以下规则：

如果一面的字母是"D"，那么另一面的数字是"3"。

你在桌上看到的是如下四张牌：

D F 3 7

我们这样描述四张牌：

第一张牌正面是字母"D"。
第二张牌正面是字母"F"。
第三张牌正面是数字"3"。

第四张牌正面是数字"7"。

你应该怎样翻牌才能查看这一规则是否得到遵守？想一想你该如何做？

这个谜题对许多聪明人来说都很难解决。但在放弃之前，请考虑一种替代方法来提出同样的谜题。①

你是一名警察，必须检查某个酒吧是否遵守了有关未成年人饮酒的法律。法律规定：

十八岁以下的人不得在这家酒吧喝酒。

所以现在你来到了酒吧，发现有四个人站在吧台旁：

喝啤酒的人。

喝果汁的人。

二十五岁的妇女。

十六岁的孩子。

我们这样描述情况，如下所示：

第一个人在喝啤酒。

第二个人在喝果汁。

你认识的第三个人二十五岁。

你认识的第四个人十六岁。

---

① 对于那些只想看到谜题答案的读者，可参见"Kortkontroll," Sturmark, accessed August 1, 2021, https://www.sturmark.se/kortspel。

你知道两个人在喝什么东西，但不知道年龄；你知道两个人的年龄，但不知道他们在喝什么东西。所以问题是：你需要对哪一个或几个人进行检查，以确定关于饮酒年龄的法律是否得到忠实遵守？

你认为这个谜题比前一个简单吗？大多数人认为如此。前一个表述更为抽象的谜题被认为比涉及社会情境的谜题更加难以解决。然而，这两个问题完全相同（或"同构"，正如数学家所说，这意味着去除表面细节，它们具有完全相同的抽象结构），只是第一个谜题将基本思想嵌入到了抽象的语境之中，而第二个谜题把基本思想嵌入到了具体的社会语境之中。①

既然进行逻辑和抽象思维不像进行社会思维那么容易，那么我们有充分的理由去练习和提高抽象思维能力。本书实际上为你提供了一些练习工具。

还有另外一个谜题，涉及一个叫"启蒙岛"的非凡岛屿：

你到启蒙岛旅行。那里住了两户人家：特罗利一家和特里克斯特一家。特罗利一家总是说实话，特里克斯特一家总是撒谎。

你碰到了夏娃和丹。他们寡言少语。事实上，夏娃只说了一句三个词组成的话。根据她的陈述，你认为他们属于同一个家庭。你并不确信是哪一家，但从她的陈述来看，你肯定他们来自同一个家庭。夏娃说了什么？

想一想。别轻易放弃！②

逻辑思维的艺术需要训练和实践。一个挑战逻辑思维的经典谜题如下：一个男人盯着墙上的一幅年轻人的画像。另一个人走过来问："画里的人是谁？"

那个男人说："我没有兄弟姐妹，但这个年轻人的父亲是我父亲的儿子。"你怎么看？大多数人思考一会儿都会得出这样的结论：那人在看一幅自画像。但这是不对的。③

---

① 第二个谜题的答案，请参见 https://www.sturmark.se/krogen。

② 答案参见 "Eva och Daniel," Sturmark, accessed August 1, 2021, https://www.sturmark.se/eva。

③ 答案参见 "Vem föreställer porträttet?" Sturmark, accessed August 1, 2021, https://www.sturmark.se/vem。

道德思考

雪上加霜的是，事实证明，我们基于直觉的道德判断也相当不一致。有一个经典的例子，这是英国哲学家菲利帕·福特（Philippa Foot，1920—2010）在1967年提出的，称为电车难题。想象一下，你站在电车轨道附近，看到一辆电车驶近。在轨道的某个地方有你不认识的五个人，他们都被绑在铁轨上。现在，在你站立的地方，正好有一个双岔道。如果电车沿着其中一条岔道行驶的话，它将撞到五个被捆绑的人，如果它转换方向行驶，它将转向侧线。不幸的是，沿着铁路侧线再往前走一点，也有一个人被绑在铁轨上。你正站在一个控制杆旁边，它可以决定电车将走哪一边。你可以扳道岔。如果你什么都不做，那么五个人就会马上死去。如果你愿意扳道岔，那你可以杀死一个人，救五个人。

你该怎么办？哪一种行为在道德上是被允许的？在这种情况下，你具有什么样的道德责任？

最标准的回答是，我们应该扳道岔。但如果我们对这个思想实验稍做调整，情形似乎就完全不同了。假设你正站在电车轨道上方的一座桥上。像以前一样，一辆电车沿着铁轨疾驰，朝着五个颤抖的、被捆绑的人驶去；然而，铁轨上没有岔道，也没有道岔可扳。取而代之的是一个肥胖的男人，他漫不经心地坐在天桥的栏杆上，两腿下垂。如果你轻轻地推他一下，他就会跌落在迎面而来的电车前，从而阻止电车行驶，挽救五名即将遇难的人的生命。当然，那个胖子会丧命。

那么现在，你会如何选择呢？最典型的答案是，不应该把人从桥上推下去。区别何在呢？两种情景都是挽救五个人的生命，而牺牲一个人的生命，但我们本能的道德判断不一样；它们实际上是不一致的，因为我们总会感到这两种情况非常不同。当用神经探测器观察大脑时，我们会发现这两个道德困境实际上激活了不同的脑区。

人类的大脑

我们的大脑演化的首要目的并非发现宇宙的抽象真理，也不是在处理道德困境时保持逻辑一致。它纷繁多样的能力，不管被开发得弱抑或强，都只是为了让我们能够在环境中定位自己，弄清楚周边事物，从而设法生存下来。这些都是经过演化选择并逐步完善的心智能力。在黑暗、朦胧的史前时代，那些频繁出现的简单问题，不可避免地成为原始人生活的中心：我能吃什么？我如何繁殖？我怎样才能保护我的后代？应该听从谁的领导？怎样在夜里存活下来？怎样在寒冷的天气保暖？

演化心理学（心理学的一个分支，试图用进化论解释人类和其他灵长类动物的行为）的当代研究已经在我们的大脑中发现了一些很久以前纯粹因生存价值而产生的基本认知过程。这些原始的大脑过程也会产生一些副作用，它们不会直接增加我们生存的机会，但却对我们的日常生活产生重大影响。

人类是漫长演化的产物，历经数不清的渐变和适应，这一切都归功于自然选择。用有利于生存的特征来定义人类的天性完全合理。否则，这些特征早就被无情地淘汰了。有利于生存的一个关键特征是发现模式和关系的能力。当然，所有的动物都具有这一特征，但没有一种动物能接近人类。这种能力大概能使人们更容易合作，从而更好地生存。

问题在于，我们实际上在模式识别方面有点太过擅长了。我们的大脑非常善于看见模式和关系，即使在没有模式或关系可供发现的情况下，它们也倾向于这样做。它们会对不存在的东西产生幻觉。我们在头顶的云层、斑斑墨渍中看到动物和面孔，这和著名的罗夏墨渍测验相通，该测验于20世纪初开发，用于检测人格特征。测验材料是一系列对称的墨水污渍图，受试者被要求说出图片代表什么东西。据推测，受试者实际上会把他们潜意识中浮动的某些想法投射到这些毫无意义的形状上（罗夏墨渍测验是否真正揭示了人们的潜意识中的关键内容值得怀疑；但毫无疑问，它会让我们"看到"那些并不真实存在的东西）。当我们看到墨渍时，我们会情不自禁地从中看到熟悉的形状——也许是非洲或澳大利亚的轮廓，也许是马头，也许是一只飞鸟，也许是一条龙等，尽管这些都不是真的存在。大脑总想看到有意义的东西；大脑讨厌无意义。

更深入地探讨一下"并不真的存在"这个问题是值得的。就像本书经常出现的情况，我们再一次遇到了那个棘手的词"真的"和神秘的实在概念。为了打开新的视角，让我们考虑一下熟悉的汽车游戏，即在各种事物上按字母表顺序找到所有字母。当家庭汽车沿着高速公路行驶之际，我在"比萨"（pizza）一词中发现一个"a"，然后你在"啤酒"（beer）一词中发现一个"b"，而其他人在"欢迎"（welcome）一词中发现一个"c"，以此类推。我们都同意这些字母确实存在。

如果稍微改变一点游戏规则，不在人类创造的语言符号中寻找，而是在路边的任何对象，或者任何可见物中寻找呢？看到一根高高的电线杆就是看到了字母"I"吗？看到天空中两条纵横交错的轨迹就是看到了字母"X"吗？看到一个汽车的车轮，或者路边的一块圆石头，就是看到了字母"O"吗？看到丁字路口就是看到了字母"T"吗？你可以很容易地运用你的想象力继续这个字母识别游戏。什么可以构成"H"？什么可以构成"W"？等等。

现在的问题是，字母表中的字母是否真的存在于真实世界？车轮真的是字母"O"的一个实例吗？"丁字路口"真的是字母"T"的一个实例吗（如果不是，那为什么我们叫它"T intersection"）？请记住，标牌上的许多字母都高度变形了（想想麦当劳中的拱门形"M"，或可口可乐中的旋涡形"C"——这些只不过是变形字母的冰山一角而已），但我们却毫不犹豫地说，这些字母真的在那里。既然如此，为什么一个完美的圆形汽车轮胎就不是一个极好的"O"的实例，即一个真正存在的"O"呢？如果有人声称漏气的轮胎是"O"的话，我们又该如何反驳呢？或者说一根有三条水平电线的篱笆柱是个"E"？真的有"E"吗？"真的"到底是什么意思？

现在让我们回到墨渍或云彩。如果某个夏日，你看到云端有一只蹦蹦跳跳的狗，指给我看，我也看到了，那谁又能说它不是"真的在那儿"？当然，没有一个艺术家会在天空中画一只跳跃的狗，但是如果你、我、我们的朋友都同意这片云看起来像一只狗，那么在某种客观意义上，天空中仍然有一只狗的图片，尽管是无意的，尽管是短暂的（几分钟内，我们关心的云肯定会改变形状，至于这只短命狗，唉，它将不复存在）。

或者假设有一场比赛，仅仅决出谁能第一个看到正方形。那么，正方形是什么构成的？互相垂直的边几乎等长的矩形是正方形吗？在我们都同意这是一个正方形之前，它们的长度有多接近？或者，如果目标是找到一个圆，满月算一个圆吗？或月亮接近满月时算一个圆吗？

物理学家会告诉你，有充分的理由表明恒星、行星和卫星都是球形——大型物体由于其各部分间的相互引力而呈现出的自然形状。行星一开始可能是笨拙的小水滴，随着时间推移，变成了球形。它们因为自然法则成为真的球体。因此，从某种意义上说，如果把太阳的轮廓看作一个真正的圆，是完全正确的。事实上，在任何地方都很难找到一个更好的圆！那么，当我们把太阳看成一个圆时，我们人类会产生对圆的幻觉吗？我们是不是把圆的概念投射到了一个根本不适合应用这一概念的事物上？

总的来说，这个讨论是想表明，人类倾向无中生有这一说法并不完全正确。是的，我们都能发现一些模式，它们的存在有时是可疑的，但有时必须承认，有些隐藏的模式是"存在的"，即便并非出自人类的意图，即便它们不是自然法则约束之物。它们只是一些有趣的偶然事实，但这并不意味着它们不真实。

智人是迄今为止在发现因果关系（即一个事件被视为原因，另一个事件被视为结果）上最有天赋的动物。但是，人类的这种伟大能力有时也太过分了。心理学实验表明，人类经常会产生因果关系的幻觉。我们总是痴迷于寻找事件发生的原因，即使没有原因。

比利时心理学家阿尔贝·米肖特（Albert Michotte，1881—1965）

从1946年开始，在一系列经典实验中研究了因果性知觉。他发明了一种可以在屏幕上投射两个运动圆圈的装置。米肖特可以非常精确地控制球的大小、颜色和运动，可以以任何想要的速度和起始时刻，让任意一个球向左或向右移动。利用这个装置，米肖特能够研究人类受试者如何感知球的运动。他首先指出，人们通常把一个球的运动描述成另一个球运动的原因；然后他证明了球的运动方式的任何微小变化都会导致对因果关系的完全不同的解释。即使没有因果的地方，我们也能看到因果关系。

在另一个由伊扎克·弗里德（Itzhak Fried）、查尔斯·L.威尔逊（Charles L.Wilson）、凯瑟琳·A.麦克唐纳（Katherine A.MacDonald）和埃里克·J.本克（Eric J.Behnke）进行的发表在《自然》杂志上的实验[1]中，一名受试者戴上一个可以发射电磁场的头盔，刺激大脑的某些部位，使受试者想笑。当实验者启动头盔时，受试者开始放声大笑。但当实验者问到笑是怎么回事时，受试者通常会用明显捏造的废话来回答，比如，"嗯，刚走进房间的那个女人穿着一件很滑稽的衣服！"或者，"你期待什么？你说话的口音真奇怪！"

我们的大脑不善于处理似乎无缘无故发生的事情。如果有人中了彩票，他们会经常说："这是命运之手！"或者，"当我买了彩票的那一刻，我就有一种奇怪的感觉，我要中了……"尽管他们命中的仅仅是一个随机数字。

加利福尼亚州帕萨迪纳的福乐神学院的心理学教授贾斯廷·巴雷特（Justin Barrett）研究了我们的认知过程是如何无中生有的。巴雷特解释说，即使在很小的年纪，小孩子也有一种倾向，认为所有发生的事件都是某人，而非某事在背后主使。当小女孩把头撞到桌子上时，她很可能会回击桌子，然后生气地对桌子说："你真傻！"她认为这起事件是由某个媒

---

[1] Itzhak Fried, Charles L. Wilson, Katherine A. MacDonald, and Eric J. Behnke, "Electric Current Stimulates Laughter," *Nature* 391, no. 6668 (1998): 650, www.researchgate.net/publication/13742090_Electric_current_stimulates_laughter.

介——一种有意识的存在物故意造成的，而不仅仅是机械、物理过程的结果。[1]我们人类倾向于将环境中无生命的事物拟人化，并识别出我们周围的媒介。巴雷特认为，我们有一种特殊的认知能力，他称之为"超敏感媒介检测装置"。[2]

夕阳西下，我走出去，坐在门廊上欣赏夕阳。突然，我看到角落处有轻微的颤动。它只是微风吹拂的灌木，还是窃贼？我最好把它解释成一个媒介，而不是一个没有生命的物体，即使我错了。关键是，在这个世界上，把颤动的灌木丛误认为是窃贼，总比把窃贼误认为是颤动的灌木丛要好。当然，这条原则在几十万年前的大草原上非常重要。人们宁可看到颤动的灌木丛，却误以为它是一只老虎，也不要看到一只老虎，却以为它只是颤动的灌木丛。我们将环境中的物体视为媒介的能力显然具有生存价值。

这种看到媒介和意图的人类倾向，可以被认为是一种固有的"安全胜于遗憾"的机制，它是自然选择的结果。这就是为什么心理学家巴雷特给我们内置的媒介检测装置贴上"超敏感"的标签。就像那个小女孩把头撞在"傻瓜"桌子上一样，我们都很容易把无生命之物误认为有生命之物，而不是相反（这对我们来说是幸运的！）。这种进化上有用的认知超敏感反应可能导致我们害怕黑暗，或者相信鬼魂和外星人，等等。

我们的心智

我们需要媒介检测装置来判断我们附近是否有一个媒介，而不仅仅是一个物体。为了做到这一点，我们需要能够检测到目标驱动力。任何媒介

---

[1]　就我们的目的而言，媒介可以被认为是有目标或意图的；换句话说，是一个有意识的存在物。我们倾向于自然地区分纯的物体，如石头、棍子和炉灶，与媒介，如人、动物，可能还有外星生物或神。

[2]　Barrett, *Born Believers*. 参见Stephen Law, *Believing Bullshit: How Not to Get Sucked into an Intellectual Black Hole* (Lanham, MD: Prometheus, 2011)，书中对超敏感媒介检测装置做了相当详细的解释。

（与单纯的物体相对）都有一个或多个目标：它想要得到一些东西。我们人类（和某些更高级的动物）具有所谓的心智。这意味着我们能持续地感知和"阅读"我们附近的媒介（主要是其他人）。这个人想要什么？那个人相信什么？另一个人又怎么看我？我们的心智是构成成功的社会交往最关键的条件，也是构成我们的合作能力的条件。它具有巨大的生存价值。

当然，我们做这件事的方式不尽相同，或者技能水平也不相同。有些人，如自闭症患者或患有阿斯佩格综合征的人，在心智上存在缺陷。有一个经典的测验，它针对四岁的儿童（心智开始形成的年龄），以确定他们是否有自闭症倾向。这项测验涉及两个孩子，我们称他们为卡尔和莉萨，具体操作如下。

假设我们想确定卡尔是否有自闭症倾向。我们给他看一个火柴盒，问他觉得里面有什么。"火柴棒。"他说。然后我们打开它，告诉他事实上里面是玻璃珠，而不是火柴棒。然后卡尔的朋友莉萨走进房间。我们对卡尔说："如果我们问莉萨这个盒子里有什么，你认为她会回答什么？"如果卡尔患有阿斯佩格综合征或自闭症，他很可能会回答"玻璃珠"，这暴露了他对其他大脑的理解非常有限。

如果一个人只有初级心智，他就无法想象另一个人怎么可能有与自己不同的信念。把错误的信念归给别人尤其困难（比如，当一个只有初级心智的人刚刚得知火柴盒里装满火柴这一想法是错的时）。

理解别人的信念和欲望的能力，就像我们的媒介检测装置一样，是帮助我们生存和规划与环境的互动的关键工具。但是，正是我们的这两种认知能力，尽管它们很美好，却也能产生不幸的、具有负面作用的魔术思维。

魔术思维

最古老的宗教根植于自然，人们常常想象灵魂或神奇的力量寓居于石头、树木、河流、山峦、云朵之中。整个环境被视为具有生命，大自然被视为具有灵魂。这相当容易理解，因为它发生在一个前科学时代，当时对雷电等自然现象缺乏合理解释。

让我们想象自己回到史前时代，任何科学知识远未出现。我住在大草原上的一个小屋里，身处简单的狩猎社会。一道闪电击中了我的小屋，小屋很快就着火了。突然，我的超敏感媒介检测装置开始狂热地工作："谁对我做了这件可怕的事？天空中有一股无形的力量把我的小屋烧了！无形的怪物一定比我强壮得多，它看起来很生气。一旦我重建了我的小屋，我就得聪明点，保护它不被再次袭击。为了得到这个恐怖的存在的好感，我会给它供给一些美味的水果，甚至可能是一只山羊……"

我想象了一种无形的、可怕的、像怪物一样的神力，它比任何人都要强大和愤怒，是一个我必须向之献祭以证明我忠诚的媒介。在我的生活中，我要向它寻求帮助和支持。

对世界有任何科学认识之前，这种想法合情合理。在那个时候，假设天空中有强大且无形的媒介是很有道理的。然而，一旦我们意识到有很多不信任它的好理由，这种"推理"就开始变得可疑。

刚刚引述的关于导致小屋被烧毁的媒介的独白如果出自今天一个大学生之口，我们会感到震惊并觉得这种说法毫无根基。因为今天受过教育的人对闪电的成因有了更清楚的认识。

插曲：
论天国与天堂

天国的概念对你来说意味着什么？

天国，或者说天堂，在传统基督教和伊斯兰教中都是一个核心概念。在世界各地的宗教信仰体系中，都有一个关于超越生命之所在的传说，有很好的证据证明，距我们时间较近的祖先甚至非常古老的祖先也有类似的观念。例如，我们知道，尼安德特人大约3万年前与我们所属的物种智人生活在同一时代，他们按照与我们今天的葬礼非常相似的仪式去埋葬死者。

相信某种超越尘世的天堂会不会是人类最危险的想法？世界各地的人们在"圣战"中献出自己的生命，为的是成为殉道者，从而在天堂里算总账。柬埔寨前红色高棉领导人波尔布特（Pol Pot）曾试图在地球上建造一个"天堂"，并宣称将从他的生命开始之日起计算日期。他制造的剧变夺去了数百万人的生命。而在2001年9月11日劫持客机撞上世界贸易中心的约20名穆斯林男子都得到了保证，他们中的每一个人都将与"72个处女"一起在天堂里享受性爱。简言之，去往天堂，或在地球上创造天堂的目标，已经造成了无法形容的伤痛。

"天堂"这个词对我们这些不相信来世的人意味着什么？

好吧，确实有一个天堂，即我们仰望天空时所看到的一切。天空有阴有晴，或明或暗。也许是仰望夜空启发了人类开始进行抽象思考，提出了超越他们日常所关心的温饱生存的问题。

也许在很久以前的某一天，群星神秘而又寂静的夜令思想启程，我们人类对实在的好奇超越了我们的所见所闻。也许那一刻是人类求知欲的诞生、人类探索欲的诞生以及科学本身的诞生之时。

　　若果真如此，我们应该感谢灿烂的星空激发了我们对存在进行思考的能力吗？我们永远不会知道答案。但一个事实是，除了神、天使和永生，星空也可以成为人类深刻灵感的源泉。这一点就像寒冷冬夜里的银河系一样清晰。

第六章
自然世界：
关于自然主义、不可知论和无神论

当人们不再相信神的时候，即使是神也会死去。

让-保罗·萨特（Jean-Paul Sartre）

上帝存在的问题困扰了人类很长一段时间。如果一个人认为世界是一种自然现象，而不是超自然现象，受自然规律而不是超自然力量的支配，那就说明他不是宗教徒；他有一种所谓的关于实在的自然主义世界观。

自然主义的一个结果就是，人们认为上帝，或诸神，或任何其他类型的超自然存在物都是极不可能存在的。他们认为，这类事情很可能仅仅是从人类想象力的肥沃土壤中迸发出来的思想或信仰。简言之，对实在持有自然主义观点的人自然而然就是无神论者。

然而，无神论只是自然主义的一个部分。在一个自然化的世界里，不仅神灵是不可信的，而且超自然力量、神秘现象和新纪元运动的主张也是不可信的。作为补偿，当一个人思考自然世界大量的精妙和美时，他会有一种强烈的敬畏感和迷恋感，而不需要借助超自然的阐释或解释。

自然主义与唯物主义

自然主义的概念实际上相当复杂，它是一个比唯物主义更广泛的概念。严格的唯物主义立场意味着所有的存在就是物质和能量，遵循自然法则（多亏爱因斯坦，我们知道了物质和能量是同一事物的两种观点，因此与其说"物质和能量"，不如说"物质／能量"或"各种形式的能量"）。人们当然也可以怀疑自然法则是否真的存在，或者它们仅仅是对实在的心理描述——我们人类用来思考世界的拐杖。

我所说的"自然主义"，也指宇宙中的一切原则上都可以用科学的方法论来解释。自然主义不认为有超出科学研究范围的现象或存在（例如大多数宗教中的神）。

但是，一个自然主义的世界观也不仅仅是一个纯粹的唯物主义立场。例如，某些哲学家认为，数学对象（如质数[①]）不是物质，但存在于自然界。其他哲学家则认为质数只是人类思想的一种建构。有些人认为自然主义立场包含绝对的道德价值，而另一些人则认为道德价值不是客观存在的。

在瑞典语和英语中，"materialism"一词有两种截然不同的含义，不幸的是，它们常常被混淆。通俗地说，"物质主义"指的是拥有和炫耀许多物质财产——豪华汽车、昂贵的艺术品、豪华的房子等的欲望（这也可以称为"消费主义"）。然而，这与所谓"唯物主义"的哲学立场无关，正如上文所述，唯物主义意味着相信除了物质／能量之外，没有任何东西存在，物质／能量遵循自然法则。

从这种哲学意义上讲，唯物主义者很可能会选择去一个遥远的洞穴，像一个和尚一样冥想，从不考虑获得物质财富。然而，一个相信这个世界

[①] 质数是一个只能被自己和1整除的整数，例如2、3、7、37和2001。而111是3和37的乘积，不是质数。

被某种神秘的精神所渗透的人，不管他相信的是上帝还是其他力量，仍然可能会疯狂地痴迷于追求生活中的崇高地位和物质上的成功。人们只需想一想与美国某些复兴运动有关的所谓"成功神学"（这个被称为"成功神学""积极忏悔"和"繁荣神学"的概念是一个宗教信仰的烙印，它假定基督教信仰是通往生活各个领域的成功之路）。遵循这一神学传统最著名的瑞典教会是生命之道，总部设在乌普萨拉大学城的一座巨型教堂。然而，具有讽刺意味的是，生命之道的创始人乌尔夫·埃克曼（Ulf Ekman）最终皈依了天主教，让他的追随者听天由命。

无神论者是煽动者

今天的很多人，特别是美国人，认为无神论是一种令人不安的挑衅。这是因为宗教信仰在西方历史和文化中根深蒂固。尽管在今天的瑞典，很少有人对教会、宗教或上帝感兴趣，但瑞典人对无神论的观点持怀疑态度的现象仍然很普遍。对无神论的负面看法在世界范围内产生了重大影响。

为了避免不信神的负面含义，人们常常宣称自己有"某种信仰"，而不仔细思考其中的意思。当然，任何人都可以提出这样的主张，但如果一个人关心的是关于生命和宇宙本质的哲学问题，那么他真的应该仔细思考上帝是否存在，他真正相信什么，然后有勇气去坚持自己的信念。

人们对无神论有各种各样的反对意见，如果一个人不信上帝，他就最终无法避免沮丧地听到这些反对意见。"你是一个无神论者，仅仅因为你看不见或不理解上帝吗？但你肯定相信风，即使你看不见，不是吗？难道你不相信爱吗？即使你无法解释它。那你为什么不相信上帝呢？"

对于这样的争论，人们应该如何反应？考虑下面的交流：

"喂，你知道我家里有个看不见的鬼吗？"

"什么?! 一个看不见的鬼？我到底为什么要相信这样的事情？"

"因为我告诉过你！你为什么怀疑鬼魂的存在仅仅因为你看不见也不理解它？没有理由怀疑它的真实性！"

这种相信鬼魂的论证与相信上帝的论证类似，很明显，这种站不住脚的"推理"不能当真。

美国生活中的无神论

"无神论"（atheism）一词来自两个希腊词根——前缀"a-"，意思是"不"或"没有"，单词"theism"，意思是"相信上帝"（"theos"指"上帝"）。因此，"无神论者"的意思就是"非上帝信徒"。它没有侵略性或邪恶的痕迹。

然而，在美国，"无神论"一词往往被认为是对宗教的一种深深的敌意。它的意思听起来不像是"缺乏对神的信仰"，这是相当温和的，在许多美国宗教徒（甚至是不信教的美国人）看来，它的意思是反神论，换句话说，它是一场由魔鬼主导的积极斗争，致力于彻底摧毁上帝和所有宗教（尤其是基督教）。

因此，美国的无神论者经常被认为是在攻击上帝，而事实上他们所做的一切都是在行使美国的基本原则"宗教自由"（这是一个不幸的短语，因为不清楚它是否包括不信教的自由）。宗教自由是美国的核心信条之一，当年来自不同国家的欧洲人为了逃避使他们喘不过气来的外来宗教信仰的压迫，穿越大西洋逃到美国。

在美国独立战争（主要是以宗教自由的名义进行的）结束后，牧师M.R.沃特金森（M.R.Watkinson）请求财政部长在硬币上印上帝之名，他说"这将使我们免于异教徒的耻辱，并将我们公开置于个人声称的神圣保护之下"。由于部长喜欢这种情绪，他命令美国造币厂找一个合适的短语。"我们信仰上帝"被选中，它与《星条旗》①中的一句话相呼应，如今这句公开的宗教口号印在所有硬币和纸钞上。1956年，美国国会通过了一项决议，宣布"我们信仰上帝"为美国国训，取代了拉丁语"E pluribus unum"（"合众为一"）。

美国无神论者不赞成"我们信仰上帝"这句格言，因为它明确地假定某种神灵存在，而且所有美国人（或至少所有在世之人）都相信"他"。这种假设，无论在某些人看来多么高尚，都与美国建国的精神发生了激烈冲突。事实上，这个口号是无教派的（不是天主教，不是浸礼宗，不是犹太教，不是佛教，等等），并不意味着它不具有宗教性。

20世纪50年代初，美国和以无神论作为官方立场的苏联之间爆发了冷战。参议员约瑟夫·麦卡锡（Joseph McCarthy）正身处对"无神论的共产主义者"进行的臭名昭著的运动的高潮时期。那时，所有的美国学生每天早晨都要双手捂着心口，面对美国国旗背诵一份效忠誓词。誓词没有提及宗教，即便如此，随着麦卡锡主义的盛行，美国国旗越来越成为人们崇拜的对象，爱国主义也越来越与宗教信仰相融合。

在这些年里，各种爱国/宗教团体，如哥伦布骑士团和全国福音派协会，变得越来越活跃和有影响力。1953年，全国福音派协会发布了"七项神圣自由宣言"（一项基本上宣布美国建立在《圣经》原则之上的法令），新当选的（和新受洗的）总统德怀特·大卫·艾森豪威尔（Dwight David Eisenhower）是第一个签署该声明的人。

这些组织随后开始鼓动效忠誓词的新版本在学校里被采纳和背诵。新版本只在关键位置添加了两个词——"under God"（上帝之下）："我宣誓效忠美利坚合众国国旗及它所代表的共和国，这个上帝之下的国家不可分割，自由平等全民皆享。"强调上帝，是为了让敏感脆弱的孩子们认为美国（与苏联相比）是一个受上帝保护的国家。

---

① 《星条旗》为美国国歌。——编者注

国会提出了一项法案，通过了修订后的效忠誓词，该法案于1954年6月成为法律。在艾森豪威尔总统签署这一增加"无辜"词语的法律的当天，他说：

从今天起，我们数以百万计的学童将每天在每一个城市和城镇，每一个村庄和乡村的学校里，宣扬我们的国家和人民对上帝的奉献。通过这种方式，我们在美国的传统和未来中重申宗教信仰的超越性；通过这种方式，我们将不断加强那些精神武器，无论在和平中还是战争中，它们永远都是我们国家最强大的支柱。[①]

令人震惊的是，一个建立在神圣不可侵犯的宗教自由原则之上的国家的总统竟然可以自豪地宣布，所有美国人都永远侍奉"上帝"，但事实就是如此。

出于明显的原因，美国无神论者不赞成"上帝之下的国家"这一听起来"崇高"的说法，他们在许多场合提起诉讼以推翻这一说法，但公众对这种"好战无神论者"的看法是，他们都是危险的反美颠覆者。毋庸置疑，这两个关键词在誓词中从未被删除。

在最近（2014年5月）一项对此类案件的裁决中，马萨诸塞州联邦最高法院裁定，效忠誓词并不歧视不信仰上帝的人。最高法院甚至宣称，让孩子们每天背诵"上帝之下的国家"这几个字，仅仅是一种爱国行为，而不是一种宗教行为。这再一次令人惊讶，这群圣徒竟然看不到"上帝之下的国家"是一个宗教宣称。

---

① Dwight D. Eisenhower, "Statement by the President upon Signing Bill to Include the Words 'under God' in the Pledge to the Flag," American Presidency Project, June 14, 1954, https://www.presidency.ucsb.edu/documents/statement-the-president-upon-signing-bill-include-the-words-under-god-the-pledge-the-flag.

无神论者没有道德

在全世界，无神论者通常被认为是感情麻木或冷漠的，他们也被视为相信生命没有意义，甚至被理所当然地认为不能欣赏生命的精神价值。

例如，许多美国宗教徒认为无神论者天然缺乏道德。2012年，美国盖洛普民意测验问及什么样的人不能做总统。有4%的人说他们不会投票给黑人，5%的人说不会投票给妇女，6%的人说不会投票给犹太人，30%的人说不会投票给同性恋者，40%的人说不会投票给穆斯林，43%的人说不会投票给无神论者。[①]这生动地表明，在美国，人们对许多不同的群体有着很强的偏见，但其中最强烈的是那些对无神论者的偏见。

不可知论者还是无神论者？

由于无神论和不可知论的概念经常相互混淆，我们将在这里做一对比。

"不可知论"一词来自希腊语单词"agnostos"，意思是"未知的、无法辨认的、隐藏的"。从这个意义上讲，不可知论思想在古希腊哲学中扮演了重要角色。然而，这个表达最早在英语中出现是在19世纪，由查理·达尔文的同事托马斯·H. 赫胥黎（Thomas H.Huxley, 1825—1895）首次使用。

不可知论者认为，根本没有理由对上帝是否存在抱有信念，这个问题无法回答。当然，人们对上帝存在以外的所有事情保持不可知论的态度是完全有道理的，比如其他星球上是否存在生命，宇宙如何诞生，生命如何起源，是否所有人看到红色时都有完全相同的内心体验，或者我们今天是

---

① Jeffrey M. Jones, "Atheists, Muslims See Most Bias as Presidential Candidates," Gallup, June 21, 2012, https://news.gallup.com/poll/155285/atheists-muslims-bias-presidential-candidates-aspx.

否知道某些特定现象的所有知识。

我们应该区分两种不可知论：严格的（或永久的）不可知论和经验的（或暂时的）不可知论。

严格的不可知论是一种态度，即一个人不仅对某些现象缺乏了解，而且认为永远无法认识这些现象，也就是说，原则上不可能对它们持有任何立场。对一些科学问题，我们必须采取严格的不可知论态度。例如，考虑一下电磁理论。如果我们扪心自问："我们今天已经完全认识电磁波了吗？"我们将不得不以一种完全不可知论的方式回答。虽然我们对电磁波了解很多，但原则上，我们永远无法知道我们是否了解关于电磁波的一切。我们周围的一切几乎都是如此。任何时候，当我们对某些科学现象有了新的认识时，我们就会被迫认识到，其中有一些我们以前没有完全理解的东西。但是现在我们对其有新的认识，不是吗？当然，我们永远不能确定。我们需要对自己的认识状况保持严格的不可知论态度。

相比之下，经验的不可知论意味着一个人缺乏对某种现象的理解，但这种缺乏被认为是暂时的。我们所能说的是，到目前为止，我们还没有理解这个问题，这是因为我们的经验和知识还不够深入，不足以让我们这样做。采取经验的不可知论态度是明智的，一个例子是，其他星球上有生命吗？我们没有其他行星上存在生命的直接证据，但我们也没有任何反面证据（当然，这一讨论假定人们对"生命"概念的定义有明确共识。这一定义究竟应该如何运行远非不言自明。但出于讨论的目的，我们只是假设有这样一个一致的定义——并不一定是正确的定义）。当然，我们仍然可以根据概率推理对这个问题进行有根据的猜测：宇宙的巨大难以想象，拥有无数的恒星和行星。因此，生命不太可能仅仅存在于地球上。但我们也可以在这个问题上采取经验的不可知论态度：我对这件事没有观点，因为我没有任何事实可以作为这种意见的依据。

显而易见，这是一种经验的不可知论而非严格的不可知论。在任何时候，科学研究人员都可能在另一个星球上发现生命，或是生命的明确迹象。如果是这样，我们就有充分的理由改变主意，放弃暂时的不可知论。（欧洲南方天文台决定在智利北部海拔约3000米的山峰上建造世界上最大的光学望远镜。这个非凡的装置——一个主镜直径为39米的反射式望远镜被称为"欧洲极大望远镜"，或"E-ELT"，其反射镜收集到的光线将是今天最大望远镜的15倍以上。这样可以直接观察环绕其他恒星的行星，也可以研究它们的大气层。该望远镜的首要目的之一是在我们的星系中寻找类地行星。敬请关注！）

至于上帝的存在，不可知论者说人们不应该对这个问题给出任何结论。如果被问到上帝存在吗，一个严格的不可知论者会回答："我不知道，也永远无法对这件事形成任何观点。"相比之下，一个经验的不可知论者会回答："我目前不知道，但也许将来我能对这件事形成看法。"

许多不可知论者实际上是无神论者

当有人说"我不相信上帝"，这通常意味着"我相信上帝不存在"。然而，有些人却说"我不相信上帝存在"。注意这个细微的区别。断言"我不相信上帝存在"的人也可以断言"我不相信上帝不存在"，而不会自相矛盾。这样的人只是对这个问题的任何一方都不抱有信念。这是一种不可知论的态度。相比之下，一个声称"我相信上帝不存在"的人却在表露对此事的看法。这是无神论的立场。

事实证明，许多自称是不可知论者的人实际上是无神论者。他们的基本态度是，虽然他们觉得上帝不可能存在，但他们仍然对这种可能性持开放态度。事实上，这与无神论的立场不谋而合。毕竟，没有人能绝对肯定地知道，没有一种可以想象的上帝存在。但只要一个人相信不存在这样的东西，那么他就是一个无神论者。

人们普遍认为，不可知论是一种"软"的中间立场，介于有神论和无神论之间。然而，不可知论根本不是一种立场，而是立场的缺失。尽管如此，许多人似乎更愿意自称是不可知论者，而不是无神论者。这可能是"无神论"一词在深受宗教影响的文化中所具有的消极含义导致的结果。基于这个原因，认为不可知论者的观点在某种程度上不如无神论者的观点那么"硬"或教条主义，这是一种误解。

对于其他类型的超自然生物，如精灵或独角兽，人们很少采取不可知论的态度；事实上，大多数人对这类生物，以及对托尔、奥丁和宙斯等古老的神都持怀疑态度。大多数人面对这些神时是无神论者，而不是不可知论者。

显然，如果某人有一个科学世界观，每当出现新的事实表明某种奇怪的实体存在时，他都应该做好改变主意的准备。这不仅适用于原子、光子、夸克等，也适用于精灵、独角兽、幽灵、巨魔、尼斯湖水怪等。但是，拥有这样的科学开放意识并不构成任何理由宣称自己对精灵、巨魔和其他童话般的生物的存在持不可知论态度（即没有立场）。在这种情况下，无神论似乎是更合理的立场。至少奥卡姆剃刀会建议这样做，因为这是最简单合理的立场。

有时有人声称上帝的存在超越了科学范畴，不接受实证检验。如果上帝的存在实际上不是一个科学的或可验证的主张，那么我们都应该避免对这个主题得出任何结论。毫无疑问，我们可以制造出与这一愿景相适应的神的异象。例如，自然神论认为上帝首先创造了宇宙大爆炸，然后又完全从世界上消失了，这显然是无法检验的。

然而，在这种情况下，上帝存在的问题就变得无趣了。如果上帝在我们的宇宙中完全不起作用，那我们为什么要担心上帝是否存在呢？然而，今天世界各地的一神论宗教并没有以这种方式看待他们不同的神。对他们中的每一个人来说，上帝就像一个人——一个可以干预世界的人，他聆听祷告，创造奇迹。如果某人拥有一个聆听祷告、创造奇迹、介入生活的上帝，那么上帝的存在问题就会立即成为需要实证检验的科学问题。

不难想象，一些实验的结果既能加强也能削弱上帝存在的假设。例如，考虑科学地调查祈祷与实际结果之间的统计相关性。这类实验早已有过，但还没有发现相关性。当然，缺乏相关性并不能证明上帝是人类欲望的虚构物，与实在无关，但它增加了这种观点的可信度。

无神论者到底相信什么？

让我们仔细看看成为一名无神论者到底意味着什么。在很多人的印象中，无神论者声称自己比其他人理解问题理解地更深，比其他人拥有更多知识。诚然，有些无神论者可能正是这样认为的，毕竟，社会各阶层都会滋生傲慢。但有神论的主张（上帝存在的信念）有可能比无神论的主张更傲慢。

对无神论的另一个常见误解是，无神论僵化而武断地声称已经证明上帝不存在。严格意义上讲，我们无法证明上帝不存在。但其他任何实体，诸如独角兽或比光更快的粒子，出于同样的原因，它们的不存在也是不可证明的。

如果举一个具体的例子（我们将从伯特兰·罗素那里借用一个生动的例子），我们将更容易理解无神论的观点。如果有人断言一个茶壶围绕月球运转，那么对这一说法持高度怀疑的态度似乎是合理的。进而对这种主张采取不可知论的态度似乎是不合理的。你可能会说："嗯……也许有个茶壶绕着月亮转，也许没有——我怎么可能知道呢？"这样的胡言乱语听起来很傻。

理智之人（比如你我）倾向于对这种茶壶的存在持"无神论"的态度。我们积极地相信，即使我们无法证明这一点，也不存在环绕月球运行的茶壶。无论怎样，我们都不能飞到太空中去寻找绕月球运行的茶壶——即使我们可以，我们也很容易错过茶壶，如果它在上面的话。然而，尽管我们做不到这一点，我们仍然相信——事实上，我们坚信——那里根本没有这样的茶壶！毕竟，它怎么会升到那里呢？它为什么会在那里？也许有宇航员把茶壶一路带到了月球上？即便如此，茶壶又是如何从月球表面进入绕月轨道的呢？

关于有一个茶壶绕着月球运行的说法根本没有合理依据。但现在把这个说法和"我的厨房柜台上有一个茶壶"的说法相比较。我相信后一种说法，部分原因是我在那里看到了一个茶壶。这给了我强有力的理由相信在那个地方有一个茶壶。但是没有类似的事实支持有一个茶壶环绕月球运行的说法。因此，我得出结论，这个说法的可能性非常小。举证责任总是由断言某事物确实存在的人承担。

无神论者相信没有上帝，就像一个普通人相信没有茶壶绕着月球运行一样。无神论者不能证明这种信仰的真实性，但在有人提出相反证据之前，他觉得坚持下去是有道理的。明智的无神论者不是教条主义者；如果有新的证据支持上帝的存在，他们愿意重新考虑这个问题。

在我看来，对上帝是否存在持有不可知论的观点，即不愿意推测，哪怕是试探性地推测上帝是否存在，在我们这个时代，也是一个令人很难接受的虚无缥缈的立场。毕竟，我们对宇宙中各种现象的真实性或非真实性都有自己的看法：

1. 我们都相信地球是圆的（尽管我们中只有很少的人可以实际验证）；

2. 我们都相信月球上没有茶壶；

3. 我们都相信只要我们放手，石头就会掉到地上。尽管不能证明下次我们尝试时会重复发生这种情况。

考虑到这样的信仰似乎对几乎所有能思考之人来说都是无可置疑的，尽管我们无法从绝对意义上证明它们，我们为什么要像不可知论者所敦促的那样，在上帝存在的问题上如此胆怯呢？考虑再三，不可知论的态度似乎更像一种非理性的坚持，在相信任何事情之前，要让事情具有绝对的、完全的确定性。

另一方面，无神论的立场并非极端。例如，无神论者完全同意标准宗教信徒的观点，即不同民族信仰的绝大多数神，从古至今都不存在。世界上主要的宗教都建立在许多不同种类的神的基础上。印度教据说有几百个，甚至几百万个神，他们都是一个神的化身（在印度教中，化身是指毗湿奴这样的神在地球上以人或动物的形式出现。这个词在电脑游戏的世界里有了第二个意思，即一个人在玩在线游戏时所采用的角色）。大多数基督徒坚决拒绝历史上声称存在的所有神，除了一个，即基督教的神。好吧，无神论的立场非常类似于基督教的立场，它只是简单地在你否认其存在的神的名单上再加一个神而已。

为什么那么多语言对否认上帝存在的人有一个特定的称号？这个词有必要吗？自然主义的宇宙观自然会导致无神论的立场，但也会导致对其他超自然生物的排斥。在一个自然主义的世界里，根本不存在超自然的存在——所以我们为什么不给那些排斥其他生物的人一个特别的词呢？

希腊神话中提到了塞壬——一种像鸟一样的女性生物，她们用迷人的歌声迷住水手，引诱他们来到百花之岛（Anthemoessa）。几千年来，关于海妖的传说既口耳相传又见诸文字。尽管我们拥有这些传说，但大多数人都不相信塞壬的存在，我们认为她们纯粹就是虚构的神话生物。然而，我们这些怀疑海妖的人身上并没有特别的标签，比如"无塞壬论者"，与"无神论者"相似。

之所以没有"无塞壬论者"这样的词存在，而"无神论者"一词则确实存在，是因为自古以来，人类社会和文化就与对某种神的信仰深深地交织在一起。今天人类对上帝的信仰可追溯到数千年前，换句话说，信仰上帝在历史上是正常的——这是人类的"默认"立场。不相信上帝才是历史上的例外。此外，几个世纪以来，做一个无神论者是非常危险的，即使在今天，在世界许多地方成为无神论者也是极其危险的。认为塞壬生活（或曾经生活）在希腊海岸的想法，现在不是任何人的默认信念，无论他们是瑞典人、希腊人，还是美国人。因此，在任何语言中都没有必要用一个特殊的词来表示那些坚持认为塞壬不存在的人。

关于无神论的十三个偏见

人们对无神论有很多偏见和错误的印象，在这一节我们将看看其中的十三个（十三是一个非常好的数字！）。我已经触及了一些，但现在让我们更系统地讨论这个话题。虽然下面的一些偏见有点重叠，但我觉得每一种偏见应该单独来讨论。

1.无神论者是一些特殊的人

事实上，无神论者并不是在某些方面都很相似的人。无神论者可以信仰任何东西（除了上帝），并且可以拥有任何可想象的价值体系。想象所有无神论者都一样，就像想象所有不打棒球的人都一样。不打棒球并不能说明一个人的内在本性。为了了解某个非棒球运动员，你必须与他长期交往、互动，并逐渐了解他的好恶。

所有的非天主教徒都是什么样的？所有的非女权主义者都是什么样的？所有的非同性恋者都是什么样的？他们的价值观是什么？这样的问题听起来很可笑。要想知道任何一个非天主教徒、非女权主义者或非同性恋者是什么样的人，你必须深入了解。无神论者也是如此。无神论者可以是世俗的人文主义者，在这种情况下，我们至少可以猜测一下他们的价值观和态度。但无神论者也可以完全不同于此。

2.无神论是一种生活哲学

很多人常常错误地认为无神论是一套完整的人生哲学。事实并非如此。简单地说，无神论者只是对一个特定的事实持有特定的信仰。一个人可以是无神论者，但同时相信占星术或顺势疗法，针灸或飞碟，鬼魂或独角兽。

在瑞典，不少用于教授宗教知识的教科书将无神论与世界各大宗教，如基督教、犹太教、伊斯兰教和印度教并列。这种分类虽然用意很好，但却基于误解。这就像有一本体育教科书，里面有关于篮球、网球、足球、高尔夫等的章节。然后有一章是关于和球类运动无关的人。如果这一章没有描述这些人从事的工作，那么它能起到什么作用呢？也许他们会参加赛马、跳水或射箭。这些活动可以而且应该以自己的类别被处理。

3.无神论者憎恨上帝或对上帝发怒

悉尼的圣公会大主教彼得·詹森（Peter Jensen）就无神论者发表了以下声明：

从无神论者的热情和恶毒中我们可以看出，他们似乎憎恨基督教的上帝……无神论就像基督教本身一样，也多少是一种宗教承诺。它代表了人类攻击上帝的最新版本，源于对我们事实上没有统治世界，以及上帝召唤我们侍奉他感到不满。[①]

认为无神论者对上帝感到愤怒是一种普遍的偏见。显而易见，一个人不能对自己认为不存在的人或事生气。

另一方面，无神论者肯定会对世界各地以上帝名义进行的压迫和令人发指的行为感到极度不安。但无神论也不是关于人与上帝的，因为对一个无神论者来说，这种关系根本不存在。

4.无神论者是极端分子，他们傲慢、好战、不宽容……

成为无神论者并不意味着你是一个极端主义者或傲慢的人。的确，有的无神论者有这些品质，但也有宗教人士有这些品质。拥有这样的个人特质并不是有神论或无神论造成的结果。无神论是傲慢的这一观点可能源于一个人永远不敢把自己比作上帝的宗教观念。

一些无神论的批评者谈到"好战的无神论者"。但是"好战分子"这个词通常用来指那些暴力的或鼓吹暴力的人。人们可以在报纸上看到伊斯兰激进分子发动恐怖袭击，或者美国好战的基督徒谋杀施行堕胎的医生。

---

① Miles Godfrey, "Atheists Are Believers Who Hate God, Says Anglican Archbishop Peter Jensen," News.com.au, April 2, 2010.

然而，据我所知，"好战的无神论者"所使用的武器只有他们的笔和言论自由的权利。

也许"好战"只是一个比喻，人们借此抱怨无神论者为他们的立场激烈争辩。但在这种情况下，我们也不得不抱怨各种各样好战的有神论者，包括宗教激进主义者、极端正统的犹太人等。

称无神论者"不宽容"比称他们为"好战分子"要温和一些，但这仍然是一个强有力的术语。很明显，在我们这个世界上，有很多事情是我们不能容忍的，比如切割少女的生殖器、砍断小偷的四肢、杀害家庭成员、强迫强奸受害者生育强奸犯的孩子、用石头砸死奸夫，也许大多数无神论者对这些事情的宽容程度和其他人一样。如果无神论者为这些以宗教名义进行的可怕行为感到痛苦，那可能更多是因为他们对人权的关注，而不是因为他们不相信上帝。

5.无神论是一种比有神论"更强硬"的态度

无神论既不比有神论"硬"，也不比有神论"软"，既不比有神论更僵硬，也不比有神论更灵活。二者互为彼此的镜像。有神论者相信上帝存在，无神论者相信上帝不存在。两种立场谁也不比谁更僵硬或更灵活，因为它们是对称的立场。然而，无神论本质上是一种谦卑的立场，它的观点是，既然没有令人信服的理由去相信任何类型的上帝，就不应该得出上帝存在的结论。无神论者相信上帝是不存在的，除非有一个强有力的理由反驳他们。

6.无神论只是另外一种宗教

说无神论是一种宗教毫无意义。这样的描述并不比说"不集邮是一种爱好"或"不打棒球是一种运动"更准确。这样说话超出了"运动""爱好"这两个词原本的意思。同样地，将无神论称为宗教，会使"宗教"的含义超出正常范围。

另一方面，如果我们把"宗教"这个词放在哲学意义上（即人们相信但无法证明的东西），那么上述说法在一个微不足道的意义上是正确的。

它的意思是："无神论是一个有人相信的观点。"很明显，无神论是一个有人相信的观点，就像其他任何关于实在的主张一样。

对这个世界的每一种信念都是一种信仰，如果非要咬文嚼字的话。无神论表达了一种信仰，就像说"我认为明天太阳会升起"或"我相信尼斯湖水怪不存在"或"我预计下一次选举将彻底改变国会的构成"一样。但这些信仰都与宗教无关。

不同信仰的合理程度可能非常不同。有一种信仰可能极不可信，而另一种信仰基本上是不言而喻的。比较一下这两种说法"我相信这些树林里有巨魔"和"我怀疑这些树林里有巨魔"。这两种说法都表达了对世界的可理解的看法，从这个意义上说，它们都表达了信仰，但它们的可信程度各不相同。所以如果有人告诉你："是的，但你只是在表达一种信仰！"别让自己被这个轻率的标签愚弄了。

7.无神论者声称，信仰是万恶之源

无神论者非常清楚，这个世界充满了与宗教无关的各种残酷和痛苦。自然灾害在美国保险单中常被称为"天灾"，在没有任何人类残忍行为的情况下，它可以对人们造成非常严重的打击。无神论者知道人类的残忍表现在许多方面，有的脱胎于宗教，有的与宗教无关。不用说，宗教可以成为一些人生活中的积极力量。无神论者认识到个人对上帝的信仰可以给人带来希望和安慰。毫无疑问，宗教有时会激励人们做好事，无神论者肯定会接受这一事实。

人们还应该把宗教作为一种人生哲学和宗教作为一种社会制度加以区分。对作为社会制度的宗教可以提出的道德批评是，它经常试图向外来者灌输自己的信仰体系，然后让他们服从宗教的规定和仪式。无神论者和有神论者都可以理所当然地批评这种行为。

8.无神论者完全缺乏道德

有些人认为无神论者不可能有任何道德标准，他们也不相信人类的善良。在许多国家，包括美国，无神论者通常被认为是缺乏道德原则的人。

这就解释了为什么很少有美国人愿意接受无神论者作为总统候选人。

然而，认为所有无神论者都缺乏道德的想法远远偏离了目标，原因很简单，道德与对任何神或其他超自然存在的信仰没有关联。一个人的道德可以而且应该仅仅通过他如何对待其他人和动物来判断。如果你广泛观察，就会发现无神论者和宗教人士一样，可以为善或为恶。这两类观念的持有者都无法在道德行为的市场上占据一席之地。

在宗教界，用阴暗的色彩去描绘无神论的行为非常普遍，其策略就是断言，由于无神论者拒绝道德原则的神圣起源，他们完全愿意接受任何类型的行为。这种推理是错误的。很明显，无神论者并不认为道德原则来自"高处"，因为他们不相信有任何"高处"存在。但这并不意味着无神论者拒绝道德原则的概念，或者他们认为任何武断的行为都是可以接受的。这个结论根本不符合前提。

9.无神论者只相信他们能看到和测量的东西

有些人试图把无神论描绘成一种狭隘而迂腐的态度，除了那些可以在科学实验室里证明的观点之外，它拒绝所有的想法。委婉地说，这是一个错误的印象。像其他人一样，无神论者相信在实验室（或其他任何地方）中无法测量或看到的各种事物。例如，许多无神论者坚信人权、平等和爱。一些无神论者可能认为其他星球上存在生命。世俗的人文主义者（当然也是无神论者）有一个更清晰的方式来定义他们所信仰的东西：他们相信任何有令人信服的论据的东西，不管论据是否涉及测量。

10.无神论是一种意识形态

无神论经常被错误地指责为一种意识形态。事实并非如此。无神论只是断定了神不存在。这纯粹是一个真假问题，与任何意识形态无关。一个人不能仅仅从无神论中得出好的价值观或坏的价值观。由于这个原因，人们无法得知无神论者在其他重要问题上的立场，例如干细胞研究、同性恋、堕胎、枪支管制、可持续发展等。仅仅否认超自然的存在并不会令一个人接受一整套关于生活的特定意见与价值观。简而言之，无神论不是一种意识形态。

另一方面，包含道德价值观的宗教是卓越的意识形态，因为它们规定了一套关于世界和社会应该是什么样的，以及人们应该如何行动的道德态度和思想。

11.无神论是可憎的

邪恶行为常常被归咎于无神论，但这是一种心理联系而非逻辑思维的结果。

众所周知，有很多杀人犯相信上帝，而且非常虔诚。"伊斯兰国"过去几年在伊拉克和叙利亚犯下的暴行只是众多例子中的一个。显然，我们不能从这些例子中得出结论，所有相信上帝的人都是杀人凶手。

导致这种结论的逻辑错误是混淆两种现象的统计相关性与因果关系。例如，吃过多冰激凌的日子和溺水事件发生的次数之间有很强的统计相关性。但这种相关性并没有揭示因果关系。人们溺水的原因不是他们吃了冰激凌。某个关键变量，即炎热的天气被排除在外了。每当天气炎热，人们倾向于多吃冰激凌，人们也倾向于多去游泳。因此，当天气炎热时，溺水的风险就增加了。

混乱的推理让人回想起小报上那些吸引人眼球的头条新闻，上面高喊着"独自待在电梯里就能怀孕！"（实际情况是，一名妇女被困在电梯里太长时间，以致无法及时服用避孕药）。

12.纳粹主义是一种无神论的意识形态

纳粹主义经常被作为无神论导致恐怖的例子。事实是，纳粹主义绝不是无神论！尽管希特勒本人与天主教会有着复杂而模糊的关系，但许多天主教神父都是纳粹分子，或是自愿与纳粹合作。在《我的奋斗》（*Mein Kampf*）一书中，希特勒描述了他对天主教会的敬仰。

很明显，希特勒相信自己有一个神圣的使命来维护雅利安人种的纯洁。

希特勒认为新教徒和天主教徒应该停止相互斗争，代表上帝与犹太人作战。他确信自己的行为符合上帝的意愿。

不幸的是，许多神父服从希特勒的命令。著名的新教主教马丁·扎塞（Martin Sasse，1890—1942）积极鼓励焚烧德国的犹太教堂。他认为希特勒惩罚那些杀害耶稣的犹太人是合适的。另一方面，某些神父表现出极大的勇气，并反对希特勒，一个典型的例子就是迪特里希·朋霍费尔（Dietrich Bonhoeffer，1906—1945），他多年来一直强烈反对纳粹政权，并参加了德国的抵抗运动。1945年4月9日，就在欧战胜利日的前几周，朋霍费尔被纳粹绞死。

宗教实际上是纳粹主义的核心，纳粹主义在很大程度上把自己的意识形态变成了一种新的宗教。在每个德国士兵的救生衣上，人们都能发现"上帝与我们同在"的字样，这句口号令人不安地想起"我们信仰上帝"（美国的国训）。

另一方面，希特勒对基督教的某些方面持高度批判态度。他本人是否是基督教徒很难确定，但有相当多的证据表明，他持有宗教的世界观。

最后值得一提的是，纳粹的意识形态中有许多迷信、伪科学和神秘元素。每个人都知道纳粹的"道德"是值得鄙视的，试图把无神论与纳粹主义联系起来是极不诚实的。

13.无神论者冷酷无情

有人认为无神论者比宗教人士更难欣赏美术、音乐和其他美学创作。这是另外一个不符合逻辑的奇怪推论。自然主义立场并没有使无神论者对美术、音乐或自然中的美丽和崇高的接受力下降。事实上，有时恰恰相反。一个将世界视为自然的人，一个努力探索大自然内在运作方式的人，能够更深刻地体会到我们周围的神奇现象。

非洲稀树草原上繁茂的生命世界并没有因为我们对自然条件的了解而失去任何魅力。当我们了解了大黄蜂是如何飞行的，它依旧是令人惊讶的生物。当我们从音乐理论的角度理解了不同的音符和和声是如何相互联系的，音乐依旧不会失去它的美和力量。物理学的奥秘令人难以置信，但它们是自然的。近百年来量子物理学的发展带给我们更多令人难以置信的谜团，我们仍然完全无法解释其中的一些现象，但这并不意味着这些现象超越了自然。宇宙本身是足够奇妙和神秘的，不需要任何魔法或超自然的存在。

无神论的重生与消亡

无神论的概念其实并不十分有趣。它不过表明一个人缺乏对神的信仰。然而，从古至今，这个词已经变得如此充满感情，充满了邪恶的含义。甚至在今天，许多人对任何关于它的提法都会有一种深刻的、消极的下意识反应。多亏了历史，一个词能被赋予如此大的感召力，这是相当令人着迷的。然而，如今，这个词可能正在慢慢地去污名化，逐渐变得中性，它理应如此。

当这种情况发生时，那将是抛弃"无神论"和"无神论者"这两个词的恰当时机，因为它们只有在一个完全沉浸于宗教的文化传统中才有存在的理由。当我们真正拥有一个世俗社会时，我们将不再需要把精神和语言集中在虚幻之物上。当那一天来临，我们最好把注意力集中在自己真正相信的事情上。

插曲：
论迷信与胡说

○────────────────────────────────────

什么是迷信？迷信就是认为：有幸运数和非幸运数；走在梯子下、看到黑猫或打破镜子会带来厄运；灾难更可能发生在十三日的周五；携带兔子脚这样的魔法符咒会给持有者带来好运；敲木头或交叉手指可以避免厄运；你可以把针扎在木偶娃娃上以伤害远处的人；建筑物的建造应该优化"软"和"硬"能量的流动；把剃须刀放在金字塔形状的物体下面会使它们一夜之间变得锋利；如果你一口气吹灭蛋糕上的所有蜡烛，就会实现自己的秘密心愿；随机挑选的幸运饼干里的信息将揭示持饼干者的命运，等等。

所有这些想法的共同点是，我们没有充分的理由相信其中任何一个，但它们给信徒一种安全感，以及一种对我们周围所见的混乱事件拥有控制力的幻觉。

有人说，挂在门上的马蹄铁会带来好运（当然，前提是方向正确！）。有一个古老的故事，讲的是一个记者注意到一个马蹄铁挂在小屋的门上，它属于伟大的丹麦物理学家尼耳斯·玻尔（Niels Bohr）。这立刻引起了记者的好奇心。"为什么你在那里挂了马蹄铁？"记者问，"这是否意味着你至少有一点相信这种古老的迷信？"玻尔对记者笑了笑，回答说："哦，那个？不，我当然不相信任何愚蠢的迷信，但你知道，有些人说，即使你不相信它们，这些东西也能起作用！"

伯特兰·罗素对何谓迷信有一个非常清晰的概念。他说，迷信是别人的宗教。他的意思是，任何宗教信仰体系的信徒都不认为自己信仰的东西是迷信，然而他们往往草率地将其他人的宗教信仰视为纯粹的迷信，尽管别人的想法和自己的想法一样合理，或者不合理。

20世纪50年代初，一位不知名的儿童杂志编辑马丁·加德纳出版了一本名为《西方伪科学种种》的文集。令人惊讶的是，这本书写得很好，见解深刻、有趣，致力于揭露无稽之谈的艺术。在书中，加德纳以极高的艺术水平和技巧，对20多种极其不同的伪科学和迷信进行了剖析。几年后，在这部经典著作第二版（1957）序言的开头一段，他一本正经地写道：

这本书的第一版引来了许多愤怒的读者写的奇奇怪怪的信。言辞最为暴力的是生物能量疗法的支持者，因为他们认为这本书把古怪的邪教（对他们来说）与戴尼提精神治疗法①相提并论。当然，戴尼提的支持者也有同样感受。我从顺势疗法者那里听说，当他们发现顺势疗法与整骨术、脊椎按摩这样的欺诈行为为伍时，感到很屈辱。肯塔基州的一位脊椎指压师"可怜"我，因为我的脊柱弯曲是上帝给受苦人类的恩典。贝茨医生的崇拜者来信赞成我的看法，但打字太差，我怀疑他们需要更好的眼镜。奇

---

① 戴尼提精神治疗法由美国的一位科幻小说作家L.罗恩·哈伯德（L. Ron Hubbard）提出，认为心灵对身体有难以置信的影响力，后被国际科学界认定为伪科学。——编者注

怪，大多数来信者只反对一章，认为其他章节都很好。^①

最后一句话是多么有说服力，多么深入人心，多么令人难忘！

在传统的基督教信仰中，特别是那些派传教士到偏远地区传教的信仰中，原住民的宗教信仰一直被视为迷信。例如，他们相信树或石头有灵魂，或通过表演雨舞和举办各种献祭（动物和人）仪式来安抚自然之神。这都被认为是迷信或魔法思维，构成了与恶灵和魔鬼的危险调情。

但是基督教的分支天主教中包含了许多信仰，它们也常被视为迷信。例如，考虑一下在1215年第4届拉特兰会议上建立的变体论。这一学说主张，"以某种难以理解的方式"，一块普通的面包和一些普通的葡萄酒在弥撒的圣餐上实际变成了基督的身体和血液，尽管它们的外观、味道和气味完全不受影响。在13世纪的一次教会会议上，人们规定"基督的身体和血液实际上在圣礼中以面包和葡萄酒的形式出现，然后通过上帝的力量将面包转化为身体，将血液转化为酒"。16世纪，马丁·路德（Martin Luther, 1483—1546）的宗教改革运动将这种思想定性为魔法和迷信，并予以拒绝。

对不信教的人来说，一些传统宗教习俗只能被称为"胡闹"

① Martin Gardner, *Fads and Fallacies in the Name of Science* (New York: Dover, 1957).

（hocus-pocus）。

　　"hocus-pocus filiocus"是一个神奇的咒语，至少可以追溯到17世纪。所有迹象都表明，这个短语起源于基督教仪式。具体来说，变体论的仪式包含拉丁语短语"Hoc est enim corpus meum"（这是我的身体）和"filioque"（和儿子）。听起来神秘的短语"hocus-pocus filiocus"是完整的天主教咒语的缩写和混乱版本（"hoc est...corpus...filioque"），由无数虔诚的大众信徒共同发明，他们热爱宗教仪式，但很少或根本不讲拉丁语。这个乱七八糟的短语自然而然地就带上了有魔力的、不可思议的和神奇的味道，这些都是由主持弥撒的牧师们附加在原始语词中的。

　　对何谓"迷信"的观点会随时代发展而发生变化。例如，在瑞典，人们曾经普遍认为存在妖精和精灵；然而今天，任何一个相信精灵的瑞典人都会被视为疯子。

　　100年后，人们将如何看待今天我们对鬼魂的共同信仰，或者耶稣化水为酒以及复活的教义，或者仅千年以前，上帝6天之内就创造了世界的教义？人们将如何看待一个人的黄道12生肖揭示了他的性格和命运，或者一个人的掌纹揭示了他的命运，或者飞碟里的外星人曾造访过我们的星球，并和人类接触过的想法？

　　或者，正如超感观知觉的信徒所坚持的那样，有天赋之人可以跨越数千英里的距离进行心灵交流？或者，正如心灵感应的信徒所坚持的那样，有些人完全可以凭借意念使钥匙和勺子弯曲？或者，正如所谓"奇点"的信徒所主张的那样，在未来15到20年里，我们都将能够把我们大脑的微电路上传到计算机内存中，从而作为软件生物永生？

　　谁知道呢，也许今天的股市预测技术和奇迹般的减肥方法最终会被视为无稽之谈？100年后，人们会对今天的超对称粒子理论、暗物质理论和暗能量理论有什么看法？弦论和膜理论呢？那么，大爆炸和它的搭档大坍缩呢？多重宇宙、虫洞和时间旅行呢？好吧，我们就等着瞧吧。如果奇点论者是对的，我们大多数人不仅在100年后还活着，甚至在1000年、100万年、10亿年后还活着……

第七章
关于善、恶和道德

上帝愿意阻止邪恶，却无能为力吗？那么他就不是万能的。

他有能力却不愿意吗？那他就是个恶毒之人。

他既有能力又愿意吗？那么邪恶从何而来？

他既不能也不愿意吗？那为什么叫他上帝？

伊壁鸠鲁（Epicurus）

在一个自然主义的世界里，不可避免有好坏之事。认为自然世界没有超越自然之物的人不会思考恶如何与上帝的恩典兼容。对他们来说，邪恶的存在根植于自然原因，必须永不停歇地与各种各样的邪恶做斗争。但对信教之人来说，有一个严重的问题：善与恶怎么可能同时存在？

邪恶的问题

纳粹集中营中针对犹太人和其他人的暴行深不可测。如此严重的邪恶似乎与对全能仁慈的上帝之信仰完全不可调和。想想下面这件可怕的事情，我的一个朋友目睹了这件事，他在奥斯威辛集中营的监禁中幸免于难：

在我们的集中营中有一个带着小孩子的女人。她试图让孩子活下来，但徒劳。孩子死后，她陷入狂乱，试图逃跑。她很快就被抓了，我们这些俘虏都被迫在她周围站成一圈。有两名党卫军士兵站在女人两边，我们被迫观看他们是如何惩罚逃跑者的。首先他们把她绑在树上鞭打，然后他们拉扯她的胳膊、手、肩膀直到脱臼。他们继续残忍地折磨她，最后，她死在我们眼前。

我们怎么可能相信上帝会允许我们的世界发生这样的事情呢？

如果有一个全知全能的上帝，那么为什么世界上会有那么多邪恶和痛苦？这个谜团被称为神义论（theodicy），源于希腊文，意思是"上帝的正义"。自古以来，神学家和哲学家就一直在努力解决这个问题。

万能还是无能？

宗教徒为了证明他们对上帝的信仰是正确的，想出了许多解决神义论问题的方法。其中一个解决方法就是接受上帝并非万能的观念。在创造人类的过程中，上帝赋予每个人自由意志；上帝因此限制了自己的力量。每个人都有做出道德上正确或错误的决定的自由。由于拥有自由意志，人们可以做出邪恶的行为，而上帝将无力阻止他们。

但是我们很容易想象一个世界，在那里人们拥有自由意志，上帝全能。上帝可以在需要的时候干预人类事务，以防止人们因自由而产生恶行。例如，上帝可以进行干预，以防止人们互相残杀。人们可以在各种好的事情上做出选择，但是，如果有人要选择做一件道德败坏的事，那么万能之神就可以在恶行发生之前把它消灭在萌芽状态。

上帝也可能以这样一种方式创造了宇宙——人们总是选择好的事情。原则上，一个人做出自由选择总会带来好处的世界是可以想象的。事实上，这样一个世界将比一个选择有时带来善而有时带来恶的世界更完美。如果全能的上帝存在，他有能力创造出最好的世界，那么他为什么不这么干呢？

这种试图解决神义论问题的方法只解决了道德上邪恶的问题，即人们故意造成的谋杀、强奸、叛国和战争等邪恶行为的问题。但它没有涉及自然之恶的问题，即并非出自人类意图的坏事，如地震、山崩、火灾、海啸、飓风、火山爆发、流行病、踩踏、建筑物倒塌、船只沉没、飞机坠毁等。这些苦难充盈于世界——绝对是毁灭性的，但没有好理由解释何以如此。如果有人被闪电击中，或被雪崩掩埋，或患上致命的脑瘤，或是在帮助邻居修补漏水之处时从屋顶上摔下来，他们的死亡当然是悲惨的，但这与任何人的邪恶意图无关。

全能的上帝应该能够阻止这种痛苦，一个因为赋予人们自由意志而权力更加有限的上帝也应该去阻止。所有这一切表明，引入自由意志不能部分解决神义论问题。

上帝以神秘的方式工作

换个神学思路解释世界上的恶行：我们人类无法理解上帝允许邪恶存在的原因。我们所理解的邪恶和痛苦实际上服务于一个更高的目的，当我们从一个足够长远的角度来看待它们时，它们最终是好的，尽管我们现在还不知道这是怎么回事。我们不妨用这样一句耳熟能详的口号概括上述观念——上帝以神秘的方式工作。

不幸的是，这样的"智慧结晶"不仅站不住脚，而且不道德，令人反感。首先，如果一个人的孩子刚刚被校园恶霸谋杀，或者在车祸中丧生，那么重复上述口号是非常伤人的。如果有人被他人杀害或因自然灾害死亡，对一个生命被残酷终结的人来说，这有什么长期的好处？这种说法是荒谬的。诚然，经历可怕的磨难有时会使人更坚强，但已经在地震或恐怖袭击中死亡的人没法变得更坚强。

某些主张用这种方法来解决神义论问题的人可能会认为，在某个地方牺牲一个人的生命是为了在其他地方有一个好的结果。这似乎相当犬儒。我们死了升入天堂，这就可以回报我们在尘世间所受的苦吗？这并不能解决神义论问题，地球上仍然存在着巨大的痛苦。

一个仁慈全能的上帝会建立一个我们生前或死后都不受苦的世界。

有些恶行实际不恶

让我们再看看另外一种解释恶与上帝共存的方法。我们将第一种方法加以扩充来解决神义论问题，基本思想如下。

道德之恶是这个世界的真实组成部分，是人类自由意志的结果。然而，自然之恶根本不存在。它不是一个实际的存在，而是一个存在的缺失，即善的缺失。就像黑色不是真正的颜色，只是光和颜色的缺失。所以在我们看来属于自然之恶的东西不过是一种善的缺失。

这种解决神义论问题的方法通常被称为"缺失回应"（privation response），来自拉丁语privatio boni，意思是"缺乏善"。缺失回应不过是文字游戏——一种将上帝从背信弃义的神义论问题中拯救出来的绝望尝试。

假设缺失回应是正确的，这意味着我们人类所感知的自然邪恶仅仅是善的缺失。好吧，但这种语义上的挑剔对那些地震中的难民，或者对一个家庭被海啸吞没的幸存者来说又有什么意义呢？他们的痛苦是绝对真实的，无论我们把它描述为自然之恶还是缺失之善。如果上帝真的存在，并且全能、善良，他将能够创造一个包含更多善的世界，或者，如果你愿意的话，更没有苦难的世界。这样的神也可以干预任何一件会造成痛苦的善的缺失之事，并且可以把人类（和其他动物）从可怕的痛苦中解救出来。

尽管宗教在试图解释神义论问题时存在种种缺陷，但这种尝试在瑞典和其他地方的所谓自由教会中经常被正面引用。在一次纪念奥斯威辛集中营解放的活动中，我参加了一场与一名瑞典神学家的辩论，他与瑞典的一个自由教会组织有联系。这个人认为纳粹对奥斯威辛集中营的囚犯所做的事情，可以用这样一个事实来解释：一旦上帝赋予人们自由意志，他就不能再干预了。这位神学家提出的另一个观点是，可能存在一个只有上帝才能理解的更高的道德目标，纳粹在奥斯威辛集中营和其他死亡集中营所进行的种族灭绝行径可能只是为了达到更高的目标而付出的代价。

在我看来，这种观点不仅在逻辑上是错误的，而且非常犬儒。如果真的有一个全能且善良的上帝在监视奥斯威辛集中营发生的一切，他能阻止它吗？或者，阻止它是否需要上帝凌驾于囚犯或卫兵的自由意志之上？答案其实很简单（至少如果你是全能的神的话）。它所需要的只是一个相当小的奇迹——例如，营地的大门可能突然全部打开，让囚犯得以逃脱。另一个奇迹是，让所有的狱警突然患上肠胃型流感，阻止他们实施野蛮的处决。这两种干预措施都不会侵犯人类的自由意志，而让它们中的任何一种发生，对任何能够创造真正奇迹的超自然物来说都是小菜一碟。

上帝心中有一个更高的道德目标，这将表明奥斯威辛集中营的大屠杀是正当的，但我们脆弱的心智却无法理解这一点？好吧，即便如此，这也不能表明死亡集中营是正当的。一个全能的上帝当然可以达到任何一种更高的道德目标，而不需要给数百万无辜的人带来难以想象的痛苦。

上帝真的很好吗？

大部分宗教徒都相信上帝百分之百善良，只是他的力量虽然很大，但还不足以阻止人们以上帝不赞成的方式使用他们的自由意志，从而对这个世界上的其他人施加一切邪恶。很少有宗教徒对上帝是否善良表示怀疑。

不过，事实上，为什么真相不能是恰恰相反的呢？想象一下上帝是完全邪恶的，他的力量虽然强大，却不足以阻止人们以上帝不赞成的方式使用他们的自由意志，从而对这个世界上的其他人施舍所有的仁慈。人类的自由意志和一个完全邪恶的上帝的结合很容易产生我们今天看到的世界。尽管这个版本的上帝不断地尽其所能制造尽可能多的痛苦，世界上仍然有很多美好和快乐，这要感谢人类的自由意志。

这两种对世界的描述互为镜像，具有同样的可能性。但邪恶的上帝形象不那么吸引人。

英国哲学家德里克·帕菲特（Derek Parfit）[①]在2014年10月的一次谈话中告诉我，直到8岁，他都信教，甚至想成为一名僧侣。然而，由于对神义论问题的认真思考，他慢慢放弃了对善良、全能上帝的信仰，尽管这是他在学校里受到的教育。9岁时，他成为一名无神论者。

道德不来自上帝

让我们来做一个思想实验。想象你去问一个相信上帝的人："你这样做有什么道德考虑？难道因为道德是上帝对我们这些卑微之人的命令吗？"如果他回答："是，我的道德来自上苍。"那么他们似乎不得不同意以下观点："如果上帝要你伤害或谋杀另一个人，你会愿意执行这个命令，不是吗？或者假设有一天，你突然失去了对上帝的信仰，那么在你身边我会感到害怕，因为你的道德会消失得无影无踪，不是吗？"

如果这个人的回答是："不，我的道德并不来自上苍。"那么无论上帝是否存在，他们的行为似乎都符合道德。道德行为与他们是否相信上帝存在无关。

---

① 帕菲特生于1942年，卒于2017年，是牛津大学哲学教授，作为一位伟大的心灵哲学家受到广泛尊重。他最著名的著作《理与人》（*Reasons and Persons*, Oxford, UK: Oxford University Press, 1984）论述了道德和人格同一问题。

我们可以用下面的方式重新表述这个问题：一个行为在道德上是正确的，因为上帝提倡它？或者反过来，上帝提倡它，因为它在道德上是正确的？柏拉图（前427—前347）在他的对话集《游叙弗伦》（*Euthyphro*）中仔细探讨过这个问题。在这本书里，苏格拉底将因无神论罪而受审，他与游叙弗伦辩论，后者表现得好像完全知道什么是虔诚和正义。事实上，游叙弗伦非常自信，他把自己的父亲告上了法庭，因为后者杀人了。

游叙弗伦：我可以主张，所有的神灵都喜爱的是虔诚的，所有的神灵都厌恶的是不虔诚的。

苏格拉底：游叙弗伦啊，我们是不是再考虑一下，看看这样说到底对不对，还是给它放行，满足于自己的或者别人的说法，只要有人说如何如何，就表示同意？对于说法是否正确该不该钻研一番？

游叙弗伦：我们应该钻研，不过我认为刚才说的那一个定义是正确的。

苏格拉底：我们在这方面马上就可以知道得更清楚了，我的好朋友。现在我们来考虑一下：究竟是虔诚的事因为虔诚所以被神灵所爱呢，还是它被神灵所爱所以虔诚？①

苏格拉底提出这个反问，以便他之后能揭示只有一个合理的答案。

苏格拉底：我们对虔诚是怎么说的，游叙弗伦？照你的说法，那就是被所有的神灵所喜爱吧？

游叙弗伦：是啊。

苏格拉底：这是因为它虔诚，还是因为别的什么？

---

① Plato, *Euthyphro* (380 BCE), The Internet Classics Archive, accessed August 16, 2021, http://classics.mit.edu/Plato/euthyfro.html.

游叙弗伦：不是别的，就是因为这个。

苏格拉底：它被喜爱是因为它虔诚，它虔诚并不是因为它被喜爱。

游叙弗伦：看来是这样。

苏格拉底：可是，神灵喜爱的之所以是神灵喜爱的，对于神灵是可爱的，是因为神灵在喜爱它。

游叙弗伦：怎么不是？

苏格拉底：那么，神灵喜爱的就不是虔诚的了，游叙弗伦啊，虔诚的也不是神灵喜爱的，这是两回事。

游叙弗伦：怎么会这样呢，苏格拉底？

苏格拉底：因为我们承认，虔诚的之所以被喜爱，是因为它虔诚，它虔诚并不是因为它被喜爱。是不是？[①]

苏格拉底因此向游叙弗伦表明，一个行为之所以好，不仅仅因为神希望它发生；事实上，恰恰相反，神希望它发生是因为它是好的。因此，对善的定义独立于神。

英国哲学家西蒙·布莱克本（Simon Blackburn, 1944—）在《伦理学：导论》（*Ethics: A Very Short Introduction*）一书中对《游叙弗伦》做了如下描述：

关键是上帝，或者说诸神，不应被认为是享有绝对权威的。他们必须被视为能扬善惩恶。他们像我们一样紧追神圣或公正。他们这样做不只因为他们很强大，或者创造了一切，或者他们拥有扬善惩恶的恩典。这些并不能使他们成为善的。再者，因为神的能力而遵从他们的命令将是奴性十足、自私自利的行为。假设我想做坏事，例如背叛某人。如果我这么想就麻烦了："好吧，让我看看，收益是这样的，但是现在如果我这么做的

---

① Plato, *Euthyphro*.

话，上帝会狠狠揍我一顿。另一方面，上帝是仁慈的，我很有可能欺骗他，通过认罪，或者临终忏悔……"这些想法都不够端正。好人应该这样想："这将是一个背叛，所以我不会这么做。"故事到此结束。进行这种宗教成本效益分析，用当代哲学家伯纳德·威廉姆斯（Bernard Williams）的一句名言来说，是"想得太多"。[①]

如果一个行为仅仅因为上帝给它贴上了好的标签就被认为是好的，那就意味着这个行为在实施时没有内在的道德价值。上帝可以随意地想出任何道德原则，这些原则从此将永远被定义为所谓的"善"，这仅仅是因为上帝把它们摆在制高点上发号施令。在这种情况下，如果上帝是邪恶的，他就不能发明一套鼓励邪恶行为的道德标准吗？在这样一个场景中，所谓"好的"或"道德的"仅仅是上帝武断的突发奇想，这与我们根深蒂固的直觉背道而驰。难道我们不都认为折磨无辜的人应该被认为是道德上的错误和邪恶，即使某个上帝命令我们去执行它吗？

宗教徒肯定会反对，他们认为上帝绝不会命令人们进行残忍的行为。他们会说，上帝认为酷刑是错误的，因此他命令我们不要折磨别人。他们也会说，上帝认为幸福是好的，因此他敦促我们让别人快乐。

这听起来很不错，不幸的是，它与道德原则源于上帝的观点相矛盾。事实上，它假定存在上帝必须尊重的客观的道德标准。因此，即使一个人深信宗教，最终也会认识到道德独立于上帝。上帝希望我们以某种方式行动，因为这些方式在道德上是正确的，没有必要再加上神圣的认可，这是一种深刻的宗教道德观。

对那些不相信任何上帝的人来说，上述推理是没有问题的。但对信徒来说，这构成一个困境，因为它表明道德并不依赖于上帝或天国。道德存

---

① Simon Blackburn, *Ethics: A Very Short Introduction* (Oxford, UK: Oxford University Press, 2001).

在于现实世界，不管上帝是否存在。

宙斯和湿婆的战斗

让我们进一步探讨这个主题。假设存在这样的情况，上帝决定什么是道德上的善。上帝是善的意味着什么呢？毕竟，如果善只在于服从上帝的命令，那么说上帝的旨意是好的就是同语反复——这只是一个循环。它只是断言上帝的意志与上帝的意志是一致的，这是一个空洞的陈述。为了能够有意义地断言上帝是善的，我们需要对善的内涵有一个独立的认识。

为了说明"道德之善仅仅由神谕来决定"是如何荒谬，让我们想象一下两神之间的竞争：宙斯和湿婆①之争。胜利者将获得全能的威力。湿婆希望获胜从而极大地改善人类的命运。具体来说，他想给世界带来永恒的和平、幸福和正义。宙斯也希望获胜，但他打算用一种完全不同的方式来运用他的威力。他期待，首先，残忍地杀害绝大多数人类，然后奴役所有剩余的人类，把他们放在一个巨大的集中营里工作。在那里，在无法忍受的条件下，他们将工作到死亡。

命中注定，宙斯赢得了比赛。人们自然会倾向于认为，最不可思议的事件已经发生：一个邪恶和可怕的神已经变得无所不能，现在他将把世界带入一个令人无法想象的，充满无休止的邪恶和痛苦的时代。

但是，尽管这是人们最初的反应，但这一反应忽略了关键点。宙斯使用他刚获得的全能性的第一个方式是改变道德原则的定义，也就是说，改变"好"的定义。他把对无辜者的暴力屠杀变成了一种伟大的道德价值和善良的行为；他把对无辜者的任意伤害变成公平和正义的缩影；他使成为身披枷锁的奴隶变成人们所向往的最高尚的生活。同样重要的是，他把自

---

① 对印度教徒来说，湿婆是神重要的化身之一，而克罗诺斯和瑞亚之子宙斯是所有古希腊神中最高的神。

己变成了一个道德上完美的人——不是通过改变自己的行为，而是通过改变道德的本质。因此，根据定义，他所创造的充斥着酷刑、奴役和大规模谋杀的世界，在道德上是值得称赞的，也是极为可取的。

这个故事只有一个问题：听起来很疯狂。如果上帝是道德的唯一可能的来源——也就是说，如果上帝是善的化身——那么在一个没有上帝的宇宙里，根据定义，既没有善也没有恶。这意味着一个无神的宇宙不可能有任何负面或不愉快的东西，因为在这个宇宙里，道德上的好东西和坏东西都不会存在。因此，这是一种自相矛盾的说法："没有上帝，宇宙就没有道德；这样一个宇宙将是多么不道德！"如果不存在任何道德真理或标准，那么也不可能有任何不道德的东西。

如果上帝是道德的唯一来源，那么一个不虔诚的宇宙应该更恰当地被称为非道德的宇宙，即在这样一个宇宙中，没有道德。但"非道德"并不意味着"道德"或"不道德"。鱼既不是道德的也不是不道德的；鱼只是非道德的。

当然，所有这些都只是哲学游戏，因为我们都非常清楚，这个世界上确实存在幸福和痛苦。我们只能得出一个结论，即上帝不能成为道德原则的源泉。很容易想象，神可以帮助我们理解和遵循道德原则，但不能成为道德原则的来源。

关键问题实际上是：如果没有任何形式的帮助，人们能找到并理解道德原则吗？我们将看到，有很多证据表明他们可以。但首先让我们看看，如果我们都是根据旨意行事，事情会怎样。

夏娃总是对的

假设我有个好朋友夏娃。夏娃有点不寻常，因为她声称她的所作所为都是对的。她真诚地相信她的观点、看法和价值观必然正确，对此她毫不避讳公开宣称。不仅如此，我自己也完全相信夏娃的观点、看法和价值观总是正确的。总之，我相信夏娃。

一天，我的另一个朋友，当然叫亚当，问我关于道德问题的看法。比如，他问我怎么看待同性恋者的权利以及妇女的权利。当我回答我主张人人平等，因此我认为不应该歧视妇女和同性恋者时，亚当问我为何持有这种信仰。我告诉他，因为我的朋友夏娃持有这些观点，而且夏娃总是对的。亚当有点怀疑地说："但是你怎么知道夏娃总是对的？"我坦率地回答："因为我非常仔细地询问过她，她亲自告诉我她总是对的。那场对话宛如昨日发生，植入我的脑海。夏娃总是对的。我相信夏娃。"

尽管我的解释很真诚，但亚当觉得这种回应并不充分。即便我的道德信念所产生的结果都是好的，我仍然应该有一个更客观和更合理的理由来持有这些信念，而不仅仅靠我的朋友灌输给我。亚当建议，我应该把观点建立在更坚实和更普遍的东西上，而不仅仅依赖循环推理。例如，我可以把夏娃的命令和源于人类价值和人类尊严之基本观念的道德原则做比较。他说只有我自己首先思考和选择一些基本的道德原则（它们很可能最终与夏娃的道德原则不谋而合），我才能合理地认为自己是有德之人。

我同意亚当的说法。道德行动者应该通过一系列持续进行的道德检查和测试来建立一套道德规则。如果仅仅因为是夏娃告诉我的，我就选择如此行为，那么我的行为是非道德的。如此生活可以被称为一种选择吗？如果我不愿意或无法测试我的行为准则，那么我就不是一个自主的生物，我就根本没有真正的道德观。一句话，我是非道德的。

盲从他人的道德指令而不亲自展开道德反省，这是一种智力上的投降。屈从于高人一等的智慧，就好像仅仅是一个编程机器人，这是一种愚蠢的行为方式。

同样的道理，像机器人一样不断引用上帝的规则是愚蠢的，引用所谓神圣的经文作为一个人所有道德观点的基础也是愚蠢的。即使有人相信上帝直接对他们说话，并告诉了他们正确的道德规则，他们还是应该仔细考虑来自高处的上帝的指令是否和自己本能上觉得正确的对待别人的方式一致。真正的道德不是机械化的。

世俗的道德观

那么，对于我们这个世界上存在的邪恶，一种世俗的思考方式是什么呢？首先，人们仅对自己的行为负责。只有人类才能创造出自己的道德行为标准和行为方式，以改善其他人的生活。

此外，严谨的推理和持续增长的科学知识可以让世界上的善更加繁盛。在医学研究的帮助下，我们可以治愈越来越多的疾病；使用新的工程技术，我们可以设计和建造更能抵御地震和其他自然灾害的建筑。在我们的世界里，我们至少可以通过科学技术来减少不可避免的"天灾"。

但是道德上的邪恶呢？人类造成的无数痛苦呢？我们似乎不太可能完全抹去它们。人们总是容易愤怒，不友善的行为将永远是人类生活的一部分。尽管如此，通过持续发展民主、平等、教育和人权，我们可以逐渐减少道德邪恶的总量。在今天日益全球化的氛围下，众多的合作组织如雨后春笋般涌现并与压迫、饥饿和贫困做斗争。今天的国际政治中，单边主义减少，多边主义增加。所有这些都是明显的进步，当然，所有这些好事都可以进展得更快，我们应该做得更多。

如果人类开始认为自己对塑造世界负有责任，如果人们意识到没有超自然的存在可以寻求引导，那么世俗的道德就能够帮助世界朝着积极的方向前进。

"问题只是人类曲解了宗教"

在讨论宗教压迫和其他以宗教之名犯下的恶行时，我经常被告知"所有这些坏事都不是宗教本身的错，而只是某些人误读了宗教"。

对宗教内在善的常见辩护是列举宗教徒中的善良之士。像马丁·路德·金

（Martin Luther King, 1929—1968）、特雷莎修女（Mother Teresa, 1910—1997）和德斯蒙德·图图（Desmond Tutu, 1931—2021）等。

美国牧师、民权领袖马丁·路德·金一生都在与种族隔离做斗争。为此，1964年他获得了诺贝尔和平奖。也为此，他在1968年被暗杀。特雷莎修女，本名叫阿格尼丝·冈扎·博亚吉乌（Anjezë Gonxhe Bojaxhiu），是一名罗马天主教修女，出生在马其顿。她一生的大部分时间都生活在印度，并于1979年获得诺贝尔和平奖。德斯蒙德·图图是南非牧师和教会领袖，因反对种族隔离而闻名。他于1984年获得诺贝尔和平奖。

许多基督教徒说，德斯蒙德·图图之所以优秀，是因为他是一个纯正的宗教徒。好吧，图图是一个令人钦佩的人，毫无疑问，他应该因长期与南非的种族隔离做斗争而受到赞扬。但图图不是唯一在长期的种族隔离斗争中起作用的基督教力量。以荷兰归正教会——南非新教的主要分支为例，它强烈地捍卫了该国的种族隔离法，坚持南非应该禁止异族通婚，并将种族隔离视为神圣。

一个人真的要下定决心。任何一种宗教都可以是善与恶两者的推动力，也可以都不是。

道德的自然根源

如果不是上帝创造了道德行为的原则，那么道德就完全是主观的吗？在一个无神的世界里，为什么让另一个人受苦或折磨死一只豚鼠会是不道德的？有没有不源自上天的道德原则呢？

以世俗的方式思考道德的出发点很简单，请看如下三大公理：

1. 幸福胜过不幸；
2. 自由胜过囚禁；
3. 不受苦胜过受苦。

从这个看似原始的起点出发，我们可以得出更多进一步的道德规范。

这些规范在人类历史的无数个转折点上得到了明确的阐释。例如以令人难忘的口号"自由、平等、博爱"为标志的法国大革命，更早的以著名宣言"生命权、自由权和追求幸福的权利"为标志的美国独立战争。

进化心理学研究已经清楚地表明，其他动物，如黑猩猩，也有道德行为的能力。[①]因此道德并不是人类的特质。

但是，道德是如何产生的呢？

研究表明，道德行为源于进化。如果众生受道德原则的引导，对其他成员表现得无私，那么这个群体的生存机会就会增大。

我们还可以在其他动物身上找到道德的基本形式，尤其是类人猿，但即使是吸血蝙蝠，也表现出一定的道德观（我指的是动物物种，不是恐怖故事中的吸血鬼，吸血鬼当然不是特别有道德的生物）。如果它们在某些方面表现出利他主义，它们长期生存的机会就会增加。吸血蝙蝠夜间觅食，从奶牛和其他哺乳动物身上吸血。因为新陈代谢率很高，它们每天晚上都要找食物，但不是所有蝙蝠每晚都能找到食物。因此，成功找到食物的吸血蝙蝠会与那些没有找到食物的蝙蝠分享食物，后者在今后将回报它们的恩惠。

某些种类的动物在发现有捕食者接近时，也会使用不同的声音互相警告，即便发出警告声会引起捕食者的注意，因此增加自己被抓住和吃掉的概率。似乎有充分理由假设这些动物不信教，我们由此可得出结论，利他主义的行为，如警告他人、自担风险，都有生物学上的起因，并非来自天授的神圣文本。

人类和其他动物一样，必须不断地为生存而斗争，在这场斗争中，合作已被证明是一种非常有效的战略。人类很可能在其发展的早期阶段，就意识到如果他们可以联合起来并肩作战，就能承担并完成大的计划。合作

---

① 参见荷兰动物行为学家Frans de Waal的著作*Primates and Philosophers: How Morality Evolved* (Princeton, NJ: Princeton University Press, 2006) 和*The Bonobo and the Atheist: In Search of Humanism among the Primates* (New York: Norton, 2014)。

也能使他们互相保护，免受威胁。无私的部落成员比自私的部落成员活得更久。

感谢自然选择，合作的倾向成为人类的生存策略，也就是说，它根植于人类的基因组中。基因的主要功能之一是将我们的一组性状遗传给下一代。虽然基因本身总是表现出"自私"的行为，但由于合作的特性，我们这些携带自私基因的人类在某些情况下可以自我牺牲。

例如，为了拯救我们的孩子，我们会牺牲自己的生命，因为我们被"编程"为需要传播自己的基因，我们的孩子也分享我们的基因。从严格的演化视角来看，个体基因的存活要比个体的存活更重要。

研究道德原则起源的学者经常谈论互惠利他主义。请看如下例子：如果我的团队成功打倒一头猛犸象，我们就会获得超出我们需要的肉。但是我们的运气不会总是这么好。我们如果这一次和邻居分享食物，那么就会增加下一次从他们那里得到食物的机会。一般原则可以表述如下：如果我现在帮你，那么希望你下次能帮我。这种类型的利他主义经常出现在动物界，尤其是和我们最亲密的黑猩猩中。

怀疑论者可能会争辩说，如果我们的基因中有利他主义，那么就好像利他主义是从"高处"传下来的（自然选择起到了摩西律法的作用）。如果这样，那么当我们友爱他人时，我们并没有遵循我们的自由意志；我们实际上只是机械地行事，因为我们被编程（进化）成以如此慷慨的方式行事。《圣经》或《古兰经》不是我们的圣典，我们的DNA才是。在这种情况下，我们人类也许并不那么高贵……

同情与认同

但还有另外一种非常不同的方式，即利他主义、慷慨和同情产生于人类世界，而这种现象直接来自我们的智慧。侯世达2007年的新书《我是个怪圈》（*I Am a Strange Loop*）中有一章名为《我们如何活在彼此之中》

（"How We Live in Each Other"），描述了当一个大脑（或思想）变得丰富到足以在深层次上反映其他大脑（或思想）时达到的阈值。大多数成年人（除了反社会者）的思想已经跨过了这一门槛，这给了他们一份财产，侯世达称之为"表征通用性"，关于这一点，他写道：

一旦超越了魔法的门槛，通用的生命似乎不可避免地变得极度渴望了解其他通用生命的内在品位。这就是为什么我们有电影、肥皂剧、电视新闻、博客、网络摄像头、八卦专栏、《人物》杂志以及《世界新闻周刊》。人们渴望进入别人的头脑中，从内"往外看"，获得别人的经验。

虽然我的描述有点愤世嫉俗，但是表征通用性及其创造的那种对他者经历的几乎无法满足的饥饿，与同情只有一步之遥；我认为同情是最重要的，最令人钦佩的人性品质。以一种深刻的方式"做"别人，并不仅仅是在理智上像他人一样去看待世界，也不仅仅根植于塑造他人成长的地方和时代去感受，它要走得更远。"做"别人意味着接受他们的价值观，承载他们的欲望，和他们的希望共在，去感受他们的渴求，分享他们的梦想，和他们一样在恐惧中颤抖，去参与他们的生活，与他们的灵魂融合。[1]

这种自发的同情的例子——向处于困境中的他人伸出援手——在几乎所有人的生活中比比皆是。这些行为都根植于一种能力——事实上是一种不可抗拒的倾向，把自己映射到另一个有感情的人身上。还有一些相当随机但也很典型的例子：不拍死家里一只嗡嗡叫的蜜蜂，而是小心地抓住它，把它护送到户外；捡起一只迷路的狗，看它的狗牌并打电话给它的主人；追赶掉落钱包的人并确保归还钱包（而不是自私地留下钱财）；或者更为实际，在飞机上使用盥洗室时顺便小心清理下厕所，在退房时给素未

---

[1] Douglas Hofstadter, "How We Live in Each Other," in *I Am a Strange Loop* (New York: Basic Books, 2007).

谋面的女服务员留一大笔小费。

在上述所有情况下，没有谁想过善意的行为后来会得到回报。我们仅仅出于同情：对那些坏运气的蜜蜂；迷路的狗狗或它抓狂的主人；一个丢钱包的人，他很可能会因为发现钱包不见了而惊慌失措；下一个使用厕所的人，我们想象他会被污秽恶心到；默默无闻的女服务员，她会因为额外收入而感激不尽。

所有这些脆弱、恐惧、震惊或对他人的需要都是一个人在早年经历过的消极经验，他心里想："我当然不希望这种事发生在我身上！"这就是认同其他生物的意义。换一种说法，一个人选择给予另一个人的关心、喜悦或救助源自早年自己接受的积极经验，他心里想："如果这件事发生在我身上，我会多么感激！"

重复一遍，把自己投射到另一个人的生活中（或反过来）便是认同的价值，对他人的认同是我们人类产生同理心的深层因素。这与利他主义的基因设置无关，更与来自天国的"神圣"的道德准则无关。

以上所有的一切都清楚地表明，人（和其他动物）可以是好的，有同情心的，有道德的，而不需要奉神命行事。

插曲:
论罪、罚与责

人在什么时候对自己的行为负责?诱人的答案是:任何时候。但事情真的那么简单吗?

道德责任的概念假定我们有自由意志,或者更准确地说,我们有选择采取何种行动的可能性。如果我们所做的一切都是被预先决定的,那么我们就永远不能做出选择,结果是我们也不能对自己的行为负责。因此,让我们假设人类可以做出选择。只要我们没有受到枪杀或折磨的威胁,无论我们在何时做何种选择,在道义上我们都对所发生的事情负责。但是这个规则有例外吗?我曾经读到一个法律案例,长期困扰于心。我想知道事情是否真的像人们的第一次本能反应那样简单。

一个文质彬彬的人——一个木匠——和他的未婚妻坐在公园的长凳上。他从未犯过罪,也从未表现出任何暴力倾向。突然,他毫无预兆地开始说话,语无伦次,接着站起来背对未婚妻,从工作服的口袋里掏出一把刀刺伤了她。

那女人不知怎么回事,设法逃走了,并通知了警察。她的未婚夫被捕,并接受了一系列精神病学和神经学检查,然后发现患有极具侵略性的脑瘤。肿瘤可以手术,当它被成功地摘除后,那个男人恢复了温柔的个性,不再有暴力倾向。可以肯定,根据医生的经验,肿瘤导致了反常行为。那么,这个人应该因为肿瘤引发的犯罪入狱吗?

事情可以变得更复杂。我们发现了一种名为"A型单胺氧化酶抑制剂"(MAO-A)的基因,它负责产生一种蛋白质以调节化学物质5-羟色胺^①在大脑前部的摄取率。一小部分人患有布伦斯氏综合征，这是一种特定类型的MAO-A基因突变，会导致5-羟色胺和相关化学物质过量产生。结果，这些人缺乏控制冲动的能力，行为具有破坏性，对附近的人或动物会采取暴力。他们也经常伤害自己。这种人极其危险。

患有布伦斯氏综合征的人应该在多大程度上对他们的行为承担道德责任？既然他们不能被称为精神病患者，就可以被带去出庭受审。然而，多亏了今天对大脑的科学认识，人们可以肯定地说，他们做出选择的能力已经大大降低，即使不是完全被基因突变摧毁。社会该如何对待这样的人？如果他们犯罪了，又该如何判刑？

今天生物学和神经学的飞速发展给我们带来了越来越多这样的伦理困境。在未来，我们会发现自己面临道德责任的各种棘手问题。关于大脑和人性本质的发现如潮水般涌来且不可预期，在一个社会里，我们必须学会用全新的思维去理解一个人对自己所做的事负有道德责任这件事。只有当一个人从旧教条的桎梏中解脱出来，他才能有希望诚实而严肃地回应这种类型的挑战。

---

① 5-羟色胺，又称血清素。参与调节痛觉、情绪、睡眠、体温、性行为等活动。——编者注

第八章
新纪元信仰与理性危机：
人们对奇异观念的信仰

任何错误都来自外部因素（例如情感和教育）；理性本身不会出错。

库尔特·哥德尔

现在，我们把注意力从传统宗教转移到常被称为"新灵性运动"或"新纪元运动"的信仰上来。在某些方面，新旧信仰体系之间没有明确的界限，但总体上可以说，与传统宗教相比，新纪元运动的思想体系不那么系统化，理论基础也更少。实际上，新纪元思想的集合可以被比作 smörgåsbord（瑞典语，字面意思是"三明治桌"），渴望信仰的人们可以自由挑选他们最喜欢的，而忽略其他部分。新纪元文化是个人主义的，而且正如我们将看到的那样，它经常以自我为中心。此外，它还具有玩世不恭的商业主义特征，因为事实证明，利用人们对信仰的渴望可以赚大钱。

不理性的信念

最近在美国进行的一项民意调查显示，大约有32％的人相信幽灵，31％的人相信心灵感应，25％的人相信占星术，21％的人相信能与死者交流，20％的人相信轮回。[①]这些概念都不能从对世界的直接认知或对世界运作的经验中获得任何支持。相反，这些想法几乎总是基于未经证实的传闻和各种事件的流言。尽管如此，许多人还是全心全意地相信这些事情。

流行文化中充斥着众人不加思索就接受的迷思。例如，经常有人说满月时人会发疯，精神分裂症患者有"分裂的人格"，积极的态度就能治愈癌症，或者莫扎特音乐会让婴儿变得更聪明。[②]尽管大众心理学中满是错误或胡思乱想，但包含这些观念的自助书籍在商业上非常成功。

可是，难道我们不应该愿意相信什么就相信什么吗？当然可以。每个人都有无可置疑的权利去相信任何观点。但是关键问题是：努力去相信真实的观点而非虚假的观点，这种做法有没有好处？我个人认为确实有，而且用系统方法来实现此目标是有意义的。

某人如果希望相信合理的事物，而非不合理的事物，那就必须仔细考虑合理信念与不合理信念之间的本质差异。略简化一点来说，二者的区别是：不合理信念没有当代知识的支持，或者与当代知识背道而驰。不合理信念的典型例子有：

1.与该领域多数专家所持观点相左的信念；

2.逻辑上不可能或极大概率为假的信念；

3.完全基于轶事和传闻，而非科学发现的信念。

[①] 参阅杂志*Skeptical Inquirer*，https://csicop.org/si。

[②] 参见Scott O. Lilienfeld, Steven Jay Lynn, John Ruscio, and Barry L. Beyerstein, *50 Great Myths of Popular Psychology* (New York: Wiley-Blackwell, 2009)。

正面想法与伪科学

在新纪元运动圈中，人们经常会格外嘲讽批判性思维。相反，新纪元人士爱说正面想法的重要性（就好像批判性思维与正面的生活观不能共存似的）："不要那么消极！不要四处散布负能量！改为正面思考！"

正面积极的想法谁不想要呢？显然，保持乐观、尝试创造性思维和独辟蹊径是非常重要且值得的。但这与不批判是两码事。拒绝对某种观点是否可信做出自己的判断根本就不是正面想法。实际上，这是对自己的思想力量采取消极态度。

"批判性思维"一词也经常被误解。有人认为这意味着负面、抱怨和批评。但这完全错了。在这一点上，想想电影评论家的工作——写影评是很有帮助的。有时评论家会说电影很棒，对演员和其他方面进行正面且热情的评论。有时候评论家会写道，电影的导演不佳或电影所讲述的故事毫不可信。有些电影会获得高分，而有些电影则会得到低分。但是，电影评论家当然并不总在批评，若果真如此，电影评论对任何人都没有多大用处。

批判性思维的含义正是一个人对自己听到的观点做出思考和评判。它基于使用一个人的能力来仔细、谨慎地推理。如果一个观点经审视，通过了所有的批判性检验，则应该被接受。

提倡新灵性思想的人对检验真理的科学方法敬而远之。他们认为自己关于奇迹或其他怪现象的主张无须在实验室中进行验证。想想看，采取这种态度也许并不那么奇怪，因为要是真的对这些现象进行认真的调查，它们就会被证明是毫无根据的。

有时，新纪元文化会使用听起来很科学的语言。各种所谓的现象被包装为"能量""经络""区"和"脉轮"（在印度教和佛教中，脉轮是所谓的"生命力的中心"）等高级理论术语。在某些新纪元运动中，人们甚至声称有一些仪器可以测量"能量场"或其他科学未知的力量。

当有人提出的理论没有科学证据，却使用听起来像科学的术语，他们就是在从事伪科学。伪科学所使用的语言在表面上听起来像科学表述，但修辞背后没有任何实质内容。伪科学的实践者通常会借用物理学中的各种术语，尤其是量子物理学的，以使他们的想法听起来非常高深。不幸的是，这种廉价的花招误导了许多人，因为大多数人的科学知识还很少。

日研公司案例

1975年成立的日本日研公司[①]是利用伪科学开展业务的一个著名例子。该公司专门销售各种所谓的科学产品，并且在世界各地取得了巨大成功，其中包括瑞典。日研的销售策略是金字塔传销，每个特许经销商都会招募"下面"的新销售员，从而建立自己的层级销售网络。[②]

日研组织销售会议，会上由老销售员对新招聘的销售员进行动员演说，努力证明日研产品的伟大成功。这类会议弥漫着狂热气氛。我本人参加了一次这种动员大会，与会人员都被告知，如果我们开始使用日研产品，我们不仅会变得更加快乐，而且会变得更加富有。我稍加质疑，就被扫地出门。

日研的畅销产品之一是KenkoInsoles，一种用于鞋子的磁片。据称，这种磁片能治病，还能发出各种能量。让我们来看看日研如何利用科学般的语言，让他人产生其产品具有坚实的科学基础的印象。以下文字摘自日研系列产品的广告宣传册。

磁能是人体自然过程的内在组成部分，也是所有生物赖以生存的自然环境的组成部分。

---

① 日研公司官网见https://na.nikken.com/about/en。
② 金字塔传销，也称为"多层级营销"，是一种臭名昭著的欺诈性销售和营销方法，通过这种方法，销售员被招募，并被要求在销售公司产品的同时也要招募更多的销售员。

远东文化和传统中医（传统中医是数千年来中国和日本的医疗保健的基础）的一个古老原理和重要组成部分是体内能量的流动。这致使，例如，西方国家认识到替代疗法的价值。

此外，地球的磁场在人类历史上发生过巨大变化，甚至在地球历史上发生过多次反转。19世纪末以来，随着电磁场和辐射的增长，现代文明也改变了磁场，所有这些因素都与人体的自然能量场相互作用。瑞典约有3%的人口被官方承认由于环境中的电磁场而遭受功能损害，这是一个日益严重的问题。

日研开发了磁技术来抵消这种影响，它使我们的环境更像保护了人类数百万年的自然磁场。日研的磁性产品有助于恢复人类赖以生存和成长的条件。

日研磁技术的第一个应用是Nikken KenkoInSoles®的设计，这是该公司于1975年推出的第一款产品。此后，日研的研究团队继续研究并发现，磁场越复杂，它们对身体的功效就越强。因此，我们现在研发出四项核心技术：

场梯度技术：日研产品（例如PowerPatch®、KenkoSeat®和KenkoDream® Quilts）使用单个或多个双极磁体阵列。阵列以精准的距离分布，从而在磁体之间产生磁通量模式（磁通线），通过多种极性和磁通量创建了复杂的磁能场梯度。

EQL磁技术：等边磁技术采用专利设计，通过最大限度地增加平面上的磁通线数量来提高磁表面活性。它使正极和负极的数量成倍增加，从而产生更多穿过表面的磁力线。这种方法的实际效果是，磁场在整个区域的分布完全均匀。

动态磁场技术：动态磁场比静态磁场更为复杂，Magboy®和MagCreator®利用两个旋转的磁球来达到这种效果。这会产生强穿透性的三维磁场，以及有助于舒缓放松的按摩滚轮！

磁张力技术：最新的研发包括日研公司获得专利的磁张力技术，该技术开始将动态技术的三维复杂性带入静态形式。RAM®（径向轴磁）技术模块具有呈阶梯状排列的小型高科技磁球，可在张力下产生一系列重叠的磁场，而最新的DynaFlux®技术已被整合到新的PowerChip™中。

现在一切都很清晰明了吧？如果不是的话，也不要担心……物理学教授也无法理解这种含糊其词的说法。

在日研销售会议上，销售员会学到如何用一个简单操作使潜在顾客相信磁片的奇妙效果：

1.让对方（有潜力购买产品的人）只穿袜子站在地板上。请其将手放在背后。

2.自己站在对方身后，把对方的手轻轻向下向后拉动。对方将很快失去平衡，并且必须向后退以防止跌倒。

3.重复此步骤，但这次是让对方佩戴日研的磁片。这次，令人惊讶的是，对方将感觉更有力量，并且没有后退！

卖方现在将兴奋地解释磁片能提供能量和力量，使人保持平衡。这似乎是一个非常有效和可靠的演示，磁片看起来非常有效。

但是，此测试有一些方面值得我们思考：

1.磁片会产生或提供某种未知的能量或力量来抵抗重力，使人在失去平衡时保持稳定，这种观点完全违背了我们对自然法则的认识。我们并没有发现这类力量。这并不意味着我们证明了这个观点是胡说。诚然，即使极其不可能，还是可能会有某种完全未知的新现象和新力量。但无论如何，这些思路使我们有更多理由对上述测试进行批判性思考。

2.按照这个测试方式，在第二轮，受试者为即将发生的事情做好了准备，因此有意无意地调整身体从而保持稳定。

3.我们无法确定在第二轮中，销售员是否有意或无意地比第一次用了更小的力去拉受试者的手。

这些细微的因素会严重影响测试。因此，我们无法确定是否发生了欺骗行为，或者是否涉及某种安慰剂效应。当然，到目前为止，没有任何证据可以明确证明该测试是欺诈性的。但是，如果我们具有批判性思维，就一定会警觉起来，在接受这些磁片确实有效的说法前，坚持要求更严格的测试。

在这种情况下，是否存在发现真相的方法？有的，我们可以进行双盲试验。首先，我们制作第二对磁片，它们看起来与日研公司的完全一样，但其中没有磁铁。接下来，我们找一个不受雇于日研公司的测试人员。然后，我们让第三个人（也和日研公司无关）随机发放磁片，这样受试者和测试者都不会知道哪对磁片具有磁性。然后，我们连续进行几次试验，随机选择要使用的磁片。

当以这种方式进行测试时，我们很快会发现磁片不再有任何效果。无论有无磁铁，受试者同样有可能失去平衡。在进行此双盲试验之前，无论是什么导致了差异都无关紧要。是受试者脑中的安慰剂效应吗？是销售员从中作梗吗？还是卖家的想象？我们不知道，也无所谓。我们唯一可以确定的是，这种影响不是由磁片产生的任何特殊力量引起的，而这正是我们试图确定的。

这个例子展示了一个非常重要的观点。对世界持怀疑态度并不意味着一个人应该能科学地说明每一种据说发生了的现象。较为温和的立场只是仔细检查该现象是否确实存在。

如果在实际的双盲试验中这些力量完全消失了，那么我们就无须认真分析那些用来解释磁片的神奇力量的伪科学说法。"场梯度技术""DynaFlux技术"和"径向轴磁技术模块"之类的花哨术语根本就不重要，既然人们用不用那些贴上这些术语的磁片都同样可能失去平衡。

磁片只是使易受骗的人马上买账的众多无良技术之一。掌握清晰思考的艺术，有助于避开这种陷阱。

顺势疗法

江湖医术在商业上成功的另一个例子是被称为顺势疗法的另类医学。它基于德国医生塞缪尔·哈内曼（Samuel Hahnemann，1755—1843）提出的理论。当时，使用金鸡纳等植物的树皮来对抗高烧是很流行的。哈内曼指出，金鸡纳树皮使健康人群产生的症状与该产品本应治愈的患者的症状相似。这种观察为他提供了一个观念，他用拉丁语表示为"Similia similibus curantur"（用能诱导出相似症状的药物治愈疾病），因此他提出了一种被称为"顺势疗法"（"类似疾病"）的抗病方法。

根据顺势疗法理论，治疗某种症状或疾病，可以使用引起这些问题的物质（但稀释程度非常高）。哈内曼认为，过量服用某种药物弊大于利。这个想法本身就很明智。但是，他后来的策略却完全不同。他声称药物越稀释，效果越好。他创造了"势能化"一词来表示增加给定药物的稀释度（根据他的理论，就是指有效性）。为了见效，稀释流程也应该按照特定的方式，遵循特定的步骤。

于是，顺势疗法使用的药物被反复稀释了数百万倍——实际上，最终制剂中连一个原始治疗药物的分子都没剩下。顺势疗法者解释说，完全势能化后残留的水保留了治疗性物质的"记忆"，因此它继承了其中的神奇力量。

这种药物在法国、英国和德国等国家很流行。在瑞典，顺势疗法药物出现在许多保健食品商店和替代药物商店。

顺势疗法药物可以产生的唯一效果是安慰剂效应。这已经得到审慎地研究和证明。在欧洲和美国，人们都进行过双盲试验。顺势疗法的捍卫者经常说："也许科学尚未证明它能够起作用，但这并不意味着它就不起作用。很多事情我们都不了解。"但这是逻辑谬误。通过非常仔细地研究，科学确实已经证明顺势疗法无效。（顺势疗法的中心原则——物质越被稀释，其作用越强——会导致一些相当荒谬的后果。例如，如果你应该每天接受顺势疗法，那么你就得非常小心，不能错过任何一天，因为如果你错过一两天，就可能会死于用药过量！这种观点显然是荒谬的。）

利用传统和科学的威望

许多理论建立在关于世界运行和人类本质的古代迷信神话之上。这些理论的倡导者热切地指出他们的思想是如何以古老传统为基础的，仿佛这种传承以某种方式使理论更合理或更可信。

不幸的是，教义和方法是古老的并不自动保证它们是好的。有很长一段时间，人们试图通过放血治愈疾病。为了恢复健康，病人用水蛭吸血。这种方法广泛使用的根据是关于血液在疾病中的作用的错误理论。然而，人们曾长期相信放血疗法并不意味着它能有效治愈疾病。过去的人们相信这一套是情有可原的，因为他们没有像我们今天这样系统的医学和生物学知识。我们不应因古人缺乏知识而苛责古人。但是，如果今天还有人主张把放血作为一般的治疗手段，那就是无视大量的相反证据。（在某些非常罕见的情况下，水蛭仍被用于医疗中，但其原因与过去完全不同。）

如今，新纪元文化还竭力利用科学在社会中的威望，肆意滥用诸如能量、具有特定频率的振动，甚至量子力学之类的科学概念，而那些人根本不知道自己在说什么。我们四周充斥着由"先知"撰写的论文，他们用真实科学中的复杂、抽象概念（或至少是词语）来支持伪科学思想。

基于我们今天拥有的真实知识而创立的方法和程序应该被优先选择。当然，这并不意味着当今的医学永远都不会犯错误，而只是说现在的方法至少比基于无知和迷信的方法更好。

有时，伪科学家会利用纯粹的花言巧语来误导公众。于是，在许多关于新纪元思想的书中，我们会读到细胞的营养需求以及良好饮食的重要性。细胞需要能量（物理学和生物学意义上的能量）才能进行工作。到现在，一切还都挺好。但是在同一本书中，我们还会读到与"从你身上夺走能量"的人交往的危险性。如果你在这种人身边待太久，你就会"损失能量"。书中还写道，我们必须保护自己免遭"能量泄漏，这不仅来自自己身体内的流失，还来自试图窃取我们的能量的人"——实际上，这类人被称为"能量吸血鬼"。这里，"能量"一词被扭曲了，成为一种心理和情感特征的隐喻。

当我们说"今天在健身房锻炼后，我感到能量满满"时，也有语言上的混淆。从物理学和生物学的观点来看，人不能从锻炼中获得能量。事实恰恰相反，人们在运动时会消耗能量。当然，人们运动后会感觉更健康、更敏捷、更活跃、更快乐，并且更加"充满能量"。

人们在这种比喻意义上使用能量概念本身并没错。但是，一个人如果在这两种能量概念（一种是科学意义上的，一种是比喻意义上的）之间画等号，那么这个人就远离了科学，进入了伪科学领域。在新纪元作品中，几乎没有人对同一术语的不同含义进行区分。因此，涉及这些概念的结论是错误的、不科学的。不幸的是，这种马虎的用词在新纪元文化中非常典型。听起来科学的概念实际上只是含混比喻的系统性使用，这种用法误导了许多人，使他们误以为那些话中有什么严肃的思想。

量子物理学与新纪元

引用量子物理学的研究在新纪元人士中很流行。基本论点是，这些基础领域的研究支持了诸如"集体意识"等时髦概念，还证明我们可以通过"星体投射"脱离身体。

如今，旨在发现量子物理学与新纪元思想之间的内在联系的书遍地都是。其中，我们读到量子物理学对领导技巧、清晰思维、身体健康、意识本质等的指导。丹娜·左哈尔（Danah Zohar）和迪帕克·乔普拉（Deepak Chopra）等作家倡导这种观点，取得了巨大的商业成功。不幸的是，书的实际内容根本不是科学，而是伪科学的胡话和琐碎废话的大杂烩。

量子物理学研究物质的最基本组成部分，并且在其中遇到了真正反常识的现象。而且，量子力学迫使物理学家重新思考关于物质最内在本质的某些关键假设。但这并不意味着从量子物理学中就可以有效地推论出关于其他科学领域的简单结论，例如生物学、心理学或对意识本质的研究成果。

量子力学并没有告诉我们上帝很可能存在，也没有说当一个人进行足够深沉的冥想时，他会从地面升起，悬停在空中。声称约束无限微小的粒子的法则也适用于人类，是犯了一个严重的错误。如此巨大的理论跨越毫无道理。有道理的是对来自观察和实验的新理论进行测试。人们总是可以根据自己想到的任何东西来幻想理论，但是如果理论无法在实验中得到证实，那么它就必须留在纯粹的臆测领域。

范畴错误和科学阶梯

从粗略近似的角度而言，我们可以说，各种科学学科描述了不同层级的实在。在最高层，我们由文化、社会、经济、美学和法律组成。下一层是心理层，在这里我们受思想和情感的影响，由心理过程组成。再下一层是生物过程，而它又由化学过程组成，该过程遵循分子相互作用的定律。然后分子由原子组成，由物理定律描述。原子内部的过程由量子力学描述，量子力学是物理学的一个分支。总体而言，我们认为世界有多层结构，层级可以用以下方式示意：

社会

文化、经济、法律、艺术、文学、美学……

↓

心理

决策、感知、梦、情感……

↓

生物

细胞过程、蛋白质、突触、代谢过程、进化……

化学

分子、化学反应、化学键……

物理

重力、电、磁、量子、裂变、聚变、原子能……

当然，在任何特定层级发生的事情都取决于在较低层级发生的事情。从这个意义上说，不同的层级相互关联。但是，每个层级都有一些特有的现象，因此我们不能自动假设属于一个层级的概念和现象也属于其他层级。例如，我们人类具有思想和经验，并不意味着电子、碳原子和DNA分子等微观实体，或大学、公司和国家等宏观实体也具有思想和经验。如此推论就是犯了"范畴错误"。可以通过下面这个例子进一步说明。

假设我们保存着一份非常古老的羊皮纸文件，它可以追溯到18世纪初。羊皮纸上用黑色墨水写着我们的国家宪法。事实上这份宝贵的文件是我们整个法律体系的基础。进一步假设在20世纪初期，研究人员着迷于探究墨迹过了这么久依然可读的原因。在使用当时最先进的技术对其进行分析之后，研究人员一致得出结论，墨迹持久的原因是其中存在某种化学物质。

时间快进到现在。100多年过去了，我们的化学知识得到了极大的发展。研究人员再次分析了古老羊皮纸中的墨迹。然而，这次他们得出的结论是，墨迹中没有早期研究人员认为的任何化学物质。墨迹不变色、可读和持久的秘密被证明是因为一种完全不同的化学成分。因此，我们必须彻底改变对墨迹颜色持久的解释。到目前为止，一切正常……

新知识迫使我们修改关于羊皮纸上的墨迹的故事。但这是否意味着我们还必须修改对使用该墨水书写的文本的法律含义的解释？我们现在是否必须彻底改革我们的法律制度？不，显然不是。得出这样的结论将是严重的范畴错误。墨迹的化学成分与文件的法律内容没有任何关系，法律内容的层级更高、更抽象。

范畴错误的概念也许可以更简单生动地表达为：一首诗的美妙不因换一个颜色的墨水书写它而减弱半分。

什么时候应该采取高层级的视角，即关注整体而非其基本成分？难道万物并非皆互相关联？如果我们认为科学有明确的、层级化的结构，难道这不会使科学显得过于僵化？

可以肯定的是，从整体上考虑实体非常重要。我们在医学研究中清楚地看到了这一点，医学不断提醒我们，身心相互影响，并紧密地耦合在一起，它们实际上是同一的。科学研究应始终试图采取广阔的视野，并且首先要勇敢创造。

新理论一直在形成中，其中一些肯定很激进。但是，要成为科学的有效组成部分，它们必须被大量经验证实。任何未经大量实验验证的科学结论均无效。范畴错误的结论有时可以从新的科学发现中得出，有时不能。它对什么是真实的并没有做出断言。完全有可能发生的是，在化学研究人员的新发现更好地解释了古老羊皮纸中的墨迹性质的同时，法律学者也发现了一些理由使我们大刀阔斧地修改了我们对羊皮纸文本的法律含义的理解。但即使情况真的如此，这两个事件也是无关的。法律结论完全独立于化学结论。这两个发现是关于羊皮纸距离甚远的两个层级，彼此之间没有任何关系。

类似的结论适用于量子物理学和普通生活。新纪元人士热衷于谈论量子物理学及其"整体"观点。确实，在量子物理学中有许多我们尚不了解的奇异现象，但这并不意味着量子物理学中的神秘现象必将解释生活中其他领域的神秘现象。例如，一个不可否认的极奇异的量子现象是"纠缠"，指在空间上相隔甚远的两个粒子的状态紧密地联系在一起，但这并不能得出结论，说我们都是一种伟大的集体意识的微小组成部分，或者意念控制是可能的，或者宇宙对人类整体有长远规划。如果我们相信这些，那么我们就是犯了低级的范畴错误。

所有这些都没有否认一个事实，即量子世界给了我们一些新的美妙比喻，可以用来谈论各种日常现象。但是，将它们应用于人类存在的层级时，它们只是比喻而已，没有其他含义。不幸的是，量子物理学和其他科学被新纪元人士滥用，以便用更神秘、更刺激的术语描绘世界（另一个目的是从傻子手里骗钱）。例如，有人声称除了我们的感官告诉我们的之外，没有其他实在，我们的意识支配着世界上发生的一切，或者整个宇宙中的所有现象都以某种神秘的方式联系在一起。这一切都使用伪科学的胡言乱语来表述，于是在未经训练的耳朵听来就像是高深的量子物理学。

伪科学家经常随意借用科学概念，毫不介意这有多草率马虎。尽管这只是粉饰，但他们对科学的挪用使其观点在科学初学者眼中新奇有趣，而作者不必为其结论提供严肃的支持。

案例一：占星术

永远不要低估伪科学的强大吸引力。古代占星术是一个很好的例子。许多人对占星术持怀疑态度，读报纸上的星座运势只是为了休闲娱乐，但对其他人来说，这是一件非常严肃的事情。占星师的谋生手段就是给人们建议，告诉人们真实的自我、感受和前途命运。当然，所有这些都来自遥远的星星。

星座运势是一种古老的算命方式，它基于某人出生时天体的位置。占星术的提倡者希望占星术被称为一门科学，但它恰恰是伪科学的更好的例子。

瑞典杂志《科学与公众》进行的一项民意调查显示，大约1/4的瑞典人认为占星术是一门科学。这个数字与其他西方国家的数字大致相同，它在非洲和亚洲的某些地区甚至更高。

在占星术几乎被普遍接受的印度，占星术的"数据"可以决定婚姻，影响旅行计划，并确定业务决策。在杂志《怀疑论者》的网站上，人们可以找到以下令人震惊的新闻：

2001年2月，印度占星术的游说团体取得了重大胜利：大学教育资助委员会（UGC）决定为印度大学的占星学理科学士和硕士课程提供资金。其通告指出："迫切需要振兴印度吠陀占星术的科学……并提供将这一重要科学推向世界的机会。"在大学教育资助委员会发布公告的9个月内，印度200所大学中有45所申请了150万卢比的UGC赠款用于建立占星学系。[①]

占星术的信徒有时会说："既然月球会影响潮汐，为什么不会影响人类呢？毕竟，我们的身体大部分是由水组成的！为何行星和恒星不会影响我们的生活？"可以提出如下4个论证说明这一说法的愚蠢之处：

1.占星术并非主要关于月球，而是关于天空中行星和恒星的排列，即所谓的"黄道十二宫"。与月球相比，行星和恒星距离我们更远，它们对潮汐毫无影响。

2.毫无疑问，我们的身体内部有很多水，但是月球对海洋起作用是由于海洋含有大量的水。月球对我们体内如此少量的水没有明显影响。

3.即使月亮以与影响潮汐一样的方式影响着我们体内的水，即通过引力将我们拉动一点，这也丝毫不能决定我们的个性或一生中将要发生的事件。在任何情况下，与月球相比，地球的重力对我们的影响要大得多。

4.假如月亮影响我们体内的水，并且假设这种影响以某种方式决定了我们的性格，那么为什么这种至关重要的影响只发生在我们出生的那一

---

① "An Indian Test of Indian Astrology," *Skeptical Inquirer* 37, no. 2 (March/April 2013), https://skepticalinquirer.org/2013/03/an-indian-test-of-indian-astrology/.

刻，而不是之后的任何时候？

用月球如何带来潮汐来论证占星术的有效性是完全站不住脚的。但是为了反驳科学的对立意见，占星家总是会辩解说："我们并不了解所有的宇宙定律。科学无法解释一切。那么，为什么事情不能像我们所说的那样呢？"

这是一个原则上合理的论点。我们或许可以设想占星术关于实在的描述是真的，尽管它与当今对宇宙本质的理解完全背道而驰，尽管我们甚至无法着手解释它为什么对。但是，如果占星术能给出一点点可被证实的真理，我们将不得不彻底改变对宇宙本质的看法。占星术成真的概率微乎其微（正如俗语所言，是"地狱中有雪球的概率"），但原则上有可能为真。但是，我们将会看到，摒弃占星术才是合理的。

在过去的50年中，占星术一直是综合科学研究的主题。典型的研究可能具有以下形式：

1.按照占星术的理论，把黄道十二宫或行星排列的特征与人格或身体特征明确地对应起来。

2.收集大量人的星座、性格特征和身体特征的数据。

3.从统计学上评估，对应"正确"星座的品格和特征出现的频率是否高于完全随机分布。

类似的研究很多，它们都表明，占星术的预测并不比随机的猜测更好。[①]这类研究的有趣之处在于，它们丝毫不涉及占星术的原理，因此它们并不依赖于我们是否理解占星术。

也有研究表明，人们倾向于将占星术的论断视为真实的，并将其当作对自己之前观点的肯定。例如，当向500个人提供相同的基于星座的性格描述，而每个人都被告知该描述是对他们的独特描述时，他们中的大

① 参见Roger B. Culver and Philip A. Ianna, *Astrology: True or False?* (Lanham, MD: Prometheus, 1988)。

多数人会声称这描述是关于自己的（这样的实验曾在法国进行过，其中给所有受试者的星座运势都是根据一个臭名昭著的法国凶手的出生数据生成的）。这类结果使我们更加有理由否定占星术。

两位英国社会心理学家马丁·鲍尔（Martin Bauer）和约翰·杜兰特（John Durant）研究了以下问题：哪些人容易相信占星术。不出意外，他们发现怀疑态度与受试者的科学知识水平之间存在明显的统计相关性。一个人的科学知识越多，该人相信占星术的可能性就越小。[①]

综上所述，占星术是一门伪科学，它不仅缺乏实验支持，而且实际上已经被大量实验决定性地推翻了。因此，占星术能告诉人们性格和命运这一"科学"理论被证伪了。

案例二：迈尔斯−布里格斯人格类型测验

自远古时代以来，我们人类就需要通过将彼此分门别类来简化和规划我们的生活。当我们相信能够将其他人明确清晰地归为某类别时，我们的控制感就会大大增强。也许感到自己确切地了解对方的为人可以使我们平静下来，并减轻我们的焦虑。几千年来，占星术对这项活动颇有助益。

在19世纪，人们试图用新方法满足这种心理需求。种族生物学和颅相学流行起来。今天，我们知道这些观念不仅是伪科学的、毫无根据的，而且在道德上是有害的。尽管如此，给他人分类的心理需求并未消失。

在瑞典和其他国家／地区，当今流行的性格测验之一是迈尔斯−布里格斯人格类型测验（Myers-Briggs Type Indicator，MBTI）。在公司中，MBTI常用于给团队成员做心理画像，目的是促进团队合作。这项测验是于1940年代由两位业余心理学家伊莎贝尔·布里格斯·迈尔斯

---

① 参见*Culture and Cosmos: A Journal of the History of Astrology and Cultural Astronomy*，
https://www.cultureandcosmos.org。

（Isabel Briggs Myers）和凯瑟琳·库克·布里格斯（Katharine Cook Briggs）在美国设计的，他们受到瑞士心理学家卡尔·古斯塔夫·荣格（Carl Gustav Jung）的理论的启发。根据MBTI的说法，有16种不同的人格类型（比占星术多4种，后者有12种，每种星座1种）。

MBTI包括4个尺度或维度，每个维度包含2极，如下所示：

外向（E）— 内向（I）

感觉（S）— 直觉（N）

思维（T）— 情感（F）

判断（J）— 感知（P）

这意味着当今地球上每种类型的人口大约有4.5亿（假设16种类型是平均分配的）。

如果每个维度各取1极，那么就会产生16种（=2×2×2×2）不同的人格类型（见图8-1）。

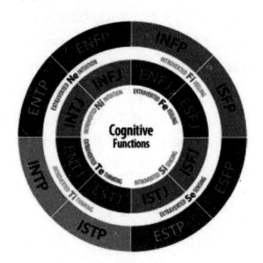

图8-1

受荣格启发的MBTI的基本思想包括行为特征的对立类型，例如"现实的／想象的""理性的／感性的"和"思维的／情感的"。这种对立虽然听起来很吸引人，但并不是真正的对立。例如，好的科研人员既要有想象力，又要脚踏实地。尽管现代心理学研究早就拒斥了荣格的理论，但这似乎对MBTI的商业成功毫无影响。

但是，即使这些理论大部分只是新纪元的蠢话，MBTI是不是也揭示了关于人格的一些事实呢？

鉴于MBTI是世界上使用极其广泛的性格测验之一，独立研究人员已对其进行了彻底的研究。结果表明，该测验缺乏可靠性，结果不可重复。证明这一点的最简单方法就是在不同的情况下对同一个人进行相同的测验，两次测验之间有足够长的时间间隔，当然事先不会告知受试者实验目的。即使两次测验之间的时间间隔只有五周，第二轮测验中仍有多达一半的受试者测出与第一轮测验不同的性格类型。然而，测验背后的理论本应是，人格特质乃是天生的，一生不会改变。[①]

MBTI也缺乏有效性。测验的拥护者声称，在某些职业中，例如教师，特定的人格类型经常出现。但是，广泛的研究表明，MBTI的人格类型在教学行业中的分布与随机分布没有显著差异。[②]

总而言之，MBTI与占星术属于同一类伪科学。然而，瑞典的公司和世界各地的其他公司心甘情愿地向MBTI顾问支付巨额报酬。

可以想象，这一测验有点像安慰剂，从某种意义上说，让团队成员按照MBTI分类可能会使他们感到自己受到关注，这可能会使他们更加谨慎地交往。那样就好了！但是说实话，我建议改用占星术。它不仅有同样的效果（也就是说，除了安慰剂效应之外，根本没用），而且便宜得多。[③]

---

① 参见David J. Pittenger，"Measuring the MBTI . . . and Coming up Short," accessed July 29, 2021, https://jobtalk.indiana.edu/Articles/develop/mbti.pdf。
② 参见Lennart Sjöberg，"En kritisk diskussion av Myers-Briggs testet" [A critical discussion of the Myers-Briggs test]," DocPlayer, accessed August 16, 2021, https://docplayer.se/13823035-En-kritisk-diskussion-av-myers-briggs-testet.html。
③ 作为我对此主题研究的一部分，我让MBTI顾问测验了我的性格。在讨论这一测验的过程中，她发现我很怀疑，她试图反驳我，说我只是有怀疑型人格。她似乎根本没想到我的怀疑源于这样一个事实，即有些事情值得怀疑。

共时性

在新纪元运动圈中，一个经常出现的概念是共时性（synchronicity，来自希腊语前缀syn-，意思是"共同"，和chronos，意思是"时间"，因此该词在希腊语中的本质意义是"同时性"）。通常，对一个对新纪元运动的其他思想不怎么感兴趣的人来说，这个概念看起来也有些意思。

什么是共时性呢？其基本思想是，两个紧密相关的事件恰好在同一时间或几乎同时发生，而它们之间没有任何明确或可理解的因果关系。例如，有一天，我决定去探望一位小学同学，结果那天晚些时候她碰巧上了公交车，坐在我旁边。现在一方面我想："多么美好的一次机缘巧合！"但是另一方面我却想："这不可能！这不可能只是随机的！此中有深意！"这就是共时性的含义。

就像MBTI一样，该理论也可以追溯到卡尔·古斯塔夫·荣格，并且已被热切地用到某些"生活辅导"和各种自助课程中。但是，共时性的概念基于对概率的误解。让我们举一个简单的例子：假设在我想到亲爱的朋友的那一刻，她打电话给我。多么惊人！共时性！但显然，关键问题是："当她不给我打电话时，我想起她多少次？"在她给我打电话的无数次场合中，某次我正好想起她，并不令人惊讶。

我在公交车上遇到老同学的情况也一样。这似乎不太可能，但问题是，那天还有多少其他罕见的巧合可以发生，但并没有真的发生？从这种角度来看，在公交车上相遇并不是一件了不起的事情。事实上，不太可能发生的事件几乎随时随地都在发生，而我们甚至没有留意其中的绝大多数（而且我们也不该留意）。例如，我们得知最近的中奖彩票组合是7、2、5、21、13、25、37，然后惊叹，哦，多么不可思议！从某种意义上说，这是对的，因为这个特定组合会赢是极不可能的，但是任何组合赢大奖都同样是极不可能的。事实是，在巨额博彩中会发生极不可能的事，而且一定会发生。在这种情况下，极不可能的事情不仅是可能的，甚至是不可避免的！

我们可以做一个思想实验，以解释为什么共时性的想法是不合理的。让我们将"极不可能发生的事件"定义为发生的可能性是一百万分之一。也就是说，它的概率是1／1000000，或者说是0.0001%。当然，我们都同意，概率如此小的事件是非常不可能发生的。在我们的思想实验中，我们还假设大脑每秒可以记录1个意识片段。也就是说，大脑每个月记录大约200万个独立的片段（除掉我们睡觉的时间）。因此，即使没有共时性，一个"极不可能发生的事件"应该每月大约发生2次。

那么，为什么共时性如此有吸引力，如此容易欺骗人呢？也许是因为它过度强调我们的自我。你似乎对宇宙本身很重要，"这不可能是随机的，宇宙一定是有意想让我现在拥有这种经验。宇宙的巨大魔力已经暗中密谋，这一切只为我而已！"由此可见，新纪元文化是自恋的，其对共时性的信念特别明显地揭示了这一点。

案例：HUG和BUG

让我们来看看所谓共时性的典型案例。一个朋友向我倾诉，她感到奇怪，因为她常常看到车牌中依次出现"HUG"（拥抱）三个字母的汽车。她太常看到这种车牌，以至于她确信这绝非偶然。在成千上万的三个字母的可能组合中，为什么"HUG"会经常出现？她说，其中必有深义，某些神秘的原因解释了为什么"HUG"如影随形。这是爱情的秘密讯息吗？毕竟，爱与拥抱紧密相连。

好吧，这里混杂了许多认知错误。首先，考虑一下我的朋友每天看到但没有留意的那些车牌。当然，它们中的大多数根本没有进入她的视野或脑海，还有一些会被看到并立即被遗忘——左耳进，右耳出。问题是，如果你对车牌上的"HUG"入迷，那么你肯定会注意到视野中所有的"HUG"。这是人类感官的本质造成的（如果你选择买红色汽车，因为你觉得红色汽车很少见，那么买车后你会注意到的第一件事就是，突然之间，似乎人人都有红色汽车。真烦人）。我们倾向于忽视不感兴趣的事物。因此，我天真的"HUG"迷朋友不会注意到"BUG"车牌、"HAG"车牌、"HUB"车牌和"HWG"车牌从眼前驶过。

"HUG"在当前上路的车牌中是否出现频率过高纯粹是个事实问题，不难求证，只需要与相关官方政府机构联系就可以。当然，可能出于不明原因，这三个字母的组合确实比其他组合更常出现在车牌上。但如果是这样的话，那么所有"HUG"的出现都会有一个平凡、无聊且完全合乎逻辑的原因，而这正是共时性信徒最不想听到的！这样的人会更愿意相信宇宙（或某种宇宙力量、命运之神、因果报应或佛法之类的东西）希望他们碰到概率极低的"HUG"车牌。但是，如果"HUG"真的比其他三个字母的组合更频繁出现，则这就不能证明共时性，而仅仅表明制造和分配车牌的政府机构随意行事。

宇宙"希望"通过安排事物给小小的我送一封情书，于是当我四处徘徊时，就会遇到神秘的频繁出现的"HUG"汽车。持有这种观念，说得温和一点，是极度的以自我为中心的表现。如果宇宙真的打算送信给我，它肯定有更容易的方式，没必要大费周章，适时在我眼前变出一些带着特定牌照的四轮交通工具。宇宙为什么不能给我的手机发个短信呢？当然，这看上去就不那么神秘和"宇宙"了，但效率会大大提高。

我们每个人都应该在概率判断的微妙挑战面前谦虚谨慎，避免从事物的组合中寻找不存在的、看似神秘的关联，尤其是当对这种关联的信念会使我们觉得自己是宇宙的中心和目的之时。

新纪元的偏见

现在，在许多人对待生活和工作的态度中，轮回、前世疗法、水晶疗法、占星术和许多其他属于"新灵性"的概念已成常规，而非例外。那些敢于宣称自己的世界观不包括超自然现象、超自然生物和神秘主义的人被自认为立场更加开放、包容、谦逊的人打上"无聊""狭隘"和"浅薄"的标签。很可惜，后者才无知又充满偏见。

在前面的章节中，我们已经触及了一些偏见，但在接下来的几页中，我将明确展示一些特定的偏见，并说明如何克服这些偏见。对非信徒的一种偏见可以表达如下：

你只相信科学可以解释的事物。你的教条主义否认任何科学无法解释的现象。你僵化封闭的头脑根本容不下未知或尚待解释的事物。

一种反驳如下：科学不需要能够解释为什么一种论断是正确的。科学要求的仅仅是该论断的证据，也就是说，相信它的理由。显然，一个论断与自然法则或标准观点越相悖，需要的支持证据就必须越强，因为标准的科学信念已经具备大量的证据支持。

假设我在杂志上看到一则广告，宣传一种治疗打鼾的全新天然疗法。我应该相信吗？就其本身而言，这个理念并不违背我所知的任何自然法则或我之前的任何经验。所以也许我应该相信！另一方面，不幸的是，我知道有许多公司想用完全没有根据但吸引眼球的方法快速赚钱。

这样的例子屡见不鲜。因此，如果我仅凭杂志的说法就相信这种疗法，那就太天真了。但是，要相信其可能为真需要什么条件呢？

理想的情况是，由一个公正且值得信赖的团队进行一项简单试验，例如给一组严重打鼾者服用天然药物，给另一组打鼾者服用糖丸，而不告诉任何一组他们吃的是什么。如果第一组受试者真的停止打鼾了，而第二组继续打鼾，那么至少有一些合乎逻辑的理由让我可以设想天然药物或许真的有效。

简而言之，要我相信打鼾疗法有效，我不必知道它为什么有效；我只需要证据。但是，一旦知道它确实有作用，科学的下一个任务就是设法找出它起作用的原因。

下面是对理性之人的另一种典型的新纪元偏见，我们需要知道如何驳斥它：

你是狭隘和有局限的。和我们不一样，你用推理把所有事物排除。你冷酷、思想封闭、过度分析。你几乎没有感情，而且完全不相信自己的直觉。

当然，理智和冷酷、思想狭隘、无情之间没有任何联系。实际上，那些基于足够理由才相信的人更不容易被肤浅的欺诈和骗局蒙蔽。这是一种比仅依靠直觉更安全的生活方式。

重要的是，要注意区分可信的和希望为真的。以读心术为例，尽管有时我希望它是真实的，但我不相信。如果我被说服，确信某些人可以读懂别人的想法，我会觉得很棒、很奇妙、令人着迷和激动（尽管当然也很令人担忧）。但是希望它可能成真，并不等于我相信它。仅仅因为希望某事为真就相信它是理智上的不诚实。如果遵循这条路，那么人们完全可以相信任何事情。

你似乎认为一个人做决定只能凭借理性。你不了解人们实际上完全受情感支配。如果你认为人们仅通过理性的过程来做出决定和形成意见，你就是在自欺欺人。

当然，人做决定并非仅通过推理。许多精心设计的心理实验表明，情感对决策的驱动程度要比大多数人以为的大得多。情感和欲望在所有人类决策中都起着不可估量的作用。但是在纯粹的情感和纯粹的智力之间找到平衡至关重要。正是因为我们深受情感的支配，我们才需要培养理性能力，促进其系统地发展。

凭借理性的思维和密集的培训，医生相信某种疗法可以治愈患者。但是除了这种理性认知之外，医生也愿意看到患者通过治疗康复，并希望这种情况发生。确实，许多人选择成为医生的核心动机不仅在于他们对理性的追求，还在于他们帮助和救济患者的强烈愿望。

通过理性思考，政客可以看到某种行动有助于实现更大范围的社会平等。但是，仅这一事实不足以使政客决定采取这一行动；他还需要对平等的强烈愿望。没有情感和欲望，就不会有决策，也不会有行动。人对复杂的政治问题做出反应的最佳方法是将情感和理性相结合——心与脑的明智配合。毕竟，正如布莱瑟·帕斯卡（Blaise Pascal）[1]诗意地宣称的那样："心有理性所不解的理由。"但是如果情感完全支配理性，那么决策就会出问题。

当然，有些决定应该完全凭感觉，而不是逻辑。例如，一个人肯定会基于纯粹的情感因素来决定在客厅里放哪幅画，或者听哪种音乐。人生伴侣的选择也主要是一种情感上的选择，尽管理性可能在这个决定中起一定作用（伴侣的选择在世界上的许多地方并非完全自主，一些外部压力，例如父母的意愿，可能会控制个人的决定）。

另一方面，在许多类型的决策中，绝对不应放任情感。这最明显适用于涉及他人命运的决策。社会将如何看待这样一名医生，其治疗方案仅凭一时兴起而非全面的专业培训和多年的经验？或想象一下，关于同性恋权利的法律百分之百是由立法者的感受决定的。

你总是相信自己最清楚！但是，没有人能比其他人更有理由相信自己的信念。

这是一种普遍看法，但完全错误。一个人有可能比其他人更有理由相信自己的信念。好的理由与公开的事实有关。如果你的观点符合你所能获得的信息，而我的观点只是从天而降的，那你的观点比我的观点更有依

---

[1]　布莱瑟·帕斯卡（1623—1662），法国数学家、物理学家、哲学家、散文家。著有《思想录》。——编者注

据。声称水晶疗法或无效的人并不比那些声称有效的人更教条主义。尽管前者的立场更有根据，因此也更合理，但这种观点却似乎不被许多人认可。

你的怀疑态度实际上出于对未知事物的恐惧，你害怕失去立足点并坠入深渊。

这不是真的。世界观基于事实判断的人是思想开放、充满好奇心的。好奇心、求知以及科学探索实际上是理性的启明星。新发现不断改变着我们对宇宙的了解。但是，那些不经思考就陷入任何古老信仰的人，最有可能害怕对自己的观点负责。

新纪元运动滥用了某些概念，因为它们具有积极的含义。例如，新纪元信徒经常自豪地说"我是求索者"。然而，这暗示我们这些非新纪元人士就不够开明、好奇、深刻或有灵性。相反，我们是肤浅、狭隘的人，对周围的世界不感兴趣；我们这些人也许追求过一阵真理，但是却放弃了。然而，事实往往恰恰相反。也许我们非新纪元人士应该说："我们喜欢学习新事物，很高兴与专长于不同领域的人交流。我们相信应该总是对关于任何主题的任何观点进行实证，这是正面、健康的。我们好奇并且渴望获得新知识。这使得我们成为求索者！"

我们不是新纪元的信徒，而是不懈追求事实、知识、见地、理解和经验的人。我们力求不被蒙蔽和欺骗。我们不在教条或非理性的信仰中寻求庇护。我们不会在不可能存在答案的地方寻求答案。

那些拥护新纪元文化的人乐于将自己视为深刻的，而将我们视为肤浅的。但是，凭什么由新纪元文化来定义什么是深刻、什么是肤浅呢？许多新纪元人士扭曲了"求索"这个词的意思；他们所探求的不是关于实在的真相。他们所追求的是一种让人安心的信仰，而不是与世界的真实存在相符的信念。

插曲：
神秘的香格里拉

地球上最美丽的土地在哪儿？

香格里拉（Shangri-La）是英国作家詹姆斯·希尔顿（James Hilton）在1933年的小说《迷失的地平线》（*Lost Horizon*）中编造的幻想天堂。它被描述为位于中国西藏喜马拉雅山某处的深谷中。香格里拉的神话已被纳入大众文化，变成了对一片美丽的、天堂般的土地的向往，在那里人们不会衰老，与自然和魔法永远和谐地生活在一起。西藏本身经常被描绘成真正的香格里拉，那里的传统可以追溯到几千年前，充满了古老的智慧和魔力。

1999年夏天，我在西藏旷野的帐篷里住了1个月。我去西藏是为了将几台计算机捐赠给青藏高原的一所乡村学校。时不我待，我渴望亲眼看到这个神话笼罩的土地。

西藏是我一生中去过的最美丽、最奇特的地方。日光、山脉、广袤的空间、动植物以及西藏的寺院给我带来了绝妙的体验，它远超寻常。这让人很容易理解为什么在西方世界，西藏会被赋予浪漫的形象。

在旅途中，我有时会遇到其他外国人，他们来到西藏是为了实现自我、发展自己的灵性。其中让我记忆深刻的是一位年长的女士。她想为我的相机中的旧电池充电，因为在我们扎营的青藏高原地区（当地海拔约17000英尺①）没有电。这位女士深信自己拥有魔力，而且，由于我们在西藏，魔力应比平时更强大。

---

① 英尺，英制中的长度单位。1英尺约为0.3米。——编者注

她坐在一个壮观的山间湖泊旁，将我的电池握在手中，以便用精神能量充满它。但是由于某种原因，我的相机接收不到她的精神能量。尽管她尝试给电池充电，但相机仍然无法工作，但幸运的是，我对风景、光线的记忆在今天仍然和那天一样强烈，尽管我没有在照片中捕捉到它们。

西藏拥有无与伦比的自然之美，但就人类的生活条件而言，事情远没有那么美好。西藏是一个贫穷的地区。

噶举派是藏传佛教重要的宗派之一。每位新的活佛都被认为是前任的转世。行程开始的前几周，我与一些朋友共进午餐，进行了以下对话。

"当你见到那个转世的神、那个圣人时，你一定得向他请教关于灵性、神秘的探索和内在旅程的深层问题！"

我不能不以严厉的口吻作答："不，我不打算问关于自我实现和内在旅程的肤浅、自恋的问题。不过，我肯定会问他一些棘手的问题。"

西方的新纪元运动圈里存在令人震惊的浪漫主义，尤其是当它涉及一个偏远的、不发达的地区的时候。

时至今日，我仍保留着对西藏的记忆，那是一段最罕见的自然体验，但绝非神秘。

Part II

第二部分

新启蒙之路

第九章
当宗教离经叛道：
狂热主义、极端主义和基督教式的塔利班主义

你们不要想我来是叫地上太平：

我来并不是叫地上太平，乃是叫地上动刀兵。

因为我来是叫人与父亲生疏，

女儿与母亲生疏，

媳妇与婆婆生疏。

人的仇敌就是自己家里的人。

《马太福音》10：34—36（《英王钦定版圣经》）

在本书的前半部分，我尝试描述了清晰思考所需的基本要求。我的观点是，清晰的思考需要人类理解实在的本质、真理的本质以及信念意味着什么。我们还需要了解科学的运行模式：科学程序和方法。我已经指出了在很多情况下大脑是容易幻想、不太可靠的，并且我主张将自己的信念建立在以自然为基础的实在之上，德性并非来自天界，而是来源于自身。

然而，许多人，甚至许多非宗教人士，都坚信宗教与道德必定相互依

存。事实并非如此。宗教和道德可以彼此独立存在。直截了当地说，好人可以是信徒，也可以是非信徒；坏人同样可以是信徒，也可以是非信徒。或者，反过来说，虔诚的人可以是道德的或不道德的；无神论者同样可以是道德的或不道德的。认识到这些简单的事实是铺平通往新启蒙的道路的一个关键性先决条件。

在规划未来的道路之前，我们需要了解一下当今世界上最极端的宗教信仰。一旦我们敢于直面问题，我们就会意识到我们对新的启蒙运动的需求到底有多么迫切。

上帝恨女人吗？

即使在今天，宗教也经常被视为所有"道德原则"的源头，但在世界各地，不少原则都在贬低人类的尊严。

以宗教名义压迫女性是我们这个时代对人权的最普遍的侵犯。然而，对此事实持默认态度之普遍与它的存在之广泛成正比。这确实是一种不可理解的情况：毕竟，婴儿都会抗议压迫。我们许多人仍然记得20世纪的南非种族隔离制度，许多国家抗议南非对黑人的压迫，压迫的依据是以肤色区分人。那么，今天我们怎么可能以宗教的名义接受类似的种族隔离，即基于性别的种族隔离和性压迫，它们在某些方面甚至比南非的种族隔离还要严厉？

大多数宗教的核心都有一个创世的故事，其中将女性描述为比男性低等。由此得出结论，男性和女性应该被区分开，应该以不同的方式被对待，并且一定要有利于男性。于是，男性得到了宗教的全部支持，从而有"权利"来控制社会及其法律，这意味着女性的利益通常排在第二位。

这当然给女性带来了沉重的打击。我们每天都能看到各种宗教教条如何以多种方式践踏和压制女性权利，这些权利本来对人类和公民来说是不言自明的。在世界上的许多地方，女性根本没有权利。歧视女性的典型例子有堕胎非法、强迫婚姻合法化、宽恕强奸和性侵，以及严格限制女性的行动自由。此外，女性还被认为意志力比男性低，她们在法律上对自己的身体、生活、教育、经济、伴侣以及子女的控制力更弱。

反对堕胎

这类情况的一个很好的例子是人们对堕胎的态度。在世界上的许多地方，堕胎权闻所未闻或受到极大限制。

这种通过法律进行的堕胎控制导致了可怕的悲剧。2006年，天主教国家尼加拉瓜通过了一项法律，该法律完全禁止堕胎。于是，尼加拉瓜今天与智利和萨尔瓦多在堕胎法的严格程度方面并列世界第一。实施堕胎的医生将被判入狱，这不仅意味着妇女不被允许堕胎，而且意味着她们不敢为怀孕中的并发症寻求医疗帮助。在这些国家，妇女害怕被指控为试图让自己流产，因为这同样会受到法律的惩罚。

在萨尔瓦多，一名妇女在怀孕期间患有危及生命的并发症，她被判犯了企图堕胎的罪，并因这种罪行被判入狱30年。[1]

性别隔离

2008年在耶路撒冷，一名年轻女子被几名极端正统的犹太年轻男子殴打。他们闯入她的公寓，要求她立即搬走，并声称看到她和一个未婚男人在一起。他们让她闭上眼睛，并告诉她如果睁开眼睛，他们会刺伤她，并用催泪瓦斯使她变瞎。然后他们强迫她说出那个男人的名字。闯入她公寓

---

[1] Center for Reproductive Rights, "Center Appeals to Inter-American Commission on Human Rights for Release of Unjustly Imprisoned Salvadoran Women," August 8, 2020, https://reproductiverights.org/center-appeals-to-inter-american-commission-on-human-rights-for-release-of-unjustly-imprisoned-salvadoran-women/.

的人是极端正统派的"道德警察"。①

在耶路撒冷的某些极端正统教区，女性必须坐在公共汽车的后部，与男性完全分开，还被告诫她们不能与男性在同一条街上行走。②

作家杰基·雅库博夫斯基（Jackie Jakubowski）记录了极端正统的拉比③在以色列上升的影响力，他写道：

> 正统派的拉比已成为以色列自己的教皇，他认为自己对犹太教有独断地位，并声称有权影响国内政治（妇女地位和公民权利）和外交政策（定居、占领、和平谈判）。他们的想法基于某些极端正统的拉比的信条，完全属于另一个时代。④

简而言之，每当宗教加强了对周遭的影响，女性总会成为最大的受害者。

伊斯兰教法和开罗宣言

粗略地翻译一下，"伊斯兰教法"（Sharia laws）意为"神圣法则"，它由《古兰经》和先知穆罕默德的逊奈（sunna，惯例）组成，逊奈出现在圣训——描述穆罕默德的生平和生活方式的文本中。《古兰经》和逊奈包含伊斯兰教的戒律，既有概论，也有细节。《古兰经》被认为是安拉的话语，由穆罕默德传达。圣训作为《古兰经》的补充，对《古兰经》做了

---

① Ophelia Benson and Jeremy Stangroom, *Does God Hate Women*? (New York: Continuum, 2009).

② WNN Editors Team, "Ultra-Orthodox Jewish Women Continue Protests against Segregation in Jerusalem," *Women News Network*, https://womennewsnetwork. net/2012/01/06/jewish-women-jerusalem-segregation.

③ 拉比，希伯来文原意为"教师"，犹太教中负责执行教规、律法并主持宗教仪式的人。——编者注

④ *Sans Magazine* 4（2012）.

阐明、解释，给其宏观构想添加了更多细节。

伊斯兰教法学被称为斐格海（fiqh），主要由两套被称为乌苏尔（usul）的原理发展而来，本来是用于解决社会纠纷的。[1]

对伊斯兰教法的解释有很多不同的流派，解释之间也有很大差异。

阿拉伯语"逊奈"指的是根据穆罕默德一生中的言行和认可的东西而形成的传统。伊斯兰教法可分为三大类：

1.尔巴代特（Ibadat）：崇拜活动的规范。

2.穆阿迈拉德（Muamlat）：民事法律义务。

3.乌古巴特（Uqubat）：刑罚。

伊斯兰教法在不同的伊斯兰国家有不同程度的适用。例如，在沙特阿拉伯，伊斯兰教法是一套最基本的法律，而伊朗的刑法和家庭法有很大一部分是以伊斯兰教法为基础的；在埃及，伊斯兰教法只是被视为实际立法的灵感来源。

在某些伊斯兰国家，伊斯兰教法主要适用于家庭法，而在其他国家，如伊朗，则适用于犯罪和量刑。尽管对伊斯兰教法的解释大相径庭，但在当今整个伊斯兰世界，伊斯兰教法还是一种强大的规范力量。

如今，伊斯兰世界的知识分子一直在争论如何解释和运用伊斯兰教法。一些人声称，伊斯兰教法只在其制定的时代有效，今天应该对其进行调整，以适应现代社会对人权的理解。另一些人则认为，这些法律是"神赐予的"，因此是永恒的，不能也不应该在现代背景下被重新解释。

在伊斯兰教法中，争论最多的是那些涉及鞭打、残害和石刑等惩罚的法律。欧洲关于这一主题的主要辩论者之一是牛津大学伊斯兰教教授塔里克·拉马丹（Tariq Ramadan），他的研究领域是伊斯兰教及其在现代的解释。2005年，他敦促伊斯兰世界暂停所有此类惩罚，直到穆斯林学者就

---

[1] Farooq Hassan, "The Sources of Islamic Law," *Proceedings of the ASIL Annual Meeting* 76 (1982).

如何在现代背景下解释伊斯兰教法达成一致。

根据伊斯兰教法的保守解释，伊斯兰社会的法律不容置疑——它们是不可侵犯的。根据这些解释，任何犯有亵渎罪或生活不义的人都会受到惩罚，这可能意味着丧失其社会地位或留下身体残疾，甚至危及生命。因此，对伊斯兰教及其群体的尊重比对个人的尊重更为重要。

1990年在开罗举行的伊斯兰合作组织（OIC）[①]外长会议上，约57个伊斯兰合作组织成员国批准了《开罗伊斯兰人权宣言》。[②]该宣言在某种程度上是以联合国的《世界人权宣言》为蓝本的，这两份文件有很长的篇幅非常相似，但在某些关键部分，《开罗伊斯兰人权宣言》与联合国的《世界人权宣言》有根本性出入。《开罗伊斯兰人权宣言》指出，伊斯兰教法是"唯一的参考来源"。

虽然伊斯兰教法的哈乃斐学派（逊尼派四大教法学派之一）明确禁止因亵渎罪对非穆斯林判处死刑，但该学派规定：任何被判犯有亵渎罪的穆斯林都应被处决。[③]

特别是，人权基本上从属于伊斯兰教法。例如，在《开罗伊斯兰人权宣言》第22条中，我们看到以下内容：

（a）所有人都有权自由表达自己的意见，只要这些意见不反对伊斯兰教法的原则。

（b）根据伊斯兰教法的原则，所有人都有权陈述他们认为正确的东西，并宣传属于善的事物，同时告诫人们什么是错误和有害的。

（c）信息是社会的重要必需品。不得利用或滥用它使先知的圣洁和尊

---

① 伊斯兰合作组织官网见https://www.oic-oci.org。

② "Cairo Declaration on Human Rights in Islam," Organization of the Islamic Conference, August 5, 1990, https://www.refworld.org/docid/3ae6b3822c.html.

③ "Islamic Law, the Nation State, and the Case of Pakistan," Wilson Center, October 26, 2018, https://www.wilsoncenter.org/event/islamic-law-the-nation-state-and-the-case -pakistan.

严受到侵犯；不得使道德和伦理价值受到损害；不得使社会分裂、腐败或受到伤害；不得使人们的信仰受到削弱。①

《开罗伊斯兰人权宣言》第2条（a）和（d）款规定：

（a）生命是真主的恩赐，每个人的生命权都得到保障。个人、社会和国家有义务保护这一权利不受任何形式的侵犯，只要不是伊斯兰教法的要求，就禁止剥夺人的生命。

（d）身体不受伤害是一项受保护的权利。国家有义务保护每一个人的身体，除非基于伊斯兰教法规定的理由，否则不可违反本法。②

塞内加尔的穆斯林法学家、联合国人权理事会前秘书长阿达马·迪昂（Adama Dieng）1992年宣布，《开罗伊斯兰人权宣言》以捍卫人权为名，对非穆斯林和女性实行了不可容忍的歧视，同时故意对某些基本权利和自由采取限制性做法。他还认为，《开罗伊斯兰人权宣言》以伊斯兰教法为幌子，使体罚等做法合法化，同时损害了人类的完整性和尊严。③

《开罗伊斯兰人权宣言》严重限制了自由表达的权利。一个人一旦违反伊斯兰教法就会失去所有权利，因此宣言对个人的保护具有很大的迷惑性。此外，宣言还敦促所有个人宣传伊斯兰教法，并对任何被认为是不正确的行为提出警告，这就使每个人都变成了道德的守护者或道德警察的成员。

① "Cairo Declaration on Human Rights in Islam," Organization of the Islamic Conference.
② 同上。
③ "Summary Record of the 20th Meeting, Held at the Palais des Nations, Geneva, on Monday, 10 February 1992: Commission on Human Rights, 48th Session," E/CN.4/1992/SR.20, paragraphs 17 - 20, United Nations Digital Library, https://digitallibrary.un.org/record/141520.

　　伊斯兰教法区别对待男女。在对伊斯兰教法的某些解释中，女性无权自己做出决定。她必须依靠男性"监护人"或"保护人"，即她的父亲、丈夫、兄弟或其他最亲近的男性亲属。

　　一些观察家不厌其烦地指出，伊斯兰教法也包含了有利于女性的法律，例如丈夫必须供养妻子，并支付妻子的生活费。但这几乎无关紧要，无论谁在哪些方面"受益"，这个制度都在维护性别隔离。实际上，这意味着一个被丈夫和其他亲属拒绝的女性就完全没有了依靠。

　　一个已婚女性必须顺从丈夫的性欲。长期以来的传统规定，如果妻子拒绝满足丈夫，丈夫应采取一系列措施。首先，他应该试着和她讲道理；如果这不能改变她的想法，那么他和她就应该开始分房睡；最后，如果问题依然存在，那么他有权殴打她。顺带提一句，在伊斯兰教法中，婚内强奸不被视为犯罪。

　　根据对伊斯兰教法的标准解释，及四个基本教法学派的观点，穆斯林女性不得与非穆斯林男性结婚（在这种情况下婚姻无效，除非他改信伊斯兰教），而穆斯林男性可以与任何女性结婚，只要她信仰三大亚伯拉罕宗教之一。在某些伊斯兰国家，男性比女性有更大的机会起诉离婚。只有当丈夫不支付妻子的生活费、患有精神病、依赖药物或阳痿时，妻子才能与丈夫离婚。[①]但是，丈夫可以在妻子不在的情况下与她离婚，这就意味着女性会在没有任何预兆的情况下发现自己与丈夫离婚了——突然间就被冷落了，而且没有任何形式的供养系统。

　　根据哈乃斐学派对伊斯兰教法的某些解释，女性的价值被认为是男性的一半。由于兄弟被认为是家庭的供养者，他们继承的财产是其姐妹的两倍。同样的偏见在某些法律情况下也会出现，比如为犯罪作证。例如，在伊朗，任何男性都被认为是可靠的证人，但两名女性才能算作一名可靠的

---

① Lucy Carroll, "A Note on the Muslim Wife's Right to Divorce in Pakistan and Bangladesh," *New Community* 13, no. 1 (1986): 94 - 98.

证人。[1]

这种对女性的态度可能导致荒谬的后果。例如，在审判谋杀案时，一个男性如果谋杀了另一个男性，将被判处死刑。但是，如果一个男性谋杀了一个女性并被判处死刑，那么在司法系统执行死刑之前，女方家庭首先要向杀人者的家庭支付该男性经济价值的一半。因为该男性只是杀了"半个人"，所以女方家庭要弥补凶手家庭即将遭受的经济损失。[2]

在伊朗，被判处石刑的男性和女性将受到不同的惩罚。男性腰部以下被埋在地下，手臂可自由活动，而女性将被一直埋到颈部。[3]

某些国家有一个关于如何进行石刑的习俗：石块的大小不能超过投掷者单手所能握住的尺寸。这就保证了受害者不会在被一块石头砸中后就死亡。那么，一个只被埋了一半的男性显然比女性有更大的机会用胳膊保护自己。如果一个被告侥幸在被投掷石块的过程中幸存下来，那么这个人就被认为是无辜的——当然，幸存下来的往往是男性。

对妇女压迫的研究

在20世纪60年代，中东社会比今天更自由。这一事实可以从女性的衣着等方面看出来。在那个年代，女性穿裙子、化妆、上大学。然而今天，满大街都是蒙面的女性。自1979年伊朗伊斯兰革命，以及20世纪80年代类似的伊斯兰教徒夺取政权以来，伊斯兰教法的影响力越来越大。仅仅20

---

[1] "Iran-The Islamic Penal Code of 2013, Books I, Ⅱ And Ⅴ," Equality Now, November 3, 2021, https://www.equalitynow.org/discriminatory_law/iran_the_islamic_penal_code_of_2013_books_i_ii_and_v/#:~:text=In%20order%20to%20prove%20a,two%20women%20shall%20be%20required.

[2] 参见 "Diya (Islam)," *Wikipedia*, last updated February 17, 2021, https://en.wikipedia.org/wiki/Diya_(Islam)。

[3] 参见Elyse Semerdjian, *Off the Straight Path: Illicit Sex, Law, and Community in Ottoman Aleppo* (Syracuse, NY: Syracuse University Press, 2008)。另可见 "Iran: End Executions by Stoning," Amnesty International, January 2008。

年，政治风向就转到强制女性戴面纱，使女性服从于男性。

对女性的宗教压迫就像一条红线，贯穿西方社会的历史。女性被烧死在火刑柱上，被迫保持贞洁，被迫在集会上保持沉默，被剥夺了选举权，并因未婚先育而被推到风口浪尖。但是，西方社会用了几百年的时间来克服这种对女性的看法，旧的传统已渐渐让位于人权，促成更平等的社会的法律也已制定。

仅仅因为男尊女卑的学说可以追溯到遥远的过去，就为反女性的传统和文化辩护是没有道理的。传统悠久并不意味着它就合理。恰恰相反，事实上，面对传统，我们更有理由提出质疑，并进行更严格的审视。

女性在僵化的宗教社会中系统性地受到压迫是当今所有政治话题中讨论极为激烈的话题之一。许多人都在谈论"宗教自由"，但很少有人谈到这可能意味着什么。人们应该认真对待这个问题，并界定宗教自由的界限，否则，我们将最终回到历史上的可耻时期，譬如南非可耻的种族隔离时期。

亵渎、叛教和自由

根据盖洛普民意测验2012年进行的一项调查，世界上大约有13%的人自称无神论者，而23%的人说他们不信教，大约59%的人称自己是宗教徒。[①]

无神论者和非宗教人士的比例似乎随着时间的推移而增加。2005年以来，自称无神论者的人数上升了3个百分点，而宗教人士的比例下降了9个百分点。

尽管存在这些趋势，但今天批评宗教可能是非常危险的。在很多国

---

① "Win-Gallup International Global Index of Religiosity and Atheism—2012," Scribd,https://www.scribd.com/document/136318147/Win-gallup-International-Global-Index-of-Religiosity-and-Atheism-2012.

家，质疑上帝的存在，或者批评各种宗教释义和表述实际上是违法的。近年来，在孟加拉国、埃及、印度尼西亚、伊朗、科威特、巴基斯坦和土耳其（仅举几例）都有人因亵渎罪（侮辱神圣事物）被捕。

然而，某些国家的司法体系中存在亵渎罪还不足以体现出与之相关的广泛风险。亵渎者的危险来源有3种不同类型：（1）国家一级的主体；（2）非国家的主体；（3）整个社会。

2010年，在巴基斯坦，一名基督教妇女阿西亚·比比（Asia Bibi）因侮辱伊斯兰教先知而被判处死刑，这是国家层面处置亵渎行为的一个典型例子。阿西亚·比比在死囚监狱里被关押了8年，但在2018年，她终于被巴基斯坦最高法院释放。这一决定引发了伊斯兰组织的愤怒抗议，它们要求公开处决她。据报道，她目前被关押在巴基斯坦境内一个未公开的安全地点。许多西方国家已经表示能够提供庇护。

但是，此案还有其他非常危险的方面，特别是来自非国家的主体和个人的，在某些情况下，这些危险甚至超过国家法律制度所施加的刑罚。

2011年1月4日，时任旁遮普省省长、巴基斯坦极具影响力的政治家之一（他曾是巴基斯坦人民党领袖）的萨勒曼·塔西尔（Salman Taseer）在一个公开市场被自己的保镖蒙塔兹·卡德里（Mumtaz Qadri）用AK-47步枪射杀，后者连开了27枪。《卫报》称这起杀人事件是巴基斯坦历史上最惨烈的事件之一。[①]事后，巴基斯坦政府宣布在全国范围内进行为期3天的哀悼。

塔西尔被暗杀的原因是他直言不讳地批评巴基斯坦的亵渎法，特别是批评法院对阿西亚·比比的判决。塔西尔是一名自由派穆斯林，在他死后，有500名伊斯兰教士表示支持对他的血腥谋杀，并敦促公众抵制他的

① Declan Walsh, "A Divided Pakistan Buries Salmaan Taseer and a Liberal Dream," *Guardian*, January 5, 2011, https://www.theguardian.com/world/2011/jan/05/pakistan-salman-taseer-liberal.

葬礼。①这发生在政府哀悼期间。必须强调的是,最大的危险来自非国家主体及社会。

2016年,刺杀塔西尔的蒙塔兹·卡德里被处决时,约有25000人聚集在一起纪念他的死亡。这次集会导致支持杀害塔西尔的宗教党派和团体在全国范围内实施暴力活动,政府不得不调用武装部队驱散抗议者。

另一个值得注意的杀人事件也与阿西亚·比比案有关。巴基斯坦少数民族事务部长、国家内阁成员中唯一的基督教徒沙赫巴兹·巴哈蒂(Shahbaz Bhatti)于2011年3月2日被枪杀,距塔西尔遇刺事件仅2个月。自从对阿西亚·比比案做出裁决以来,巴哈蒂就因对亵渎法的批评而屡屡受到威胁。在他去世之前,他谈到自己由于坚定地支持阿西亚·比比而受到死亡威胁,他知道这些威胁来自塔利班和"基地"组织。

萨勒曼·塔西尔被暗杀7个月后,他的儿子沙赫巴兹·塔西尔(Shabaaz Taseer)被塔利班组织绑架,囚禁5年后才被释放。②

在巴基斯坦和阿富汗这样的国家,对亵渎的指控不仅会给宗教少数群体成员带来可怕的法律后果,错误的指控甚至会对伊斯兰教徒造成严重伤害。穆斯林妇女法尔昆达·马利克扎达(Farkhunda Malikzada,来自阿富汗)和马沙尔汗(Mashal Khan,来自巴基斯坦)的案件就是两个明显的例子。

2015年,马利克扎达被诬陷焚烧了部分《古兰经》。马利克扎达被暴徒用私刑杀害时戴着伊斯兰面纱,她是宗教研究专业的毕业生,在当地一所伊斯兰宗教学校担任教职。她曾与当地清真寺的伊玛目就其他问题发生争吵,因此,她随后被指控焚烧《古兰经》。针对这一指控,马利克扎达

---

① R. Upadhyay, "Barelvis and Deobandhis: 'Birds of the Same Feather,'" *Eurasia Review*, January 28, 2011, https://www.eurasiareview.com/28012011-barelvis-and-deobandhis-%E2%80%9Cbirds-of-the-same-feather%E2%80%9D/.
② "Slain Salman Taseer's Son Kidnapped," *Dawn*, August 26, 2011, https://www.dawn.com/news/654867/slain-salman-taseers-son-kidnapped.

说，她是穆斯林，不烧《古兰经》。然而，对她的指控被传播开来，于是一大群人组织起来对她进行惩罚，她在一条露天的街道上被人用石头砸，并被烧死。凶案发生时，警察在现场。

这起残忍的杀戮事件发生后不久，喀布尔警察局长办公室发言人哈什马特·斯塔内克扎伊（Hashmat Stanekzai）在脸书上写道："这个人和其他几名无信仰者一样，认为这种行动和侮辱会让她获得美国或欧洲公民身份。但在达成目标之前，她就丢了性命。"①

一个类似的例子是马沙尔汗的案件，它说明对亵渎的指控如何对个人造成伤害。2017年4月13日，马沙尔汗在巴基斯坦马尔丹的大学校园里被同学用私刑杀害。死前，他曾批评校方的某些违规行为，随后校方对他和另外2名学生展开调查，指控3人在脸书账户上发布亵渎神明的内容，但一直没有发现任何证据。

马沙尔汗的朋友向警方表示，马沙尔汗是一个忠实的穆斯林。目击者告诉警方，暴徒袭击他不是因为他被指控亵渎神灵，而是因为他被指控利用脸书传播艾哈迈迪耶教派信仰。他被杀时，至少有20名警察在场。②警方随后的调查为马沙尔汗和另外2名被指控的学生洗脱了所有的亵渎罪名。

被指控亵渎的受害者不一定是个人。2012年9月29日，在孟加拉国吉大港的拉穆，整个佛教社区和12座古老的佛教寺庙被烧成灰烬。此前，脸书上的一则谣言被精心策划并广泛传播，大意是某些佛教徒群体侮辱了伊

① Hamid Shalizi and Jessica Donati, "Afghan Cleric and Others Defend Lynching of Woman in Kabul," Reuters, March 20, 2015, https://www. reuters. com/article/id USKBN0MG1Z620150320.

② Hassan Farhan and Ali Akbar, "Mardan University Student Lynched by Mob over Alleged Blasphemy: Police," *Dawn*, April 13, 2017, https://www.dawn.com/ news/1326729/mardan-university-student-lynched-by-mob-over-alleged-blasphemy-police.

斯兰先知。①

在许多国家，叛教（放弃自己的宗教，或改变宗教信仰）被认为是比亵渎更严重的罪行。2018年，有22个国家将叛教定为犯罪。②在其中的12个国家（阿富汗、伊朗、马来西亚、马尔代夫、毛里塔尼亚、尼日利亚、卡塔尔、沙特阿拉伯、索马里、苏丹、阿拉伯联合酋长国和也门），叛教行为会被判处死刑。巴基斯坦对亵渎罪判处死刑，"亵渎"这个词的意思非常模糊，几乎可以指任何东西。简而言之，今天在全球的十多个国家，你说你不相信上帝，就会被依法处以死刑。

2010年，马尔代夫群岛，在一位穆斯林演说家演讲后的问答环节，一位听众说他是"马尔代夫人，但不是穆斯林"。其他听众就攻击了他，警察随后将其带走。后来他被指控犯有叛教罪，并被威胁要判处死刑。根据马尔代夫的法律，叛教必然会被判处死刑，除非被告在有机会的情况下改变主意，重新选择穆斯林信仰。很明显，在这种情况下，撒谎说自己突然改主意了比去见造物主更容易。当仅仅有某种想法就是犯罪的时候，人权就不可能存在。

在一些国家，并不只有宗教才是危险的批评对象。对新纪元迷信或传统迷信的批判性审视也是非常危险的。印度就是一个典型的例子。1989年，纳伦德拉·达布霍尔卡（Narendra Dabholkar）成立了组织"盲目信仰根除委员会"（Maharashtra Andhashraddha Nirmoolan Samiti，MANS），其使命是批判各种迷信。2013年8月20日上午，达布霍尔卡在遛弯时被两名身份不明的男子暗杀，因为他一直在为制定一项禁止在印度销售任何新纪元产品的法律而奔走呼号。

---

① "A Devil's Design: Fanatics Used Fake Facebook Page to Run Rampage in Ramu," *The Daily Star*, October 14, 2012, https://www.thedailystar.net/news-detail-253751.
② "The Freedom of Thought Report 2018: Key Countries Edition," International Humanist and Ethical Union, 2018.

2017年，印度世俗活动家、记者高丽·兰克什在班加罗尔被枪杀。在此之前，几位直言不讳的世俗人文主义者也相继遭到暗杀，包括学者马尔沙帕·卡布吉（Malleshappa Kalburgi）、纳伦德拉·达布霍尔卡和戈文德·潘萨雷（Govind Pansare）。

2018年，印度世俗人文主义者、人权活动家巴布·戈吉尼尼（Babu Gogineni）被海德拉巴的马陶布尔警方以"伤害宗教感情"等罪名逮捕。[①]

ISIS

近年来，某种宗教狂热主义在世界上广泛传播。al-Dawlah al-Islāmīyah fi al-Iraq wa-l-Sham，阿拉伯语简称为"Da'ish"或"Daesh"，英语简称为"ISIS"（"伊拉克和叙利亚伊斯兰国"）或"ISIL"（"伊拉克和黎凡特伊斯兰国"），该组织鼓吹系统性暴力，其程度空前绝后。该组织原是"基地"组织在伊拉克的分支，2006年改名为"伊拉克伊斯兰国"，并在当时开始作为一个独立于"基地"组织的组织开展活动。

到2011年，该组织利用同年开始的叙利亚内战之机将势力范围扩张到了叙利亚。2014年，该组织宣布建立哈里发国[②]。到2015年12月，ISIS在叙利亚和伊拉克占领了一个比许多国家都大的区域。其他国家的逊尼派激进组织，例如尼日利亚的"博科圣地"，开始向这个不断发展的运动宣誓效忠。

---

① Suhas Yellapantula, "FIR Filed against Babu Gogineni for Hurting Religious Sentiments," *The Times of India*, June 27, 2018, https://m.timesofindia.com/city/hyderabad/fir-filed-against-babu-gogineni-for-hurting-religious-sentiments/amp_articleshow/64751449.cms.

② "哈里发国"一词意指先知穆罕默德在公元7世纪创造的疆域，据说那是一个神权统治的完美社会。

2017年7月，该组织失去了对其最大城市——伊拉克摩苏尔的控制。如今，ISIS在很大程度上已经被打回原形，它控制的地盘也不再像巅峰时期那样多。尽管如此，它的意识形态仍然得到广泛支持，世界各地的一些恐怖小组仍然按照ISIS建立新伊斯兰哈里发国的愿景进行活动。

ISIS是"基地"组织的后继者，在其巅峰时期，它的组织化程度比"基地"组织有过之而无不及，而且拥有更多的财力资源。2014年，ISIS的领导人阿布·贝克尔·巴格达迪（Abu Bakr al-Baghdadi）宣布在该运动当时控制的伊拉克和叙利亚地区建立伊斯兰哈里发国。阿布·贝克尔·巴格达迪拥有伊拉克巴格达大学的伊斯兰历史和法律博士学位，这也不难看出，高等教育并不能消除狂热主义。他的座右铭是"我们将为所有对我们犯下的错误复仇"，在网络上发布的许多处决无辜者的视频中，可以看到他的座右铭。

2014—2016年期间，ISIS的迅猛发展让世界震惊。在其鼎盛时期，该组织每天的收入被认为在300万至700万美元之间。石油被非法运往土耳其和伊朗，在那里以正常价格的一半出售给愿意购买的人。由此获得的收入直接给了"伊斯兰国"，这些钱不仅用于购买武器，还用于支持学校和医疗机构的社会行动。这是一个聪明的策略，因为这让ISIS被一些急需帮助的人当作救世主，因而受到热烈欢迎。[①]

得益于对"优兔"（YouTube）和其他社交媒体的巧妙利用，ISIS吸引了数以百万计的观众，并诱使远在欧洲甚至美国的人们加入它。当然，大多数穆斯林不承认ISIS的目标和方法。认为一个人在地球上的殉道行为会在天堂得到奖赏，这种观念在很大程度上促进了招募殉道者的事业。一个众所周知的鲜活例子是，2001年9月11日，一群年轻人劫持满载乘客的客机撞向世界贸易中心和五角大楼，他们心中都怀有在天堂得到奖赏的

[①] 关于ISIS的更深入的讨论，可参见Loretta Napoleoni, *ISIS: The Terror Nation* (New York: Seven Stories Press, 2017)。

憧憬。

美国海军学院历史学教授杰弗里·R.马克里斯（Jeffrey R.Macris）认为，ISIS的思想根源可以追溯到18世纪的穆罕默德·本·阿卜杜·瓦哈卜（Muhammad bin Abdul-Wahhab），他是今天被称为"瓦哈比派运动"的开创者。剑桥大学的历史学家大卫·莫塔德尔（David Motadel）也将ISIS——特别是其极端暴力的风格——与瓦哈比派联系在一起。①

穆罕默德·本·阿卜杜·瓦哈卜的《一神论》（*Kitab At-Tauhid*）②是"伊斯兰国"所奉行和采用的许多暴力思想的起源，其信条与"伊斯兰国"许多成员的信条极为相似，包括指责任何不接受真主的人为叛教者。③

《一神论》是这样一种思想的起源，即要求信徒（属于这一伊斯兰教派的穆斯林）摧毁任何崇拜偶像的地方或物品。叙利亚巴尔米拉古城（世界文化遗产）的雕像被ISIS蓄意破坏，就是一个践行这种可恶思想的例子。④

另一个例子是ISIS在伊拉克摩苏尔肆意破坏先知杰吉斯清真寺，因为该清真寺被认为属于多神教。⑤还有其他数百座教堂和古老的宗教遗址被ISIS摧毁，因为它试图将其极端主义形式的伊斯兰教强加于整个中东地区（然后，是整个世界）。

虽然穆罕默德·本·阿卜杜·瓦哈卜是ISIS许多核心信仰和最暴力的行为的真正来源，但他在今天的ISIS文献中很少被提到，只在ISIS的杂志

---

① David Motadel, "The Ancestors of ISIS," *New York Times*, September 23, 2014, https://www.nytimes.com/2014/09/24/opinion/the-ancestors-of-isis.html.

② Muhammad bin Abdul-Wahhab, *Kitab At-Tauhid: The Book of Monotheism* (English translation) (Riyadh: Darussalam, 2006).

③ Jeffrey R. Macris, "Investigating the Ties between Muhammad bin Abdul-Wahhab, Early Wahhabism, and ISIS," *Journal of the Middle East and Africa* 7, no. 3 (2016): 239-255.

④ "Islamic State Militants 'Destroy Palmyra Statues,'" BBC News, July 2, 2015, https://www.bbc.com/news/world-middle-east-33369701.

⑤ "Islamic State Destroys Ancient Mosul Mosque, the Third in a Week," *Guardian*, July 27, 2014, https://www.theguardian.com/world/2014/jul/28/islamic-state-destroys-ancient-mosul-mosque.

《达比克》（*Dabiq*）中出现过几次。

埃及作家、思想家赛义德·库特布（Sayyid Qutb, 1906—1966）是20世纪伊斯兰世界重要的幕后思想家之一。在20世纪50年代和60年代，库特布是穆斯林兄弟会的主要知识分子之一，也是其宣传负责人。今天，人们对他的印象是，他在发起激进的伊斯兰运动中发挥了关键作用，该运动于20世纪70年代在埃及兴起，发展。在演讲和著作中，库特布提出了许多怪异的观念，如犹太人试图征服世界的阴谋论，以及女性天生智力低下等。瑞典宗教史学家埃利·延德尔（Eli Göndör）写道：

> （库特布）深信，女性由于天性过于敏感，不适合在财务或关键决策等方面承担责任。至于犹太人，根据库特布的说法，他们最近侵入了历史、哲学和社会学等学科，目的是降低世界的道德水准，同时，他们还接管了医学领域以及咖啡的全球销售。①

这显然是极不理性、不正常的观点。然而，赛义德·库特布却受到穆斯林兄弟会、"基地"组织和"伊斯兰国"成员的尊敬。库特布是当代重要的伊斯兰主义思想家之一，他的思想是发动ISIS暴力实践的关键。

如今，ISIS大体变成了由分散在世界各地的独立恐怖小组构成的网络，它已不再对中东各国构成威胁，但其思想仍在激发狂热主义和恐怖袭击。它可能是自纳粹以来最极端、最危险的意识形态运动。

北欧恐怖

2011年7月21日，挪威遭遇了历史上最严重的恐怖袭击。在挪威

---

① "Extrem tolkning av islam bakom IS destruktiva välde," *Dagens Nyheter*, August 27, 2014, https://www.dn.se/debatt/extrem-tolkning-av-islam-bakom-is-destruktiva-valde/.

议会所在的奥斯陆地区，安德斯·贝林·布雷维克（Anders Behring Breivik）引爆了一枚炸弹，造成8人死亡。然后，他在奥斯陆附近的于特岛上有计划地枪杀了69名推崇理想主义、社会自由主义且政治活跃的青少年。布雷维克之所以做出这些行为，是因为他憎恨穆斯林、多元文化社会和世俗启蒙计划。在实施野蛮攻击之前，他在网上发布了一份长达1500页的英文宣言，他称之为《欧洲独立宣言》。他在宣言中阐述了他的意识形态，还描述了世俗人文主义者、马克思主义者和全球资本主义制度之间的"邪恶联盟"，内容如下：

> 文化马克思主义者、冒进人文主义者或资本全球主义者都是多元文化主义者。"多元文化主义者"是对支持多元文化主义的人的分类，欧洲这种充满仇恨的意识形态是为了摧毁我们的欧洲文化、民族凝聚力和基督教世界（换句话说就是西方文明本身）。①

布雷维克认为世俗人文主义既是对基督教的威胁，也是对"民族团结文化"这一概念的威胁。在一定意义上，他是正确的。世俗人文主义追求的是一个非宗教的、世界性的社会，在这个社会里，每个人都受到欢迎，无论他们的背景和信仰如何。当然，在这样的社会中，基督教的影响是非常有限的，布雷维克认为这是一种深刻的威胁。

在他的宣言中，布雷维克进一步写道：

> 在我看来，世俗主义者也不那么热衷于战斗。因为他们不相信有来

---

① "Anders Behring Breivik's Complete Manifesto '2083—A European Declaration of Independence,'" 371, Public Intelligence, July 28, 2011, https://publicintelligence.net/anders-behring-breiviks-complete-manifesto-2083-a-european-declaration-of-independence/.

生，此生是他们唯一的东西。因此，他们宁愿屈服，也不愿战斗。[①]

布雷维克的意识形态是宗教狂热主义和极端民族主义的怪异的大杂烩。他是一个明显的例子，说明了当狂热主义遇上斗志满满的人时会有多么危险。

基督教极端主义

西方媒体对伊斯兰极端主义的报道经常闹得沸沸扬扬，但还有许多其他极端主义分子很少在公共舆论中出现。他们的想法和信仰与最极端的伊斯兰主义者一样疯狂，但他们的方法并不那么残忍——至少现在还没有。

在世界上的高度发达国家中，美国是宗教色彩最浓的，尽管其宪法远比瑞典宪法更世俗。在美国，宗教经常被认为是一种团结美国人民的强大力量（想想效忠誓词被加上"上帝之下"几个字后，艾森豪威尔总统发布的虔诚声明），但当提起基督教以外的信仰体系时，美国人民的宗教容忍度就会迅速下降。皮尤论坛（Pew Forum）在美国所做的一项民意调查清晰地表明了这一点。[②]

该民意调查显示，85%的受访者认为，美国还没有准备好接受一个无神论者当总统。[③]在美国的部分知识界，人们谈论无神论恐惧症，以此表达对无神论者的普遍歧视。在美国，无神论者长期受到歧视，现在也是如此。有7个州——阿肯色州、密西西比州、北卡罗来纳州、南卡罗来纳州、田纳西州和得克萨斯州等——都有禁止无神论者在公共部门工作的法律。

① Public Intelligence, "Anders Behring Breivik's Complete Manifesto," 707.
② "2014 Religious Landscape Study (RLS-II): Topline," Pew Research Center, June 4 - September 30, 2014, https://assets.pewresearch.org/wp-content/uploads/sites/11/2015/11/201.11.03_RLS_II_topline.pdf.
③ Melanie Brewster, *Atheists in America* (New York: Columbia University Press, 2014).

例如，密西西比州宪法（第14条，第265节）宣布："任何否认上帝的人不得在本州任职。"在阿肯色州，无神论者不得作为证人出庭作证。2014年，一个名为"公开世俗联盟"（Openly Secular Coalition）的组织成立，其目的是在全美范围内消除这种过时的法律。[①]

幸运的是，绝大多数美国人主要把基督教看成是一种社会黏合剂，而不是更具深层次意义的东西。但美国的一些基督教教派，其成员在思想上（但幸运的是，不是在行动上）可与伊斯兰激进分子相比。基督教可以是危险的。

约书亚一代

一个9岁的女孩为美国社会被撒旦毒害而惊恐地大叫。当她祈求耶稣拯救她时，眼泪顺着脸颊流下，全身颤抖。这个女孩在美国一个崇拜耶稣的夏令营，即"耶稣营"。她的父母认为，送孩子去"耶稣营"可能才是将美国从目前所处的道德堕落状态中拯救出来的关键。"拯救"孩子是把一个无神的国家变成基督教国家，进而恢复神的国度的唯一途径。[②]

150万到200万美国儿童从没上过公立学校。他们在家里由父母教导，为的是不接触到基督教家庭这个安全茧房之外的"无神教育"和"无神社会"。进化论当然不是家庭教育的一部分，它只是作为"现代科学是不道德的"一个例子被提及。

在美国，在家上学的孩子常常被称为"约书亚一代"，以纪念摩西的军事领袖和门徒约书亚。根据《旧约》的记述，约书亚曾以残忍手段夺回

---

① Laurie Goodstein, "In Seven States, Atheists Push to End Largely Forgotten Ban," *New York Times*, December 6, 2014, https://www.nytimes.com/2014/12/07/us/in-seven-states-atheists-push-to-end-largely-forgotten-ban-.html.

② 观看以下关于耶稣营的纪录片很有意义，但也相当可怕：https://vimeo.com/38531263。

圣地。[1]在基督教团体非常有效的游说下，家庭教育现在在美国的50个州都是完全合法的。当孩子们到了学习科目的年龄，而他们的父母不能指导时，就有很多私立基督教学校急于接手教育他们的职责。

弗吉尼亚州的帕特里克·亨利学院[2]是这类学校中比较有名的一所。该校为在家接受教育的基督徒学生提供大学教育。它的创始人迈克尔·法里斯（Michael Farris）有非常明确的目标。在一次采访中，他坦率地宣称，他想教育新一代基督徒，这些基督徒的任务是在社会中扮演重要的政治角色。[3]该校的信条可以在其网站上找到：

整本《圣经》（《旧约》和《新约》共66本书）是神的话语，原话没有任何错误，是信仰生活和基督徒生活中唯一可靠且充分的权威。[4]

在帕特里克·亨利学院的课程中，有一个简单明了的原则：当《圣经》和科学得出不同的结论时，科学显然错误地解释了数据。

学校的另一个信条是：

撒旦作为一个恶毒的人而存在，扮演着诱惑者和控告者的角色，他的结局是在地狱中接受永恒的惩罚。在那里，所有不信基督的人都将清醒地承受永恒之折磨。[5]

帕特里克·亨利学院的学生经常接到竞选活动的邀约，帮助某些

---

[1]　Joshua Generation Ministries (website), accessed July 29, 2021, https://www.joshuageneration.org.

[2]　帕特里克·亨利学院官网见www.phc.edu。

[3]　Michelle Goldberg, *Kingdom Coming* (New York: Norton, 2007).

[4]　"Statement of Faith," Patrick Henry College, accessed July 29, 2021, https://www.phc.edu/statement-of-faith.

[5]　"Statement of Faith," Patrick Henry College.

基督徒候选人当选为参议员，如俄克拉何马州的汤姆·科伯恩（Tom Coburn）和南卡罗来纳州的吉姆·德明特（Jim DeMint）。科伯恩主张对在私人堕胎诊所工作的医生判处死刑，而德明特反对让单身母亲担任教师，因为她们被认为给青年人做了负面示范。

科伯恩一直是俄克拉何马州的两名参议员之一，直到2015年退休。德明特则于2005年至2012年在南卡罗来纳州当参议员，其后他成为著名的保守派智库美国传统基金会①的负责人。在基金会董事会一致投票后，他于2017年5月辞职。

等待基督复临

美国有相当多的保守派基督徒是"前千禧年主义者"（premillennialists），也就是说，他们相信耶稣很快就会回到地球上，恢复神的统治。许多人认为，这将在本世纪发生。这种情况在《留下》（*Left Behind*）中有所描述，该系列图书的销量已超过6300万册。2014年，一部与该系列书同名的"基督教启示惊悚电影"上映，演员尼古拉斯·凯奇（Nicolas Cage）在其中担任主角。

《留下》系列图书的作者是蒂姆·拉艾（Tim LaHaye），他是一位传教士，是迈克尔·法里斯的导师和教师。《留下》讲述的是某些基督徒被耶稣拯救后，在所谓的"被提"②期间从地球上消失的故事。这些人真的烟消云散，升入天堂，而地球上却发生了混乱：飞机坠毁，汽车驶离道路，因为飞行员和司机凭空消失了。

留在地球上的是那些对基督的信仰不够强，或者生活不够道德的人。他们是被"留下"的人。过了一段时间，敌基督回到地球，伪装成和平天

---

① 美国传统基金会官网见www.heritage.org。
② 被提（Rapture），基督教事件的名称，指基督返回地球将获救之人带到天堂。——编者注

使（在书中，敌基督以联合国秘书长尼古拉·卡帕西亚的身份出现）。经过几年愈演愈烈的纷争，世界末日，也就是基督和敌基督之间的最后一战发生了，耶稣胜利，恢复了上帝在地球上的统治。根据《启示录》（16：16），哈米吉多顿是这场善恶决斗的发生地。

《留下》中的故事是根据《圣经·启示录》中的预言而来。据说，敌基督的回归会欺骗留在地球上的人，他在他们看来就像和平的天使。他将试图使所有的国家聚集在一起，以和平的名义建立一个世界政府。这一切都发生在他向人们显露其真实的、邪恶的本质之前。因此，小说中的敌基督是联合国秘书长并非偶然。美国许多激进的基督徒将联合国视为敌基督世界政府的象征，对联合国试图帮助解决地球上的政治问题持高度批评态度。

《留下》系列图书还曾发行过简化改编版，作为儿童读物，它甚至作为电子游戏发行。在《留下：游戏》（*Left Behind: The Game*）中，玩家要么尝试拯救不信教的人，要么将他们全部杀死（玩家拯救一个不信教者比杀死一个不信教者获得的分数多）。

蒂姆·拉艾还经营着Pre-Trib研究中心[1]，这是一个智库，旨在寻找耶稣归来的迹象，并努力让我们为敌基督的破坏行动做好准备。拉艾的妻子也参与了美国的亲基督教活动。她成立了美国妇女关注组织[2]，该组织由保守派妇女组成，反对女权主义、同性婚姻和自由堕胎法等。

基督教"塔利班"

美国有一小部分激进的基督徒是"后千禧年主义者"（postmillennialists），

---

① Pre-Trib研究中心官网见www.pre-trib.org。
② 美国妇女关注组织官网见www.cwfa.org。

有了这个概念，我们就更接近真正的"美国塔利班"了。①可以肯定的是，这群人在美国浩浩荡荡的基督教众中是微乎其微的，但他们真实存在。

后千禧年主义者相信基督徒有责任在地球上恢复基督教王国。只有实现这个目标，耶稣才会回来接任领袖。在一些人看来，前千禧年主义者和后千禧年主义者之间的区别似乎微不足道，但实际上是非常重要的，我们很快就会看到。

在美国，后千禧年主义运动也被称为"基督教重建主义"②，它是在20世纪70年代从保守的长老会圈子里发展起来的。其创始人通常被认为是鲁萨斯·约翰·拉什多尼（Rousas John Rushdoony，1916—2001）。他著作等身，最著名的大概是《圣经律法体系》（*The Institutes of Biblical Law*）。今天，这个运动的代表人物是基督教经济学研究所的负责人加里·诺思（Gary North）和游说组织美国远见的负责人加里·德马（Gary DeMar）。美国远见在其网页上说：

> 我们相信我们的主耶稣基督会在历史的终结之时亲自回来。死者，无论信徒还是非信徒，都将在最后的审判中复活。那些得救的人将永生，那些拒绝基督的人将进入永恒的地狱。我们相信，教会（基督徒）目前的责任是扩大和建立基督的国度，在那里，基督将成为万灵之首。③

许多人认为长老会长老、新闻学教授马文·奥拉斯基（Marvin Olasky）也加入了这一运动，虽然这种说法一直存在争议。无论如何，他

---

① "塔利班"一词在普什图语中是"学生"的意思，但今天它指的是阿富汗的逊尼派宗教激进主义政治运动。

② Alex Ward, "Understanding the Christian Reconstructionist movement," The Ethics and Religious Liberty Commission, September 24, 2021, https://erlc.com/resource-library/articles/understanding-the-christian-reconstruction-movement/.

③ "Statement of Faith," American Vision, accessed July 29, 2021, https://americanvision.org/about/statement-of-faith/.

的《同情的保守主义》（*Compassionate Conservatism*, 2000）一书，由前总统乔治·W.布什（George W.Bush）作序，主张一种新自由主义形式的经济学。矛盾的是，该书还主张一种"适者生存的社会"，这当然是影射达尔文的进化论，只不过是（无效地）用到社会环境上。

这一运动的神学基础与耶稣重返人间的条件有关。基督徒自作主张，要在地球上制造基督教专权，并确立《旧约》为国家法律。只有当地球上的大多数人都皈依了基督教，上帝的统治得到恢复，基督才能重返人间。

这种神学观点常被称为统治神学。它的教义来自《旧约》，特别是《创世记》（1：28）。在《英王钦定版圣经》中，关键的经文如下：

神就赐福给他们（亚当和夏娃），又对他们说："要生养众多，遍满地面，治理这地；也要管理海里的鱼、空中的鸟，和地上各样行动的活物。"

今天，大多数基督徒认为这些话的意思是，人类在创世中扮演着特殊的角色，有责任管理自然和动物，而不是制服或征服它们。

但统治神学对这些话有不同的解释：上帝被认为是在敦促基督徒支配所有其他生物，并将世界上所有的社会统一在上帝的律法之下。基督教重建派也认为，摩西五经（《旧约》前5卷）中的613条律法对所有人类都有约束力，与他们的国籍、文化或宗教无关。摩西五经，即《创世记》《出埃及记》《利未记》《民数记》和《申命记》中陈述了这些律法。《创世记》的内容是关于创造世界和历史的最初阶段，包括大洪水。《出埃及记》记载了耶和华与以色列人之间约定的律法。《利未记》记载了有关祭祀和洁净的律法，《民数记》规定了一些有关礼仪的律法。《申命记》强调只敬拜一位神的重要性，并包含了许多关于一神论的必要的律法。

这些律法可以分为两大类：礼仪类和道德类。重建派认为，耶稣把基督徒从必须遵守所有礼仪法则的约束中解放出来，因为《新约》给出了取代这些规则的新规则。然而，《旧约》的道德规则仍然完全有效。因此，第一步，这些律法应该被纳入美国新的基督教社会，第二步，这些律法应该被纳入世界其他地区。只有这样，上帝的国度才能实现，也只有这样，耶稣才能重返人间。

在政治方面，这意味着基督教重建派试图让美国联邦政府在社会中扮演从属角色。他们认为，基督教会应该负责公民的福利和教育，美国宪法应该修改，以符合《旧约》中所说的律法。

这种彻底的改变会带来许多非常严重的后果，其中包括以下几点：所有的同性恋者都应该被处决。亵渎上帝、通奸、偶像崇拜都应该被处以死刑。任何不接受《旧约》律法的宗教团体，根据定义都犯了偶像崇拜罪。这当然适用于所有非基督教的宗教，但也适用于基督教的自由主义派系。在重建派的社会中，这些组织的所有成员都将因此被处死。

妇女的权利将迅速降低到早期美国奴隶的权利水平，事实上，一些重建派希望按照摩西的律法，将奴隶制重新作为社会结构的一部分。所有的堕胎都将被禁止，无论出于什么原因。实施堕胎的医生将被判处死刑。监狱系统将被废除，取而代之的是一个"社会回报"系统，对有轻微违法行为的人处以罚款和强迫劳动，对其他人则处以死刑。

威廉·O. 爱因韦斯特（William O. Einwechter）是一位重建派牧师。1999年，他写了一篇臭名昭著的文章《用石头砸死不听话的孩子》（*Stoning Disobedient Children*），他主张对顽劣的孩子处以死刑，用石头砸死他们。这篇文章可以在卡尔西登基金会发布的《卡尔西登报告》中找到。[1]为了支持自己的立场，爱因韦斯特引用了基督教《圣经》中的以下文字：

---

[1] William O. Einwechter, "Stoning Disobedient Children," ***Chalcedon Report***, January 1, 1999, https://chalcedon.edu/magazine/stoning-disobedient-children.

人若有顽梗悖逆的儿子，不听从父母的话，他们虽惩治他，他仍不听从，父母就要抓住他，将他带到本地的城门、本城的长老那里，对长老说：'我们这儿子顽梗悖逆，不听从我们的话，是贪食好酒的人。' 本城的众人就要用石头将他打死。这样，就把那恶从你们中间除掉，以色列众人都要听见害怕。（《申命记》21：18—21）

在后来的一篇文章中，爱因韦斯特牧师软化了他的立场，解释说，《申命记》中的"儿子"一词也可以指拒绝服从父母的年轻人。他声称，石刑从来不适用于幼童，而是针对少年或青年，他们需要为自己的行为承担后果。

耶稣必将消灭非信徒

基督教重建派在美国基督徒中只占极少数，且幸运的是，他们对今天的美国政治几乎没有影响。但是，最近一段时间产生了相当大的影响的保守派基督徒也可能同样极端。已故的电视传教士杰里·福尔韦尔（Jerry Falwell, 1933—2007）就是一个很好的例子。

在《核战与耶稣基督的复临》（*Nuclear War and the Second Coming of Jesus Christ*）一书中，福尔韦尔写道："那些没有跟随耶稣的人，他们的眼睛将被融化，肉体将被烧毁。"他还写道："耶稣必将消灭非信徒。"[1]2004年，福尔韦尔成立了一个颇具影响力的游说组织，名为主流道德联盟（他本人早在1979年就成立了该组织的前身——主流道德）。该组织竭力禁止堕胎和同性恋，还旨在建立针对"反家庭宣传"的审查制度。福尔韦尔还旗帜鲜明地反对世俗人文主义，他曾经表示：

---

① Jerry Falwell, "Armageddon and the Second Coming of Jesus Christ," in *Nuclear War and the Second Coming of Jesus Christ*, Jerry Falwell Library, accessed August 16, 2021, https://liberty.contentdm.oclc.org/digital/collection/p17184coll4/id/1763/.

我们正在对抗人文主义，我们正在对抗自由主义……我们正在对抗摧毁我们国家的撒旦体系……我们的对手正是撒旦。[1]

福尔韦尔发布了关于艾滋病的臭名昭著的声明："艾滋病不仅仅是上帝对同性恋者的惩罚，也是上帝对容忍同性恋者的社会的惩罚。"[2]

福尔韦尔对宗教在政治中应该扮演的角色有十分明确的看法："宗教和政治不能混为一谈的想法是魔鬼发明的，目的是阻止基督徒管理自己的国家。"[3]

游说团体美国基督教联盟[4]的创始人帕特·罗伯逊（Pat Robertson）是基督教重建主义与更传统的宗教激进主义之间的另一个有影响力的人物。1992年在艾奥瓦州，为了筹集资金反对该州的平等权利修正案，罗伯逊给他的支持者写了一封信，他在信中说：

女权主义议程不是关于女性的平等权利。它是关于社会主义的、反家庭的政治运动，其鼓励妇女离开丈夫、杀死孩子、实行巫术、破坏资本主义、成为女同性恋者。[5]

生活在美国以外的大多数人完全没有意识到基督教中的宗教激进主义

---

① "Jerry Falwell Quotes on Life: 7 Memorable Statements from Evangelical Christian," Newsmax, accessed August 16, 2021, https://www.newsmax.com/fastfeatures/jerry-falwell-quotes-life-evangelical-christian/2015/05/10/id/642003/.

② Christopher Reed, "The Rev. Jerry Falwell: Rabid Evangelical Leader of America's 'Moral Majority,'" *Guardian*, May 17, 2007, https://www.theguardian.com/media/2007/may/17/broadcasting.guardianobituaries.

③ Reed, "The Rev. Jerry Falwell."

④ 美国基督教联盟官网见www.cc.org。

⑤ "Robertson Letter Attacks Feminists," *New York Times*, August 26, 1992, https://www.nytimes.com/1992/08/26/us/robertson-letter-attacks-feminists.html.

在周遭世界的涌动。对他们来说，觉察并忧惧"外来宗教"中的激进主义要容易得多。生活在美国以外的人对阿富汗的塔利班和叙利亚、伊拉克的伊斯兰圣战分子感到恐惧，但我们刚才看到的是，即使在 "基督教的土地"上，也有同样可怕的支流。

然而，区分这些可怕支流的要点是：对美国有组织的基督教激进分子而言，尽管他们狂热地想要侍奉他们的上帝，但他们不会在恐怖袭击中到处杀害学童，也不会用腰间佩戴的炸弹炸死自己和其他人——至少现在不会。让我们祈祷这种情况不会发生。

插曲：
人类的痛苦与医学实践

人类应该在多大程度上试图控制自然的进程？今天，这个问题在讨论有机农业或转基因食品等问题时反复出现。但在以前的时代，这个问题最常出现在医学控制人类疾病的作用方面。

某些基督教会经常希望减缓或停止医学研究的进程。例如，在中世纪和文艺复兴早期，天主教会强烈反对解剖人体。他们认为，当审判日到来时，肉体会复活，如果一个人的尸体经过了尸检，即使是万能的上帝，也很难将受损的身体恢复到原来的状态。不过，当"永无过失"的罗马教廷认识到医学通过解剖获得了多少知识时，它终于放弃了这一立场。

另一个史例是某些基督教会对天花的看法。天花自古以来就为人所知，它的传播速度非常快，会导致瘟疫肆虐（我们现在明白，天花的传染性极强是因为病毒由漂浮在空气中的微小飞沫携带）。过去，感染天花的死亡率非常高，活下来的人往往严重毁容。

18世纪末，英国的爱德华·詹纳（Edward Jenner）研制出了第一支天花疫苗，这源于他偶然发现患过牛痘的挤奶工对天花有免疫力。从牛痘疱疹中提取的液体含有牛痘病毒，因此牛痘可以从动物传染给人类。这种程序后来被称为"疫苗接种"（vaccination，词源为vacca，在拉丁语中是"牛"的意思）。

尽管疫苗接种有这一惊人的好处，但天主教和新教教会最初却抗议使用疫苗接种。他们的论点是：凡人绝不该试图干涉上帝的意志。如果有人得了天花，然后死亡（或存活），这就是上帝的意志。人们永远不应该试图干涉神对生死的掌控。

然而，最终，教会还是向理智低头，接受了天花疫苗的接种。但即便如此，他们也从未承认自己错了，他们只是在民众的压力下屈服了。毕竟，疫苗的好处对大家来说显而易见，而且要证明在进行过疫苗接种的地区，天花的发病率要低得多这一点极其容易。1980年，世界卫生组织宣布，由于疫苗接种，天花这一祸害在我们的地球上已经被成功消灭了。

第三个史例是部分基督教会对手术中进行麻醉的态度。1847年，英国医生詹姆斯·扬·辛普森（James Young Simpson）引入氯仿作为麻醉剂。现在，病人可以在手术中被麻醉或进入睡眠状态，这种进步当然很棒。以前，外科医生曾用酒精麻痹病人，或者干脆把病人绑在手术台上。

然而，当时基督教会抗议在分娩时使用麻醉剂。原因是《圣经》中描述了一件让上帝不悦的天国事件。夏娃吃了知识苹果（因为它能赐予人知识），然后她骗亚当也吃了。上帝因为这个严重的错误行为惩罚了夏娃，对她说："我必多多加增你怀胎的苦楚，你生产儿女必多受苦楚。（《创世记》3：16）"

在英格兰和苏格兰，关于妇女在非常痛苦的分娩情况下——特别是剖腹产时——是否有权使用麻醉剂的问题，人们曾进行过激烈的争论。在这种情况下，是维多利亚女王制止了教会的残忍行为。她是一位意志坚定的妇女，也是几个孩子的母亲，她拒绝在这些问题上向教会低头。

今天，我们在对各种新旧医学观点，如堕胎、安乐死、干细胞研究和检测胎儿的基因缺陷的狂热反对中看到了类似的倾向。得益于基础研究，现代医学正以惊人的速度向前发展，这种知识和可能性的爆炸式增长当然会引发各种全新的伦理困境，无论一个人的宗教观是什么。因此，即使在一个完全世俗的环境中，人们也会被迫面对许多棘手的医学伦理问题。

比如说，我们应该对代孕、检测子宫中的胎儿的基因缺陷、制作DNA图谱以帮助保险公司识别出易感人群来收取更高的保费、开发提高智力的药物等问题采取何种态度？无论我们的道德立场如何，随着时间的推移，医学进步将迫使我们面对许多新的难题。

第十章
人类起源之争：
进化论、神创论和反科学

我们之所以在这里，是因为一群奇特的鱼类有一种奇特的鳍状结构，这一鳍状结构可以转化为陆生生物的腿；是因为地球在冰河时期从未完全冻结过；是因为在25万年前，非洲出现了一个小而脆弱的物种，直至今日，他们不择手段，努力生存。我们也许渴求一个"更高的答案"，但它不存在。

斯蒂芬·杰伊·古尔德（Stephen Jay Gould）[①]

正如我们所看到的那样，在今天的美国，宗教派别在不断争夺生存和传播资源。当然，这个故事也有非暴力的另一面：美国有很多具有社会责任感的利他主义组织，其中有的是宗教团体，有的是非宗教团体，它们在扶危济困、救死扶伤方面做着了不起的工作——这一切都发生在一个经济鸿沟巨大、社会安全网极其脆弱的国度。

但也正是在美国，科学与反科学之间的战争最明目张胆、最为惨烈。

[①] Stephen Jay Gould, *I have Landed: The End of a Beginning in Natural History* (Cambridge, MA: Belknap Press, 2011).

然而，美国是由极力要求政教完全分离的人们建立的。这个悖论是如何产生的呢？

得克萨斯州人汤姆·迪莱（Tom DeLay）曾有3年（2003—2006年）担任众议院共和党多数党领袖，他对1999年在科罗拉多州哥伦拜恩中学发生的恐怖大屠杀[1]——2名高年级学生冷血地杀害了12名同学和1位教师——做了一个惊人的评论："我们的学校系统教导我们的孩子，他们不过是被美化的猿人，他们从一些原始的泥汤中进化（evolutionized，这个词是迪莱自己创造的）出来。"[2]

迪莱指的是，在哥伦拜恩中学的生物课上，教师教的是达尔文的物种进化论，而不是《圣经》中相关的创世故事。[3]

几十年来，启蒙思想是美国社会的"标配"。然而，在今天的美国，这种态度已经失去了它的地位。随着美国社会的发展，在长达150年的历史中，按照字面意义理解《圣经》的人和那些把《圣经》故事当作隐喻和神话来读的人之间，发生了无数的冲突、摩擦。特别是在今天，一场十分重要的战争正在进行，双方是进化论者和那些相信《圣经》创世故事的人。正如美国经常发生的那样，这场战争已经部分地在法庭上打响。

达尔文的遗产

1831年12月的一个晚上，HMS贝格尔号从英国普利茅斯的港口驶出，船上有一个名叫查理·达尔文（1809—1882）的22岁男子。在5年时间里，这艘船航行于整个南半球，在此期间，年轻的达尔文无论身处何方，只要有机会便狂热地研究遇到的动植物。许多年后，在1859年，他出版了

---

① 参见Michael Moore卓越的纪录片*Bowling for Columbine*。
② Niall Shanks, *God, the Devil, and Darwin: A Critique of Intelligent Design Theory* (Oxford, UK: Oxford University Press, 2004).
③ 顺便说一下，2006年，迪莱在被指控洗钱和共谋罪后，从众议院辞职。

开创性的著作《物种起源》（*On the Origin of Species by Means of Natural Selection*），这本书的灵感就来自那为期5年的航行。

科学史上第一次出现了这样一种理论，它以一种自洽的方式解释了人类及其他动物是如何产生的。达尔文认为，创世主的存在是可能的，但人类源于伊甸园中神秘的亚当和夏娃的想法，可能性甚微。事实上，在他看来，最可能的情况是，人类是猿类的后裔。

这个概念被许多宗教人士视为极度的冒犯和巨大的威胁。20世纪初，《基要信仰：真理的见证》（*The Fundamentals: A Testimony to the Truth*）一书出现在美国。它反对达尔文的进化论，也抵制日益增长的接受科学思想的倾向。一场名为"基要主义"的宗教运动由此诞生，它倡导回归对《圣经》文本的完全信仰。对基要主义者来说，查理·达尔文象征着科学对宗教以及《圣经》的圣言真理的威胁。达尔文对人类起源的进化论解释被视为与《圣经》的字面解释不相容，因此是无神的、破坏性的和不道德的。

人类是按照《圣经》中的记载被创造出来的，这种想法被称为"神创论"（creationism，首字母通常用大写，特别是在其信徒笔下）。今天，在世界各地，神创论的教义有许多版本。然而，最经典的、最接近《圣经》的版本源于爱尔兰大主教詹姆斯·厄谢尔（James Ussher）。他在17世纪时仔细研究了《旧约》的文本，根据在其中发现的内容，他计算出地球是在公元前4004年被创造出来的。（事实上，他的计算比这更准确一些。他计算出地球是在公元前4004年10月23日周日上午9点整被创造出来的，如果你是一个习惯早起的人，那一天你可有的受了！）根据信奉《圣经》的基要主义者的说法，整个人类物种是由亚当和夏娃繁衍出来的，而且只有6000年的历史。与之相对应的观念——人类起源于猿类——被嗤之以鼻，就像人们对一个荒谬的童话故事不以为然一样。

但对具有世俗生活观和一些基本科学知识的人来说，神创论纯属无稽之谈。然而，无论是在伊斯兰教内部（其创世故事与基督教的创世故事几乎完全相同），还是在世界各地的福音派基督教内部，神创论的追随者众多，特别是在美国。

猴子审判，1925年

20世纪20年代前半期的美国，社会发生了重大变化，价值观念发生了深刻改变。年轻人在爵士乐中跳舞，尝试抽象艺术，他们不仅讨论达尔文关于人类起源的理论，还讨论西格蒙得·弗洛伊德（Sigmund Freud）关于性和我们内心深处的潜在动机的理论。

传统主义者感到惊恐，他们认为进化论使上帝变得多余，从而破坏了道德，消解了过德性生活的一切缘由。为了阻止这种令人厌恶的思想在社会上立足，他们试图借助法律手段。于是在1925年3月，田纳西州通过了一项法律，禁止教师"传授任何否认《圣经》中的神创故事的理论，传播人类是低等动物的后裔这一理论"。[①]

那年夏天，在田纳西州代顿的小村庄里，一位名叫约翰·斯科普斯（John Scopes）的24岁生物教师因教授达尔文的进化论而被起诉。对约翰·斯科普斯的审判由尊敬的威廉·詹宁斯·布赖恩（William Jennings Bryan）主持开庭，后者是一位著名的政治家，不仅曾3次竞选总统，还是一位以热情洋溢的演说而闻名的基要主义基督教律师。他带头对无神论的进化论进行了讨伐。关于对斯科普斯的审判，布赖恩有一句名言："如果进化论赢了，基督教就会消失！" 对此，斯科普斯的律师，同样著名的克拉伦斯·达罗（Clarence Darrow）宣称："受审的不是斯科普斯，而是文明！" 这场现代主义与传统主义之间的较量引起大众媒体的极大兴趣，没过多久，斯科普斯案就被改称为"猴子审判"。

"猴子审判"迅速发展成了一个巨型的媒体奇观，其中不乏幽默的一

---

① "Tennessee Evolution Statutes, Public Acts of the State of Tennessee," University of Missouri‐Kansas City, accessed September 3, 2021, http://law2.umkc.edu/faculty/projects/ftrials/scopes/tennstat.htm.

面。当布赖恩站在法庭上激情澎湃地控诉进化论者声称人类甚至不是源自美国猴子，而是来自旧世界的猴子时，记者们虽然大多同情斯科普斯，但还是听得很高兴。而当布赖恩侃侃而谈时，他的对手克拉伦斯·达罗则会竭力分散陪审团的注意力，他让烟头的烟灰越来越长，却不会掉下来（狡猾的达罗在烟头里插了一根硬铁丝，将烟灰悬浮在空中，使其看起来似乎没有任何支撑）。一句话，这真是花样百出。不过最后，斯科普斯被判有罪，并被勒令缴纳罚款。但无论是否有罪，他都获得了许多追随者。

基要主义者加快了对达尔文的进化论的讨伐。在1925年到1928年之间，他们接二连三地引发战斗，并取得了程度不一的成功。斯科普斯被判有罪后，阿肯色州和密西西比州都立法禁止了在学校里教授进化论。

进化论几次获胜

1968年，在进化论和神创论之间持续不断的斗争中，进行另一场法律审判的时机已经成熟。这次，基要主义者受到了有史以来最大的挫折，这一切都要归功于美国宪法——早期美国总统的观点最终取得了胜利。

阿肯色州禁止教授"声称人类是由猿类进化而来的理论"的法律激怒了该州的教师苏珊·埃珀森（Susan Epperson）。她对该州的法律提出质疑，认为它违反了联邦宪法。美国最高法院受理了这一诉讼，埃珀森胜诉。法院认为，阿肯色州的法律违反了美国宪法第一修正案。[①]

基要主义者败退养伤，一种新的策略慢慢浮现。他们不再试图禁止有关我们由猿人演化而来的教学，而是想出在学校同时教授进化论和神创论的主意。"创造论科学"和"科学创造论"这两个短语被发明出来，它们明显意味着，神创论是一种科学理论，与进化论一样值得尊重。其理由是，如果有两种对立的科学理论，那么学校当然要同时教授这两种理论。

---

① *Epperson v. Arkansas*, 393 U.S. 97 (1968).

1987年，这一新的法律策略在路易斯安那州得到了检验，并促成了一项新的法律，该法律宣布除非同时教授"创造论科学"，否则进化论不能在学校中被教授。但当该法律提交给最高法院检验时，它被认定与宪法冲突，于是被废除了。神创论者又一次输掉了战斗。

智能设计

神创论是如何生存下来的？为什么全世界有那么多人如此强烈地反对进化论？这并不是因为进化论有明显的漏洞或它强烈地反直觉。世界上存在比进化论更反直觉的科学理论（如量子力学或宇宙学），它们中的许多问题仍未得到解答。

答案是，进化论对信仰上帝的主要论点之一提出了严重怀疑。它动摇了宗教信仰的基本支柱。如果基因重组和自然选择可以解释地球上包括人类在内的多种多样的动植物，那么就不需要一个神圣的创造者来创造人类。

1990年，为了应对20世纪70年代和80年代的挫折，一个名为发现研究所的新的基督教智库在华盛顿州的西雅图成立，它的主要目的是找到将神创论引进美国学校的新策略。今天，它仍在努力实现这一目标。在该研究所的网站上，人们可以找到它的各种使命，包括以下内容：

科学研究和实验使我们对自然界的认识有了惊人的进步，但它们也导致了对科学的日益滥用，因为所谓的"新无神论者"利用科学来宣传唯物主义世界观，剥夺人类的自由和尊严，并扼杀自由探索。我们的科学与文化中心致力于捍卫自由探索。同时，它努力对抗科学的唯物主义解释，一方面证明生命和宇宙是智能设计的产物，另一方面挑战唯物主义的自我存在、自我组织的宇宙概念和达尔文主义观点，即生命的发展是一个盲目和无目的的过程。

科学唯物主义世界观与对上帝存在、犹太-基督教伦理以及人的内在尊严和自由的信仰是对立的。因为它否认了上帝的实在、人有神的形象的观念、客观道德次序，它还否认了宗教与公共生活和政策的相关性。

虽然生物学和生态学的新发现让我们对其他生物的重要性有了更多认识，但这些发现有时会被滥用于推广一种极端的"动物权利"的观点，它将动物的福利置于人类的福利之上。我们的"人类特殊主义中心"通过在医疗保健政策和实践、环境管理和科学研究方面捍卫人的独特尊严，即我们所说的人类特殊主义，来对抗伪科学对人类尊严的攻击。[①]

发现研究所采用一种新的策略进行运作：由于美国宪法禁止学校受宗教影响，所以对进化论的质疑必须完全避免提及《圣经》或其他宗教思想。于是，如果能够为神创论披上纯科学的外衣，把神创论作为一种真正的科学理论而不是《圣经》的教义来宣传，那么就有可能在不与美国联邦宪法发生冲突的情况下，把神创论悄悄塞进学校课程里。

于是，"神创论"这个词被去掉了，取而代之的是"智能设计"这个新词。这似乎是一个关于包括人类在内的物种起源的严肃科学理论——达尔文理论的一个科学替代品。新理论认为，复杂的生物有机体只能由一个聪明的设计者的头脑创造出来，但它并没有说明这个伟大的存在是上帝还是其他神秘力量。所有的努力都是为了不被卷入另一场与美国联邦宪法的斗争中。

智能设计论的基本思想大致如下：生物有机体如此复杂、精巧，它们不可能是达尔文所描述的那种不断基因变异和自然选择的结果。就我们所见的地球上的生命而言，它们是进化而来的可能性太小了，因此，所有这些复杂的功能和生物体一定是按照某种目的被创造出来的。因此，在地球生命背后，一定存在着某个创造者，某个聪明的头脑。

---

① "Programs," Discovery Institute, accessed July 30, 2021, https://www.discovery.org/about/programs.

这里最常举的例子就是眼睛，为了产生视觉，它们需要许多部件的配合。智能设计的拥护者声称，这些部件必须在同一时刻出现才能产生视觉功能。随机变异与自然选择相结合是不可能产生可以工作的眼睛的——论证者如是说。

然而，瑞典研究人员达恩·尼尔松（Dan Nilsson）和苏珊·佩尔格（Susanne Pelger）已经令人信服地证明了像眼睛这样复杂的器官是如何进化而来的。[①]尼尔松和佩尔格展示了皮肤上的一块感光斑如何逐渐进化成一个拥有晶状体功能的健全的眼睛，事实上，他们也展示了这样的转变如何相对快速地发生。事实证明，完成这项工作大约需要历经40万代，这可能会让一些读者觉得是一个天文数字，但实际上，从进化的角度来看，这只是"一眨眼的工夫"（可以这么说）。

发现研究所非常高效地开展了两大运动来鼓吹智能设计论：一个旨在改变公众和媒体的思想，另一个旨在影响政治家和校董会。

该运动宣称智能设计是一种科学理论，还宣称研究人员之间产生了科学争论，对立的双方是进化论与智能设计论。而由此当然可以得出，天真的学童应该有权接触到问题的两个方面，并在两种对立的理论中选择更好的，因为这毕竟是现代科学"进化"的方式。适者生存！

建议学校教授对立的理论，并允许学生在它们之间进行选择，这听起来是一个明智的主意：提供一个科学理论的大杂烩，并告诉孩子们，到目前为止，这一切还没有明确的答案。但这个想法看似有益，实则有害。地理课是否应该在地圆论和地平论之间提供一个折中说法？物理课是否应该同时教授天文学和占星术？既要教化学又要教炼金术？既要教医学又要教萨满教？是否在讲述二战真实历史的同时，也给否认大屠杀的观点以同样的课时？这一切将在哪里停止？对于这些疑问，只有一个理智的答案。学

---

① 如果你能读懂瑞典语，你可以看看这份报纸上的一篇文章："Bläckfiskens ögen en gåta," *Dagens Nyheter*, April 8, 2007, www.dn.se/nyheter/vetenskap/blackfiskens-ogon-en-gata。

校应该只传授那些在科学研究的严密审查下经得起考验的观点，而不是随意地提供各种观点。

但神创论者认为，任何渐进的进化过程都不可能引起我们在人类和其他动物身上看到的复杂现象。最常见的一个例子是客机的设计。这个论证大致是这样的：

盲目随机的自然力量产生像我们这样的复杂个体，这就像龙卷风横扫废品收购站，卷起成千上万的垃圾，然后把一架完美的波音747飞机扔到地上一样不可能。

不幸的是，这种说法建立在对进化论如何运作的深刻歪曲之上。这可以通过下面的思想实验来证明。假设你手里有20个色子，你把它们全部扔到你面前的桌子上。你得到20个6点的概率是多少？

对任何一个色子来说，你得到6点的概率当然是1/6。同时掷出所有的20个色子，它们都是6点的概率是微乎其微的——准确地说，是$1/6^{20}$。这是一个很小的数字：1/3,656,158,440,062,976。如果你扔20个色子的时间是1秒，然后不断地重复这个过程，你得扔超过1亿年才有合理的机会让20个色子同时是6点。

但进化的原理并非如此。想象你有一组20个色子，你每次扔的时候，可以把所有得到6点的色子放在一边。在你第一次投掷时，也许你在20个色子中得到了3个6点，所以你把这些放在一边。现在你抛出剩下的17个色子。这次也许你只得到一个6点，没关系，你把它放在一边，然后你抛出剩下的16个色子。也许这一次，又有两个6点。如此往复。你大概只要花几分钟就能得到20个6点，并不需要1亿年的时间来达到你的目标。

而这其实就是进化的过程：每次进步一点点，利用每一点进步的优势。微小的变化发生了，有利的变化被选择保留。龙卷风随意地把垃圾碎片凑在一起，接着就会出现一架完美无缺的喷气式飞机，这种场景是非常离谱的。这不仅是误导，而且是故意的误导。这是智识上的不诚实，事实上，这是一种高度的不诚实。

美国学校中的智能设计论

2005年，美国又出现了一起涉及宗教与科学之争的法律案件。该案源于宾夕法尼亚州多佛学区的一项决定，即在生物课上教授智能设计论，以替代进化论。[①]经过6周的审判，判决下达，科学获胜。[②]

多佛学区教育委员会的行动几乎是宗派主义的，包括威胁、说谎和操纵。委员会的一些成员竟然在一张大纸上画出查理·达尔文的家谱，然后把它付之一炬。

在审判中，一切都被澄清了。法官最后说，这么多税款和人力资源被浪费在这样一场诉讼中，真是令人震惊。

所有试图给《圣经》中的创世故事披上科学外衣的努力都是徒劳的。陪审团成员以一种非常优雅的方式证明了这一点，在关于是否存在智能创造者的问题上，他们没有偏袒任何一方。其裁决基于以下论证。

任何科学理论成立的一个基本条件是它既可检验又可证伪。一个理论要可证伪，便意味着有方法提供可能推翻它的证据。然而，智能设计论的倡导者均无法解释什么样的科学实验、发现、测试或逻辑证明可以推翻智能设计论的观点。这意味着它不是一种科学理论。多佛的陪审团成员既没有支持，也没有反对智能设计论者的立场，只是认为该理论不能纳入生物学教学中。

总之，智能设计论被认定不是科学理论，在科学教育中没有地位。

智能设计运动还试图揭示进化论中存在的漏洞和缺陷。他们的主要尝试之一是诉诸物种之间的过渡存在漏洞或缺失环节。然而，这样的论证是建立在两个根本性的误区之上的。

第一个误区是，一个物种从另一个物种演化而来的过程中，并不是每一个微小阶段都有化石或其他物理证据，这个事实不足为奇。如果都有的

---

① Kitzmiller et al. v. Dover Area School District, 400 F. Supp. 2d 707 (M.D. Pa. 2005).

② 一个关于这一主题的有用的网站是National Center for Science Education (website), accessed August 16, 2021, https://ncse.ngo/association-science-education。

话，那才是太神奇了——就像过去10亿年里，地球上每一棵树的每一片叶子什么时候掉下来都有记录一样。我们不需要这么详细的记录，以便相信那些树的叶子真的都掉了。

第二个误区是，仅仅是化石记录中存在空白丝毫不能证实智能设计论。事实上，即使进化论被彻底驳倒，也不一定会增加智能设计论的可能性。它只是表明，一定有其他方式来解释物种起源，而非我们今天所相信的方式。

提出了现代智能设计理论的发现研究所，其目的与解释物种起源的科学目的截然不同。发现研究所的秘密目的与宗教相关，而这是美国宪法明文禁止在学校里进行的活动。

事实上，法院在该研究所的内部文件中发现了一个明确的战略宣言，即智能设计运动的使命是"战胜科学唯物主义及其在道德、文化和政治上的破坏性后果"。[①]

其意图昭然若揭。达尔文的物种起源理论被它的敌人认为是不伦的、不道德的、无神的。进化论被认为是否定神的，是无神论的。

但这种推理建立在深深的误解之上。达尔文的理论并不否认上帝存在的可能性，它只是否认上帝存在的必然性。

神创论在瑞典

瑞典也有神创论者，他们主要是穆斯林和属于"瑞典自由教会"[②]的基督徒。由安德斯·耶德博恩（Anders Gärdeborn）领导的名为"创世"（Genesis）的瑞典神创论社团组织了各种神创论运动。

瑞典另一位值得注意的神创论者是马茨·莫伦（Mats Molén），

---

① "Wedge Strategy," *Wikipedia*, last updated August 12, 2021, https://en.wikipedia.org/wiki/Wedge_strategy.
② 例如，瑞典五旬节运动是一个有别于被称为瑞典教会的路德宗的基督教福音派教会。4个世纪以来，路德宗一直是瑞典国教，尽管从2000年1月1日起，情况不再如此。

他在北部城市于默奥经营着一家名为"史前世界"（Den Förhistoriska
Världen）的神创论博物馆。莫伦也曾是创世组织的领导人，但如今他主要
在瑞典各地旅行，并在学校和其他教育机构举办关于神创论的讲座。

史前世界博物馆在其网站上自称思想极其开放，具体方式如下（翻译
自该博物馆的瑞典语网站）：

与哲学合作

首先，我们希望来博物馆参观的朋友们能够开启批判性思考，而不仅
仅是接受各种权威人士的说法（包括博物馆里的说法）。这是人类社会化
的根本，也是民主的基础。这包括尊重他人的意见，即使你不认同这些意
见。（如果所有人都有同样的观点，就有可能是被洗脑了！）

因此，我们欢迎大家对各种问题进行讨论。我们反对一切歧视和"象
牙塔"式的推理（即有人认为自己比别人优越，所以拒绝讨论）。

如果你想深入研究这些问题，我们也欢迎你对地球历史的不同解释进行深
刻的讨论（如果你想讨论的话）。与现今相关的研究往往直接适用于实践，
比如如何更好地建造一座桥或制作一副好药，所以你不能犯太多错误。但不
管古代历史是如何发生的，我们依然在此。因此，对过去和我们的起源的另
类解释往往不能带来直接的实际后果。这一点出现在科学文献的讨论中。

但是，关于起源的问题基本上是一个宗教／哲学问题，无论你相信无
神论还是相信创造者。因此，这个问题，由于各种原因，对很多人来说格
外敏感，有些人甚至拒绝讨论自己的信仰。我们接受并理解后一种立场，
但如果能敞开心扉，即使是这些困难的问题，我们也可以讨论。

遗憾的是，有很多人在命名自己的信仰或宗教观时，用了"事实"或
"科学"的标签。你可以相信你的信仰就是科学。但是，如果你把自己的
信仰当作教条，并称其为事实或科学，同时你又不愿意让任何人批判性地
审视和挑战这种信仰体系，那就有问题了。博物馆反对这种不民主、不科
学的做法。

困难问题

本博物馆，史前世界，由一个非宗派的基督教协会管理，它与所有愿意合作和敢于讨论困难问题的人合作。但是，讨论困难问题并不是所有人都敢于去做的，我们帮助您迈出第一步！

我们不相信生命是没有意义的，这和许多科学家及教科书作者的观点不同。后者往往是由于不自觉地将科学方法（这是一种探索世界和宇宙的方法）与哲学／宗教相混淆，认为人生没有真正的目的。

很难理解为什么有人会对导致无意义的信仰感兴趣。传播人生没有意义这一信息既没有价值，也不会让人快乐。（也许有人无意中找到了一种纯粹传播信息的意义，不管这个信息是好是坏，是真是假？）

你可以在科学报刊上找到这种有关无意义的信念（他们并不总是这么说，但基本想法是生命无意义）的相关信息。

许多科学家也表示，他们对发现真理不感兴趣。他们只对用自己的信仰、哲学、理论来解释一切感兴趣。例如，请看科学杂志《自然》中斯科特·托德（Scott Todd）的声明，引自神创论科学家的一篇文章（https://creation.com/whos-really-pushing-bad-science-rebuttal-to-lawrence-s-lerner）。

科学家和教科书作者排除了其他想法，除了自己相信的，这并不属于在博物馆解决问题的方式。也就是说，我们相信开明的讨论，即使是对最基本的问题（然而，我们并不总是与我们链接的网站有相同观点）。

——史前世界董事会[①]

当然，我很高兴地看到，这种哲学中的一些理念与本书提出的原则有强烈的呼应，但当仔细审视时，就会发现它并没有坚持这些原则。

[①] "Allmän info om museet," Den Förhistoriska Världen, accessed August 16, 2021, https://www.dinosaurier.nu/om-museet/allman-info-om-museet/.

在瑞典，很少有人认真对待神创论，但在瑞典自由教会发布的通讯中，人们时不时会看到一些说明，大意是说，新发现的化石与研究人员迄今为止所描绘的物种谱系不一致。我们很容易想象这样得意扬扬的标题：《新发现表明达尔文是错的！》

一个简单的比喻可以很好地揭示这种论点的缺陷。想象一下饭桌上有一些拼图，当你开始把它拼起来的时候，你很快就认出这是一张瑞典老牌影星葛丽泰·嘉宝（Greta Garbo）的照片，她的名句是"我想一个人待着"。当你快完成时，你很失望地看到少了一两块拼图，还找到一块不属于这个画面的拼图。如果你是一个神创论者，这时你可能会惊呼："好吧，你看看，一块拼不进去的碎片！我想这意味着这并不是葛丽泰·嘉宝！"

达尔文的进化论作为一个整体是正确的，这并不意味着整体画面中的每一个微小细节都必须在所有时刻完全正确，或者说，如果缺少哪怕是最微小的细节，那么整个画面就是无效的。不言而喻，随着时间的推移，对物种之间关系的描述总会增加新的细节，并修改旧的细节。

事实上，近年来，使用DNA样本的方法为我们提供了关于人类起源的新线索。例如，瑞典著名的研究者斯万特·帕博（Svante Pääbo）就已绘制了尼安德特人的DNA，由于他的工作，我们现在知道，尼安德特人不是我们的祖先（也就是说，不是智人的直系祖先），而是与"我们"（也就是与我们的直系祖先）同期生活的另一种人类，直到大约3万年前灭绝。[1]

通过对DNA的了解，我们获得的所有关于生物学的新知识都指向同一个结论：不存在智能设计。自然选择的过程本身完成了所有工作。

但从某种意义上说，智能设计确实存在！最近，我有机会和2018年诺贝尔化学奖得主、加州理工学院的弗朗西斯·H.阿诺德（Frances

---

[1] 参见Svante Pääbo, *Neanderthal Man: In Search of Lost Genomes* (New York: Basic Books, 2014)。

H.Arnold）交谈。1993年，她首次进行了酶的定向进化，酶是催化化学反应的蛋白质。她告诉我，智能设计运动试图用她的研究作为他们非常不科学的假说的证据，这让她非常恼火。

事实是，阿诺德博士自己就在进行智能设计，作为一个人和科学家。她利用科学和知识技能，以一个智能设计者的身份来指导进化。这才是真正的智能设计！

插曲：
论正常与异常

同性恋是异常的吗？嗯，当然，就像1月1日出生是异常的，或者身高6英尺3英寸（190.5厘米）是异常的，或者眼睛为绿色是异常的。正常是一个统计学概念，但它经常被错误地用作价值判断。

事实上，有5%到10%的人是同性恋者，这从统计学意义上来说不算常态。但在同样的统计学意义上，成为一个喜剧演员、一个花匠、一个大学校长、一个犹太人或一个世俗的人文主义者就更不正常了。

通常，"正常"与"最常见"等同，所以，不常出现的事情按定义就是不正常的。但不应该对这个词进行价值判断。为什么不常见的特质会引起恐惧、蔑视、谩骂等负面反应？

从古至今，人们传统上依赖的许多"权威"都对与自己不同的信仰体系，或不被大多数人认同的性行为或社会交往类型投以批评的目光。然而，对这类行为最合理的立场应该恰恰相反，因为事实上，人类特征、经验和生活方式的广泛多样使我们在这个星球上的生存更为丰富，而非面临威胁。

如果一种不正常的行为对我们自己或他人有害，我们就应该明确地质疑它。但这对正常的行为同样适用。以吸烟为例。吸烟在美国曾经非常流行，它被认为是非常正常的。但最终，吸烟被怀疑有损健康，吸烟的合理性也受到了质疑。如今，经过多年的医学研究，在美国，吸烟比不吸烟要不常见得多。换句话说，它在往昔是常态，今日却异常。

遗憾的是，我们大多数人对身边常见的行为并不像对打破规范的行为那样关注。后者往往会让我们反感，而前者一般只会得到默许。但是，对于一个人的行为，重要的不是它是正常的还是异常的，重要的是它是否有助于健康和幸福。总而言之，社会认为的"正常"只是一个统计学分布，而不应与价值判断相混淆。

第十一章
思想史：
世俗启蒙的根源

敢于求知！

伊曼纽尔·康德（Immanuel Kant）

世俗观念中的人是什么？这个问题的答案在漫长的历史中发展变化。我们来看一下世俗观念是如何受到古老的哲学传统影响的。事实上，有关人的世俗观开始得到重视的时候，正是人们开始不再那么害怕神秘的超自然事件，不再极度恐惧那些专横苛刻的神明的时候。

理性、同情和各种"黄金法则"

几千年来，人类发挥集体智慧，苦求种种谜题之解，例如上帝如何存在，何为有意义的生活，什么决定了行为是否正当。这种不断的道德反思是人的境况的内在组成部分，而道德反思的核心要素之一是同情（意为"同样地感受"或"共享情感"）。

同情他人的能力是人类的深层属性，不过，与许多人的看法不同，这一能力不是人类独有的。对黑猩猩和其他灵长类动物的实验表明，这些动物可以表现出同理心和同情心，甚至具有道德感。①

作为一个重要的生存策略，能感受到他者痛苦的能力在自然选择中得以进化和保留。在西方世界，对于移情、同情心和人权的哲学讨论，早在基督教将它们纳入其传统之前就开始了。

早在公元前900年到公元前200年，中国的儒家与道教、印度的印度教与佛教、希腊哲学和以色列的一神论社会中就形成了关于同情的哲学思想。例如，来自《自说品》（5，18）的佛教原则："以己喻彼命，是故不害人。"《自说品》记录了佛陀及其门徒的早期思想和言论。

在耆那教（与佛教在同一历史时期和文化环境下兴起于印度的一种宗教）的神圣著作中有如下内容："良好行为的原则是不伤害任何人。"

在道教的哲学思潮中也有类似的想法："见人之得，如己之得；见人之失，如己之失。"该句摘自《太上感应篇》，书名的意思是"尊者论善恶报应"。

在印度的一些早期哲学著作中，也有世俗哲学和思潮。因此，《奥义书》（最古老的用梵文写成的哲学著作，其标题的传统解释是"大师传授给入室弟子的秘密教义"）之一质疑梵天神的存在。大约在公元前600年，印度出现了名为顺世论（Lokāyata或Cārvāka）的哲学流派，该流派叛离了圣典，不再传承崇高的传统。其教义认为只存在一个世界——物质世界。因此，顺世论的信徒既不承认任何形式的神，亦不认可灵魂永生。顺世论清楚地说明了一个事实，即对宗教信仰的怀疑态度既不是近年的产物，也不是西方专有的现象。②

---

① Frans de Waal, *Primates and Philosophers: How Morality Evolved* (Princeton, NJ: Princeton University Press, 2009).

② 参见Stephen Law, *Humanism: A Very Short Introduction* (Oxford, UK: Oxford University Press, 2011).

公元前5世纪的中国思想家孔子，其道德和政治原则完全独立于任何神灵或超自然观念。尽管他没有明确否认神的存在，但他的教导关注的是人及其尘世生活。孔子在耶稣诞生前约500年就制定了如下黄金法则：

子贡问曰："有一言而可以终身行之者乎？"子曰："其恕乎！己所不欲，勿施于人。"

基督徒倾向于认为《圣经》中的黄金法则的形式优于前述版本。基督教的版本——你们愿意人怎样待你们，你们也要怎样待人——关注的是你应该做什么，而不是你不该做什么。乍一看，这种出自《圣经》的正面表述似乎是最好的，但是负面的表达形式也有一些优势。瑞典科学和伦理哲学家比吉塔·福斯曼（Birgitta Forsman）在她的《无神的道德》（*Gudlös etik*）中写道：

对我来说，不去干涉他人，不要求别人做什么，明显优于强迫别人做我认为好的事情。毕竟，体验可能因人而异……关于最坏的情况有句妙语："虐待狂是遵循黄金法则的受虐狂。"这个主题与政治和哲学中关于积极权利和消极权利的问题密切相关。消极权利，例如不遭受酷刑、奴役或监禁的权利，通常被认为比积极权利更为基本。[①]

古代哲学

在古希腊，人们提出了许多关于人类及其在宇宙中的地位的理论。古希腊社会组织得井井有条，使得人们主要关切的事不限于为生存而奋斗。至少对一些思想家来说，他们还有时间反思生活。这些古希腊思想家催生

---

① Birgitta Forsman, *Gudlös etik* (Stockholm: Fri Tanke, 2011).

了哲学、科学和戏剧——探索人类和世界本质的不同方式。

在这里，我们还可以察觉到世俗人文主义思想的最早痕迹。据我们所知，古希腊哲学家是第一批系统地思考世界是如何组成和运作的人。现在，这些哲学家通常被称为"自然哲学家"——探求自然本质的思想家。其中最重要的3位是泰勒斯（Thales）、阿那克西曼德（Anaximander）和阿那克西米尼（Anaximenes），他们都生活在公元前五六世纪。

泰勒斯推测，整个世界仅由一种基本物质组成，从中可以形成其他物质。由此，他思考了世界中复杂的结构和现象如何规约为更简单的事物。

阿那克西曼德通常被认为是天文学的奠基人。但他还基于对化石的研究，发展出一种有关人类如何起源于海洋生物的理论。因此，他对人类起源的想法比查理·达尔文的进化论早了大约23个世纪。

阿那克西米尼认为我们世界上的一切都起源于气，所有其他物质均产生自气的凝聚或稀散。

这3位自然哲学家的一个最重要的特征是，他们从不诉诸神话或宗教思想来解释事物；他们努力将观点建立在观察和理性思考之上。

哲学家德谟克利特（Democritus，约前460—前370）进一步发展了泰勒斯的思想，他最有名的理论是认为世界由微小的不可分割的微粒组成，他称之为原子（atom，前缀"a"表示"无"，而"tom"表示"部分"，因此，德谟克利特发明的单词"原子"本身由2个语义部分和4个字母组成，表示"不可分割"）。德谟克利特的哲学是自然主义的，因为他认为一切都由原子构成，遵循的是整个宇宙普遍存在的机械的自然律。德谟克利特甚至认为意识也是自然律的产物，当我们死后它就不复存在了。

德谟克利特常被引用的一句话是："除了原子和虚空，无物存在；其他一切，只是意见。"这当然不是真的，但这很清楚地表明了他对现实的自然主义观点。

普罗泰戈拉（Protagoras，约前485—前415）发展了与德谟克利特类似的理论。在他的著作中有这样的说法："至于神，我没有把握说他们是否存在，也不敢说他们是什么样子，因为有许多事物妨碍了我们确切地认识，问题是晦涩的，人生是短促的。"

所以，尽管普罗泰戈拉没有直接否认神的存在，但他基本上将他们当作无关紧要的事物。他最著名的一句话就是"人是万物的尺度"。

公元前3世纪有一位伟大的古希腊哲学家伊壁鸠鲁。和德谟克利特一样，伊壁鸠鲁相信，当一个有思想的生物死亡时，构成其身体和思想的原子就分散到四面八方，这个生物什么也不会留下。他还认为，生命的意义在于我们短暂停留在地球上时创造美好的事物，而且，如果我们专注于生活中的小乐趣，我们就能获得内在的平和与和谐。这种关于生活的观点后来被称为享乐主义。根据伊壁鸠鲁的说法，人只是物质实体，并没有不朽的灵魂。对伊壁鸠鲁而言，正义在于谨慎遵守我们人类制定的协议和约定，其目的是防止我们彼此伤害。

长久以来，伊壁鸠鲁几乎不曾出现在典型的西方文明史中，这是因为他的理论被认为与基督教神学不相容。

这些早期思想家最重要的贡献不在于他们提出的关于世界的理论本身，而在于他们思考的对象是现实世界，而不是想象中的神或神的社会。中世纪的哲学家一生致力于思考"在一根针上可以有多少个天使跳舞"这样徒劳无益的荒唐问题，而更早的古希腊哲学家求索的则是关于可见、可听、有形现象的问题。如此看来，他们认为世界是自然的，而不是超自然的。

智识三巨擘

可以说，西方思想从三个古希腊哲学家那里受到的影响比从其他任何人那里受到的都多。这三个思想家——苏格拉底、柏拉图和亚里士多德——都生活在公元前三四世纪。

柏拉图是苏格拉底的学生，亚里士多德是柏拉图的学生。这些哲学家共同证明，以审慎探究的态度，借助推理工具，对人类与世界进行逻辑思考是可能的。

苏格拉底展示了一种新的写作风格，即用对话形式提出许多问题，并探讨各种可能的答案，这种形式可以探索和分析所有复杂和微妙的主题。仅仅通过提出一系列有深度的问题，苏格拉底就能为假设的对话方提供见解和知识。这种技术被称为苏格拉底反诘法。

柏拉图在某种意义上是一个民主人士，尽管从今天的意义上来说并非如此。他认为社会应该由开明的精英统治，而不是由公民统治。那很难算得上民主！但是，就知识而言，他是民主人士。也就是说，他认为，在辩论中获胜的论证就是最好的（即最合乎逻辑的）。辩论的成功既不取决于辩论者是谁，也与辩论者如何表述无关；真理和客观性永远优先于个性和修辞。

亚里士多德以调查研究的态度来了解世界。他还根据对人性的研究，试图将道德根植于理性之中。他主要关注的是如何在尘世生活中获得快乐与福祉，而不是想象中的死后生活。

显然，这些古代哲学家在许多事情上都是错误的。今天，我们的知识远远超过他们。但是他们开拓了一种思维方式，人类之后对知识的集体追求和好奇态度都得益于此。

有趣的是，柏拉图的许多著作（即使不是大多数）仍然存世，而伊壁鸠鲁的著作几乎都已佚失。最可能的原因是，古希腊典籍得以保存和流传，靠的是仔细誊抄和僧侣的翻译，而僧侣认为伊壁鸠鲁的观点与自己的信仰不相容，因而不想让其散播。通过这种方式，基督教神学的信条几乎决定了哪些古代哲学家有可能影响我们现在的观念。

以人为本

古希腊思想家关注的中心并不是神，而是人。他们认为，每个公民都有责任和义务去学会更可靠地推理、发展道德原则、在社会中尽责、过明智的生活、与其他公民和谐相处。这并不意味着这些哲学家一直否认赫赫有名的希腊诸神的存在。只不过，在他们试图理解自然世界与人类境况的时候，人与神之间的关系并不是他们关注的重点。他们也不认为道德依赖任何一种神谕或天上的权威。

此外，古希腊思想家认为人的能力可以提高：人类有发展和进化的潜力。这样，古希腊就为整个西方世界的教育风格奠定了基础。这些哲学家的理想是人们的智力和艺术能力全面发展，教育内容包括哲学、逻辑学、修辞学、数学、天文学和戏剧等。

希腊人称这种理想的教育为派地亚（paideia）。罗马人很快就引进了这个概念，使用了类似意义的拉丁文humanitas。这个词演变为英语单词humanism（人文主义）。因此，人文主义的源头来自这样一种古希腊观点，即人是进化的生物，独立于神或其他超自然的存在和力量。

亚历山大大帝（Alexander the Great，前356—前323）是亚里士多德的学生。在他的统治下，希腊帝国不断扩张，直到包括了当时希腊人所知世界的大部分地区。

当罗马人最终在公元前2世纪击败希腊军队时，希腊的教育观念已被罗马帝国的文化完全吸收。罗马帝国的统治持续了大约600年，一直到公元4世纪末。在此期间，希腊人的教育理想一直都受到罗马人的尊重。

古罗马哲学家卢修斯·安内乌斯·塞涅卡（Lucius Annaeus Seneca）出生于现在的西班牙城市科尔多瓦，出生日期距公元元年仅几年，因此他是耶稣的同代人。他年轻时被送往遥远的罗马学习哲学和修辞学。塞涅卡在罗马政治中起过重要作用，但最终被迫流放。

中世纪

罗马帝国沦陷后，我们通常称之为中世纪的时期开始了，这一时期持续了近1000年。在许多方面，"黑暗"中世纪并不像我们今天所想象的那样黑暗，但是古希腊人对教育的理想以及对人类的关注黯然淡出历史舞台，取而代之的是占主导地位且不断发展的教会，以及基督教式的神学理论。

几乎所有的艺术和思想探索都出自宗教或神学。教会——基本上是天主教会——竭力确保自己完全控制哲学和所有其他类型的教育。对教义和守则有任何疑问的人会受到严厉的惩罚，如果不是绞刑或斩首（或其他严酷的处决方式），那就是酷刑和长期迫害。

在此期间，欧洲出现了第一批大学，但它们几乎只局限于基督教神学的研究。人自身和宇宙中的其他事物仅当牵涉到人神关系时才会被提起。

于是，在无意之中，古希腊的自然哲学被移交给了中东的阿拉伯哲学家，并被发展延续。因此，古希腊哲学能在那时候幸存下来，要归功于阿拉伯和伊斯兰世界。

阿拉伯哲学家阿维洛伊（Averroës，1126—1198）①出生于科尔多瓦，属于当时的伊斯兰国家西班牙，当时那里享有很大的思想自由。阿维洛伊对亚里士多德的所有著作都发表了学术评论，这有助于保证亚里士多德的思想可以传给尚未出生的子孙后代。在中世纪的欧洲，基督教统治至高无上，亚里士多德的作品大多淹没在故纸堆中，被人们遗忘。但是，得益于阿维洛伊的工作，亚里士多德的哲学又重回主流视野，并至少部分地融入了基督教神学。

阿维洛伊还主张，无论何时，如果宗教著作与自然哲学家的观点相矛盾，就应该将宗教文本解读为隐喻或神话，而不仅仅是字面意义。这是一种激进的立场，它以牺牲对《圣经》和《古兰经》的字面解释为代价，为自然哲学和科学的繁荣开辟了道路。通过这种方式，阿维洛伊为之后西方哲学的启蒙运动奠定了坚实的知识基础。

---

① 阿维洛伊的名字实际上是Abū al-Walīd Muhammad ibn Ahmad ibn Muhammad ibn Rushd，他的第一本书是关于医学的。然而，他的最主要贡献是在哲学上做出的。

文艺复兴

直到14世纪末意大利文艺复兴时期（法语单词renaissance意为"重生"），古希腊和罗马的人文主义教育理念才得以全面复兴。人再次成为关注焦点。在许多方面，文艺复兴时期"全才"的概念重现的是那些早已被遗忘的关于知识和人类潜能的观点。

在文艺复兴时期，对人和人类状况的研究以崭新的方式占据了历史舞台的中心。大学课程扩充了，涵盖了天文学、法律、几何学、医学和艺术等学科。这些学科的教师和他们的学生被称为人文主义者。文艺复兴时期的人文主义者发展了自己的新哲学传统，开始质疑教会的"真理"概念。特别是，他们提出了这样的观点，即教会不再被视为知识甚至道德的主要来源。知识可以不来自上帝的启示，而且它的来源可以更好。自己的观察和个人经历同样可以是获取知识的有效途径。独立思考成为一种美德，而不是一种令人恐惧或会受惩罚的行为。哲学的使命逐渐变成提出好的问题，而不仅仅是为基督教神学和教会制度提供服务。

人文主义者认为，中世纪的宗教教义使人屈从于上帝，而他们希望使人类恢复自尊和自治的状态。

对天主教会的批评不仅来自人文主义者，还来自宗教改革运动的代表，运动的领袖是马丁·路德这样的独立思想家。1517年，路德发表了革命性的作品《九十五条论纲》。当时正逢约翰内斯·谷登堡（Johannes Gutenberg）发明了活字印刷术，这使得路德的思想在欧洲范围内迅速而广泛地传播开来。这首先带来了基督教教会的分裂，然后推动了新教的建立。

到16世纪末，自然哲学家的思想开始对人们的思想产生整体影响。现代科学的雏形由此产生。科学迅速取得了长足的进步，以至于老式的基督教神学难以跟上关于世界的新知，亦难与之共存。

在16世纪，英国哲学家和外交官弗兰西斯·培根批评了教会的宗教教义，质疑了教会是知识的来源之一这种说法（更不用说是知识的唯一来源的说法），他的观点比以前的批评产生了更持久的影响。培根倡导哲学和自然科学取代教会的教义而成为了解世界的工具。他认为，知识的真正来源是理性，而不是启示。

17世纪，意大利的伽利略和英国的艾萨克·牛顿等自然科学家发展出一种科学地观察世界的新方法，其与教会的教义相悖，而且表明整个宇宙都受到永恒的自然数学定律的支配。

在这一快速发展变化的时期，天主教教义还处在统治地位，对其公开进行挑战是有风险的。实际上，许多人警告伽利略不要宣称哥白尼关于宇宙的日心模型是真实的（日心说认为，地球绕着太阳旋转。而天主教会长期以来都持地心说观点，认为太阳绕着地球旋转）。伽利略对这些警告置若罔闻，结果，因其大胆的理论，天主教会愤而降罪于他。在宗教裁判期间，他被捕并受到酷刑和处决的威胁。但是，在他承认自己的罪行后，他的惩罚被减为监禁，然后变成软禁。

许多人想知道伽利略是否真的在天主教会的官员面前提供了日心说的充分证据。当然，今天我们知道他的结论是对的，但也许他的结论出自错误的论据。因此，从某种意义上说，我们有理由认为教会在拒绝日心说时是"诚实的"。另一方面，很明显，教会可能会惩罚敢于否认《圣经》字面意思的科学家。英国哲学家斯蒂芬·劳（Stephen Law）在2011年的《人文主义：导论》（*Humanism: A very Short Introduction*）一书中写道：

2000年，教皇约翰·保罗二世为教会对伽利略的审判等事件公开道歉。然而，在1990年，拉青格（Ratzinger）枢机主教——前本笃教皇引用了哲学家保罗·法伊尔阿本德（Paul Feyerabend）的话："在伽利略时代，教会比伽利略本人更忠于理性。针对伽利略的程序（意思是"审判"）是

合理而公正的。" ①

确切地说，拉青格所说的话是有争议的，但显然引起了一些人文主义者的不满。②

焦尔达诺·布鲁诺（Giordano Bruno, 1548—1600）的案例体现了教会的极端手段。布鲁诺是多明我会的一位僧侣，供职于那不勒斯附近的一座修道院。通过研究科学和数学，他形成了宇宙中的其他地方可能存在生命的观点，这与天主教会的教义有深刻的冲突。结果，他被指控为异端。他别无选择，只能放弃神职，离开修道院，先前往法国，之后去了英格兰，最后到了德国。每到一处，他都凭借广博的科学知识和独创的记忆法而倍受尊敬。然而最终，天主教宗教裁判所还是逮捕了他，在长达8年的时间里，他辗转于多个监狱，最后以异端罪名被判有罪。1600年2月17日是可耻的一天，那天，在罗马著名的百花广场，布鲁诺被处以火刑。

理性主义和经验主义

在17世纪，借助当时出现的数学和分析工具，思想家可以系统性地进一步探索宇宙。

得益于法国哲学家、数学家勒内·笛卡尔（René Descartes, 1596—1650），荷兰哲学家巴吕赫·斯宾诺莎（Baruch Spinoza, 1632—1677）和德国哲学家、数学家戈特弗里德·威廉·冯·莱布尼茨（Gottfried Wilhelm von Leibniz, 1646—1716）这些杰出的头脑，文艺复兴后期的思想家获得了深入分析和理解自然规律的关键工具。

笛卡尔还特别考虑了我们真正可以确定的知识类型。为了分析知识的

---

① Law, *Humanism*.
② 发表这一挑衅声明约15年后，拉青格当选教皇，采用的名讳是"本笃十六世"。

基础，他试着问自己他所有的信念是不是"邪恶的魔鬼"制造的幻象带来的。如何确定不是这样呢？

他的结论是，至少他自己的存在是确定无疑的，因为至少作为被欺骗的对象，他必须存在。这就是他的名言"我思故我在"背后的思想。笛卡尔也是一个二元论者，他认为身体和灵魂本质上是不同的实体，身体不能思考，是三维空间中的物理结构（有广延性），灵魂有思维，但没有物理维度，不处于空间中。在随后的几个世纪中，笛卡尔的二元论对西方思想产生了深远的影响。

瑞典的克里斯蒂娜女王（Christina, 1626—1689）对笛卡尔的思想着迷，于是请他来斯德哥尔摩做她的教师。不幸的是，笛卡尔无法适应瑞典的寒冬，在斯德哥尔摩的皇宫里待了几个月之后，他死于肺炎。

斯宾诺莎出生时是犹太人，被认为是那个时代杰出的理性主义者之一。他认为我们知识的来源是理性官能而不是感觉经验。他对上帝的定义与传统观念大相径庭，认为上帝和自然是同一的，后来有人将这种观点称为泛神论。他的许多同时代人都认为他是无神论者，为此，他在24岁那年就被终身禁止加入阿姆斯特丹的任何犹太教会。

莱布尼茨对一些数学工具的发展做出了贡献，这些工具至今仍用于描述自然，尤其是他与艾萨克·牛顿同时发现的微积分。他有许多技术发现，其中之一是"数学机器"，从某种意义上说，它是当今计算机的先驱。

这三位理性主义哲学家的共同点是相信推理是所有知识的基础，而经验主义者则倾向于将感官知觉视为知识的源头。

经验主义观点最重要的代表是英国哲学家约翰·洛克（John Locke, 1632—1704），他的贡献主要是在17世纪后期。洛克不仅是不列颠群岛上启蒙运动中的主要人物，还激发了自由与平等的政治思潮。人们通常认为他是第一位经验主义者。他否认先天观念的存在，并相信当婴儿出生时，他们的心灵只是"白板"，然后在生活中被感官印象所填写。洛克在他的

《人类理解论》（*An Essay concerning Human Understanding*，1689）中试图解释知识的局限性。

经验主义的另外两个主要人物是爱尔兰哲学家乔治·贝克莱（George Berkeley，1685—1753）和苏格兰哲学家大卫·休谟（1711—1776）。休谟在即将到来的启蒙运动中也扮演了中心角色，我们马上就会看到，该运动将对宗教进行严厉的批评。

启蒙运动

科学的进步、新的数学工具以及哲学的理性转变为全新的世界观打开了大门。我们人类是否可以在栖身的世界中对自身有所理解？在人类理性和科学教育的帮助下，我们是否可能安心地活在一个无神指引的世界上？

这类思路引发了一场新的知识运动，称为启蒙运动，始于17世纪中期，其中心在法国。启蒙运动的关键思想是对人类及其理性力量的信心。启蒙思想家拒斥对统治者和教会权威的盲目信仰。更确切地说，启蒙运动的关键主张是社会由人类组成，而每个人都拥有同等的价值。

德尼·狄德罗（Denis Diderot，1713—1784）是18世纪法国启蒙运动的哲学领袖之一。他是《百科全书》（*L'Encyclopédie*）的主编，该书是法国第一本通用参考书籍，共35卷，历时30年（从1751年到1780年）完成。这是有史以来出版的大型百科全书之一，狄德罗亲自撰写了6万多条条目中的几千条；他还阅读、讨论并纠正了其余大部分内容。狄德罗还是散文家，哲学家，法学家和文学、艺术、音乐评论家。最重要的是，他是一位直言不讳的女性权利拥护者。[1]

狄德罗是一位坚定的无神论者，他的《百科全书》中包含许多激进的和自然主义的思想。他在一条条目中将"开明的思想者"描述为"无视偏

---

[1] 参见Jacques Attali的传记*Diderot, ou Le bonheur de penser* (Paris: Pluriel, 2013)。

266

见、传统、大众意见和权威——总之，所有束缚思想的事物，他敢于独立思考"。（至于句中的"他"，那个时代的女性完全没有地位。即使是狄德罗也不足够开明。唉。）

尽管引起了很大争议，还被国家级别的审查员反对，狄德罗仍在《百科全书》中收录了数篇批评教会和神学的文章。他的书房常遭到搜查，目的是找出批评国家和正统道德的文章。《百科全书》还没出版就遭封禁，狄德罗多次被捕入狱。在他的《哲学思想录》（*Philosophical Thoughts*，1746）中，他写道："怀疑论是迈向真理的第一步。"

狄德罗努力通过写作来维持自己的生活，但他也很幸运地得到了俄国女皇叶卡捷琳娜大帝（Catherine the Great，1729—1796）的资助。在她的支持下，狄德罗前往俄国，并帮助她为未来的俄国大学制定了计划。

法国启蒙运动的另一位重要哲学家是弗朗索瓦·马里·阿鲁埃（François-Marie Arouet，1694—1778），他的笔名"伏尔泰"（Voltaire）更为人所知。他对天主教会提出了深刻批评，并为捍卫人权和言论自由做出了英勇的努力。据说，伏尔泰的一句名言在讨论言论自由时常被引用，这句话是："先生，我不同意你所说的话，但我将誓死捍卫你说话的权利。"

其实伏尔泰从没说过这句话，在他死后128年，英国作家伊夫琳·比阿特丽斯·霍尔（Evelyn Beatrice Hall）在其1906年的《伏尔泰之友》（*The Friends of Voltaire*）一书中借伏尔泰之口说了这句话。尽管这句话不是真的引用自伏尔泰，但它确实恰当地表达了他的立场。

伏尔泰与各种形式的宗教教条和迷信进行了斗争，并坚信人类理性的力量有助于塑造更美好的世界。他最著名的作品是小说《老实人》（*Candide*，1759），该小说讽刺了天真的邦葛罗斯博士，后者坚信我们生活在"最好的可能世界"中。

在可追溯到1763年的著名作品《论宽容》（*Traité sur la tolérance*）一书中，伏尔泰对天主教会进行了有力的抨击，描述了基督教教义精神引起的狂热。他宣称，只有哲学和宽容才能最终击败宗教狂热主义，以爱尔兰的阿尔斯特叛乱为例：

> 我们将看到一个人口更多、更富裕的爱尔兰。在那里不会有这样两个月时间：天主教徒用新教徒来献祭上帝，将他们活埋，将母亲挂在脚手架上，将其女儿绑在母亲的脖子上，眼看着她们一起死去；或切开孕妇的腹部，拔出半成形的胚胎，扔给猪狗作为食物；或将剑放在囚犯手中，将这些武器对准囚犯的妻子、父亲、母亲和女儿的胸膛，迫使他们杀害所有亲人，于是不仅仅谋杀他们，还保证他们将永远在地狱中受苦。[①]

伏尔泰在此描述的"圣战"不免使人联想到今天在各派极端主义圣战分子之间进行的战争，尤其在伊拉克和叙利亚。

与伏尔泰、狄德罗同时代的另一位名人是出生于德国的法国哲学家保尔·昂利·霍尔巴赫（Paul Henri Thiry d'Holbach，1723—1789），他对启蒙运动贡献很多，著述颇丰，并为《百科全书》撰稿。他最重要的著作是《自然体系》（ *Système de la nature*，1770），因有争议的内容而被焚毁。

霍尔巴赫是一位无神论者，他认为世界上的一切都可以规约为物质及其服从的法则。他还批评了法国君主制及其造成的社会不平等。

世俗哲学、道德和政治

1789年的法国大革命受到启蒙哲学家思想的深刻启发。之前提到的苏格兰哲学家大卫·休谟就是法国以外启蒙运动的伟大思想家之一。休谟的重要贡献不仅在知识论和宗教哲学领域，还包括道德和政治哲学。

休谟在他的第一本主要著作《人性论》（ *A Treatise of Human Nature*，

[①] Voltaire, *Traité sur la tolérance* [A treatise on tolerance] (1763).

1739）中提出了他对宗教的主要批评，这些批评发展成形于他早期的作品。因为他的思想确实是倡导无神论的，所以他不被允许担任哲学教授。他关于宗教哲学的伟大著作《自然宗教对话录》（*Dialogues Concerning Natural Religion*）于1779年首次出版，他在书中充分表达了自己的立场。

休谟批评了许多奇迹和神迹（这些现象是违背自然律的），他的批评对当时的思想家产生了深远影响。他以一种非常普遍的方式分析了在什么情况下我们应该相信个人报告，他得出结论说，对于有关奇迹的怪异惊人的说辞，我们有更好的解释，而不必简单地接受这些奇迹真的发生了。

在18世纪，启蒙运动的思想在整个欧洲迅速传播。科学家、哲学家和作家共同努力，进一步发展了启蒙运动的思想。

德国哲学家伊曼纽尔·康德（1724—1804）对启蒙运动的思想产生了重大影响。在1784年发表的著名论文《对"什么是启蒙"的回答》（*Beantwortung der Frage: Was ist die Aufklärung?*）中，他如此描述启蒙运动：

启蒙就是人走出归责于自身的未成熟状态。未成熟状态是这样一种无能为力：若无他者领导，就不能运用自己的理智。若依赖他人的原因不是缺乏知识，而是缺乏独立自主的决心和勇气，这种未成熟状态就归责于自身。要敢于求知！敢于运用自己的理智！ ①

康德的论文反映了启蒙运动对人类能力的信心，相信人可以通过哲学思考、批判性思考、科学研究和政治变革得以发展。他的"Sapere aude！"（"敢于求知！"或"敢于运用自己的理智！"）甚至可以被视为整个启蒙运动的座右铭。

在此期间，英国最重要的启蒙运动思想家也许是法学家、哲学家杰

---

① Immanuel Kant, "Beantwortung der Frage: Was ist die Aufklärung?" [An answer to the question: What is enlightenment?] (1784).

里米·边沁（Jeremy Bentham, 1748—1832）。在他生命的尽头，他写了《自然宗教对人类短暂幸福的影响分析》（*Analysis of the Influence of Natural Religion on the Temporal Happiness of Mankind*, 1822），其中他将宗教描述为非理性的（尽管完全可以解释为自然现象），而且对社会有害。边沁通常被认为开创了功利主义，后者是基于他的效益概念的现代哲学。根据边沁的观点，道德原则并没有超自然的本源，而是完全可以从一个基本前提演绎出来：为最多数量的人带来最大的幸福。边沁大力倡导教育，将其视为实现更大福祉和更美好的社会的源泉。

边沁对动物权利的哲学也有开创性的想法。例如，在《道德与立法原则导论》（*An Introduction to the Principles of Morals and Legislation*, 1789）中，他写道：

> 或许有一天，动物世界的其他生物可以获得原本就该有，只因人的残暴而遭剥夺的权利。

> 有一天，人们也许会承认，长有几条腿、皮肤是否长有绒毛、骶骨末端是何形态，也同样不能构成充分的理由将有感知的生物置于同样的境地。还有什么理由可以构成这条不容逾越的界限？是理性吗？是语言能力吗？然而，与刚出生一天、一周，甚至一个月的婴儿相比，成年的马或狗更有理性，更会沟通。但即使这一点不成立，又能证明什么呢？问题不在于他们是否会推理，也不在于他们是否会说话，而在于他们能否感受到痛苦。法律为什么要拒绝保护有感知的生物？总有一天，人性的斗篷将会庇佑所有能够呼吸的生命。[①]

在大不列颠，启蒙运动的代表人物还有哲学家、作家和女权主义者玛丽·沃斯通克拉夫特（Mary Wollstonecraft, 1759—1797）。她的女儿

---

① Jeremy Bentham, *An Introduction to the Principles of Morals and Legislation* (1789).

是玛丽·雪莱（Mary Shelley，1797—1851），于1818年撰写了小说《科学怪人》（*Frankenstein*）。玛丽·雪莱的丈夫珀西·比希·雪莱（Percy Bysshe Shelley，1792—1822）也属于启蒙思想家，这群人是怀疑论者，拒绝接受宗教声称的真理，并因此受到了惩罚。在和玛丽结婚之前，19岁的雪莱就发表了《无神论的必然性》（*The Necessity of Atheism*，1811）。为此，他被牛津大学开除。仅仅几年后，即1822年，《伦敦信使报》的一名记者得知雪莱在海上丧命，拿这位已逝诗人的无神论观点开起恶意的玩笑："雪莱，异端诗歌的作者，今已溺毙；现在，他该知道上帝是否存在了。"

启蒙是争取自由的运动

启蒙时代及其哲学被许多人理解为自由运动。它的哲学使人们意识到，他们不需要安于被压迫。这类新思想在美洲争取摆脱英国殖民统治和创立美利坚合众国的过程中起着中心作用。

启蒙运动的思想家、作家、科学家和政治家本杰明·富兰克林（Benjamin Franklin，1706—1790）是18世纪英国殖民地争取自由的灵魂人物和政治核心。富兰克林最初是费城的图书印刷商，很快就成了北美英国殖民地的意见领袖和文化生活中的重要人物。后来，他还因对电的钻研（他是第一个认识到电分为正负两极的人）和发明避雷针而闻名。富兰克林创立了美洲哲学会，为启蒙哲学从欧洲传向美国做出了贡献。

在英国与其殖民地之间的冲突中，富兰克林曾做过一阵子掮客，但随后他决定舍弃利益，将殖民地的独立放在首位。他成为起草《独立宣言》的委员会的成员，1776年7月4日，13个殖民地宣布脱离英国独立，这一天成为美国的国庆节。富兰克林与托马斯·杰斐逊（1743—1826）合作，建立了一个以启蒙运动的哲学理想为基础的美国。杰斐逊后来于1800年成为美国第3任总统。

18世纪另一位重要的启蒙思想家是英国作家托马斯·潘恩（Thomas

Paine，1737—1809），他于1774年前往美国，倡导美国脱离英国的统治，事实上，是潘恩想出"美利坚合众国"这个称呼的。他是最早一批呼吁废除奴隶制和死刑的人。他还倡导妇女权利，并提出了类似现代社会养老保险制度的想法。潘恩在1793年出版了《理性时代》（*The Age of Reason*）一书。

具有讽刺意味的是，尽管美国建国之基是世俗思想，但正如我们已经提到过的，现在，基督教保守派和基要主义运动对美国政治产生了强大影响。这种令人不安的趋势的一个例证是，托马斯·潘恩去世多年后，通常被认为是思想开明、进步的美国总统西奥多·罗斯福（Theodore Roosevelt）将潘恩描述为"一个肮脏的无神论者"。[①]

19世纪

19世纪是科学真正兴盛的世纪。医学和技术领域的重大进步迅速改善了许多人的生活状况。

该时期的一个重要思想家是英格兰的约翰·斯图尔特·密尔（John Stuart Mill，1806—1873），其父詹姆斯·斯图尔特·密尔（James Stuart Mill）是杰里米·边沁的朋友。约翰·斯图尔特·密尔成为19世纪英国自由主义的主要人物。他的作品中影响最为深远的是《论自由》（*On Liberty*，1859）和《妇女的屈从地位》（*The Subjection of Women*，1869），两部作品中的思想是他和妻子哈丽雅特·泰勒·密尔（Harriet Taylor Mill）一起发展的。他在其中主张个人自由不可侵犯，还主张两性完全平等。在19世纪下半叶，他对启蒙思想家的影响尤为强烈。

说到英国的启蒙运动，不能不提伟大的博物学家查理·达尔文和他

---

① 参见Susan Jacoby，*Freethinkers: A History of American Secularism* (New York：Metropolitan/Owl, 2005)。

的同事托马斯·赫胥黎。从严格意义上讲，二者都不是启蒙哲学家。他们都是科学家。但是，正如我们之前看到的，达尔文的自然选择和物种起源理论使人们不必相信有一个上帝用超乎想象的无穷智慧，精心设计了人类和其他动物。达尔文的巨著《物种起源》于1859年问世，立即引起轩然大波。数年后的1871年，他终于出版了《人的后裔》（*The Descent of Man*），其中特别描述了人类是自然进化的产物。

如前所述，达尔文的进化论一直被基督教、犹太教和伊斯兰教的宗教激进主义者排斥，但是在严肃的科学界，毫无疑问，进化论正确地描述了所有物种的演化，包括人类。

达尔文的朋友赫胥黎是一位专于解剖学的医生。1863年，在他的《人类在自然界的位置》（*Evidence as to Man's Place in Nature*）一书中，他指出人（不仅仅是男人，虽然书名说的是man！）的大脑结构与猿类之间存在很多相似之处。赫胥黎很快成为达尔文理论最重要的倡导者和推广者；实际上，他的表现为他赢得了"达尔文的斗犬"的绰号。赫胥黎不仅对科学充满热情，而且是一位非常有说服力的演说家。是他创造了"不可知论"一词，而且他首先提出鸟类是从恐龙进化而来。

赫胥黎最伟大的演说发生在1860年6月30日的牛津大学。这是赫胥黎与主教塞缪尔·威尔伯福斯（Samuel Wilberforce，1805—1873）的一场辩论，后者坚持完全按照字面意思来解释《圣经》，并且他的油滑举止为他赢得了"肥皂萨姆"的绰号。查理·达尔文本该参加辩论，但当时他病得很重，只得卧床在家。威尔伯福斯主教花了半个小时来开场，他的发言时而逻辑严密，时而尖刻轻蔑，总是夸夸其谈，用这种语言风格，他朝进化论全力开火，最后还挖苦赫胥黎，问他的猴子祖先来自母亲那一方还是父亲那一方。据说赫胥黎大概是这样回应的（没有确切的辩论笔录存世）：

我丝毫不以祖先是猿类而感到羞耻。然而，我为这样的事感到羞耻，一个人将自己的才华浪费在用空话掩藏真相上。

维维安·格林（Vivian Green）在她的《基督教的新历史》（*A New History of Christianity*）一书中描述的赫胥黎的回答不尽相同，但更为详尽，具体如下：

人没有理由为祖父是猿猴而感到羞耻。如果有什么祖先是令我感到羞耻的，那将是一个人，一个思维活跃、多才多艺的人，他不在自己的领域追求成就，不研究自己尚不熟悉的科学问题，而是用漫无边际的修辞来掩盖问题，用话术来转移主题，巧用宗教偏见将听众的注意力从真正的问题上引开。[1]

无论双方实际上说了什么，那都是一个历史性的事件，双方的话语非常激烈，因为这是有史以来第一次关于进化论的公开辩论。哪一方是辩论的"赢家"目前尚无定论，但斗争序幕已然拉开。

在德国，哲学家路德维希·费尔巴哈（Ludwig Feuerbach, 1804—1874）提出，上帝的观念是人类自身内在本质的投射。具体来说，在他1841年的著作《基督教的本质》（*The Essence of Christianity*）中，他试图证明基督教的上帝概念实际上是一个理想的人的概念，存在于每个人的心中。顺便说一句，费尔巴哈的哥哥卡尔·威廉（Karl Wilhelm）是一位非常有天赋的数学家，他在22岁时发现了整个欧几里得几何学中最美丽的定理，简称"费尔巴哈定理"。不幸的是，他患上了一种不明的精神疾病，英年早逝。

德国哲学家弗里德里希·尼采（Friedrich Nietzsche, 1844—1900）是费尔巴哈的同代人。1869年，他成为瑞士巴塞尔大学的希腊文教授，

---

[1]　Vivian Green, *A New History of Christianity* (New York: Continuum, 2000).

但不久因病不得不离职。他强烈批评德国的反犹太主义和民族主义。尼采在其1882年出版的《欢快的科学》(*The Gay Science*)一书中宣称"上帝已死",而在《查拉图斯特拉如是说》(*Thus Spake Zarathustra*,1883—1885年出版)中,他又回到了这一主题。

尼采是世界主义(世界公民的理念,与民族主义相对,后者本质上是对国家和边界的信仰)的早期倡导者,他宣扬一个统一的、无边界的世界。他写道,基督教的道德观念是一种"奴隶道德",即一种基于自我否定、自我剥夺和愤怒的否定生命的态度。随着年龄的增长,尼采的心理状况越来越不稳定,最后,在1889年,他精神严重崩溃。尼采去世后,他的妹妹伊丽莎白·弗尔斯特-尼采(Elisabeth Förster-Nietzsche)管理着哥哥的档案,直到1935年去世。不幸的是,她成为纳粹主义的受害者,因此,她全力将哥哥描绘成伟大的纳粹思想家——这真是荒唐,因为他明确拒斥所有民族主义思想和反犹太主义。

在19世纪的瑞典,也有启蒙运动思想家对基督教和教会的权力提出批评。1888年,维克托·伦斯特兰德(Viktor Lennstrand,1861—1895)创立了瑞典功利主义协会,并成为其首任主席。伦斯特兰德在青年时代曾是一个深信福音的基督教徒,但在20岁左右,他脱离了所有宗教,成为讲师和作家,主要关注对宗教的批评。因为这种"罪行",他多次入狱。

1889年,伦斯特兰德发行了名为《自由思想者:瑞典自由思想之声》(*Fritänkaren:Organ för Sveriges fritänkare*)的报纸,他在该报纸第一期的头版中如此解释这一报纸的必要性:

> 在我们看来,唯一剩下的选项就是:建立我们自己的新闻媒体,为各行各业真正的自由思想者提供保护。通过这个媒体,我们可以将真相传达给有思想的公众,让公众去裁决,而不必受到不公正的指控。①

---

① Viktor Lennstrand, *Fritänkaren*, June 1, 1889, 1.

1889年6月1日，这篇社论以瑞典语出现在《自由思想者》第一期的头版。

因为他发表了名为《基督教道德和理性道德》（*Christian Morality and Rationalistic Morality*）、《此后还有生活吗？》（*Is There a Life after This One？*）和《我们功利主义者想要什么？》（*What Do We Utilitarians want？*）之类的演讲，伦斯特兰德被多次起诉。他还因为印刷《厄勒布鲁的六条论纲》（*Six Theses of Örebro*，以他演说这些内容时所在的瑞典城市命名），被起诉侵犯新闻自由。

自由思想者和无神论者

我们已经看到，世俗思想源于古希腊，然后在意大利文艺复兴时期、英国和法国的启蒙运动中得到进一步发展，直至今日。这些阶段都有一条共同线索，就是自由思考：人类的权利（和义务）是不受教条约束地思考，使用我们与生俱来的理性能力。

一些自由思想者能够想象一位神作为"原始创造者"，开创宇宙，使其运行，但在随后发生的事中不起作用。这种有关抽象神的态度被称为自然神论（deism）。自然神论者认为，即使存在（或曾经存在）创造世界的神圣实体，今天的人类也不再与该实体有任何关系。

另一些自由思想者是公开的无神论者。但是，自然神论的自由思想者与无神论的自由思想者的共同点是，他们都认为解决人类问题应该通过理性分析和认真研究，借助根植于人类价值观念的道德，而不是通过盲目信仰某种无形的神。因此，自由思想者的观点与启蒙运动的思想发展息息相关。

插曲：
论自由意志

　　人类有自由意志吗？

　　我们的选择要么由过往决定，要么不取决于过往。我们要么能自由选择，要么不能。然而，到底何者为真？

　　这个问题十分棘手，对持自然主义观念的人来说尤为如此。对相信神灵的人来说，问题容易一些；毕竟，他们认为人有身体和灵魂，二者可分。在他们看来，神赋予我们每个人自由意志，于是我们可以选择自己的行动。这样一来，自由意志是现实的一个自主独立的组成部分，问题解决了。

　　但是不信神的我们怎么办呢？我们——不敬畏神像的人们，不相信神给不灭的灵魂注入自由意志的人们——该对自由意志作何考量？

　　我们知道所有的物理过程都遵从精确的数学法则——自然律。经典的自然律（在19世纪20年代中期以前，物理学家都相信的法则）是决定论的，所有事件在原则上都可以被预测。量子力学超越了经典理论，认为可被决定和预测的是一些概率事件而非真正的结果，已发生的事件正是爱因斯坦最恨的"掷色子"的结果。尽管与经典物理学的决定论殊途，量子力学同样不允许任何"意志"的干涉。"意志"这个概念在物理法则中并不存在。

　　这样的话，人怎么会有自由意志呢？如果意识源于物质，遵从物理法则，那么这些法则不也适用于涉及意识的任何现象吗？既然物质——无论是生物体还是非生物体——总是服从自然律（经典力学或量子力学），那么自由意志哪里有容身之地呢？

我觉得自己有自由意志。举例来说，当我去喜欢的意式餐厅，我可以选择饺子或肉汁烩饭（我也可以随随便便就改去印度餐厅）；我可以浏览所有的电视频道，然后选择是看日本烹饪节目还是英格马·伯格曼（Ingmar Bergman）的老电影。我的这些选择是前定的，还是微观尺度下掷色子的随机结果呢？

量子力学的核心随机性是否就是我的自由意志之源呢？乍听起来，这观点挺吸引人，但不幸的是，它根本没道理。毕竟，我选了烩饭而不是饺子，这选择一点也不像是随机的，我也不是出于随机性选择看了《夏夜的微笑》（*Smiles of a Summer Night*）而不是《料理铁人》（*Iron Chef*）。恰恰相反，在这两个例子中，我似乎是先充分考虑了各种选项，然后基于我的思考做出决断。随机性和我仔细思量的结果哪里有一点关系呢？

如果我对种种选择及其后果都做了仔细深入的考虑，但是之后我的选择机制却完全无视我的想法，随便扔个硬币或掷个色子就决定了，那我的深思熟虑有什么意义啊？完全没有！

当代的神经科学给这些古老的谜题带来了崭新的思路。有实验证明，在我们有意识地进行抉择之前，大脑的选择机制就被激活了。神经科学家J.D.海恩斯（J.D.Haynes）在受试者面前放了两个按钮，一个在左边，一个在右边。受试者可以选择什么时候按下按钮以及按哪个按钮。当他们行动的时候，其大脑活动被功能磁共振成像设备记录。海恩斯发现人们做决定比采取行动早，有时二者的时间差可达十秒之多。还有，大脑被激活的区域不同，这取决于选择左边的按钮还是右边的按钮。所以，按哪边的按钮这个"自由"

的选择根本就是一早被决定了的。

根据这种实验（同类的还有很多），我们似乎都有自由意志——或者说能有意识地做出选择——这个观念不过是幻觉。可是，自由意志真的不过是幻觉吗？

侯世达在《我是个怪圈》的第二十三章欣然承认"意志"是大脑内真实的（尽管是突现的）现象，但他说要是认为自己的意志或任何人的意志是"自由的"，那就大错特错了：

有意志挺好的，不过我可不知道意志是自由的是何种感觉。这到底是什么意思？有时候我不按照自己的意志行事？我为什么要这么干？为了让自己受挫吗？我想，如果我要让自己受挫，我是可以这么干，但那也是因为我想要让自己受挫，是因为我的元欲望比通常意义上的欲望更强烈。

我可能选择不再添一份面条，尽管我——其实是部分的我——还想再来点，因为另一部分的我想要我不长胖，这个体重管理员碰巧（在今晚）比贪吃鬼得到的票数高。假如不是的话，他就会输给贪吃鬼，那样也挺好。不过无论哪种情况，我的非自由意志都会胜出，我会服从大脑内占上风的欲望。

是的，我当然要做选择，而且是通过一种内部投票来做。按票数高低产生结果，一方获胜。可是这里面哪来的"自由"？

我们的意志不仅不是自由的，而且恰恰相反，它是稳定且恒常的，正如一个内部的陀螺仪，而正是这稳定、恒常的不自由的意志使得我是我，你是你，而且使得我一直是我，你一直是你。

　　侯世达的立场很有道理，他其实是说，自由意志谜题只是由幻觉带来的伪问题。可是，虽然我觉得他大体正确，但我不认为现在有人已经完全解开了自由意志之谜。我们的确接近了，但我们还没到达迷宫的出口。在我看来，自由意志仍然是当代意识研究和神经哲学的核心问题。

　　无论自由意志是什么（或不是什么），可以确定的一点是：将意志视作自由的，对于我们组织社会和生活至关重要。反之则不可想象，因为当我们不再相信人们确实自下决心，不再相信人们真的择其所选，那我们将失去所有道德责任的依据，而这将摧毁我们所知的社会。

　　毫无疑问的是，人的大脑可以习得道德准则和价值，从而让我们和谐共处。这是人性中光辉的一面。无论我们是否自由，我们都可以而且必须接受普世的道德准则。

第十二章
当代世俗之声：
敬畏、政治和宗教

没有证据就可以断言的事，也可以没有证据就被驳回。[1]

克里斯托弗·希钦斯（Christopher Hitchens）

到了20世纪，启蒙运动以所谓"世俗人文主义"的形式全面兴盛。就像我们看到的那样，尽管启蒙运动在几个世纪后仍饱受争议，但它吸引了强有力的早期拥护者，他们共同帮助塑造了一个倾向于世俗主义的西方社会。

在20世纪的欧洲，这一传统最重要的倡导者是英国数学家、哲学家和社会理论家伯特兰·罗素。罗素的教父是约翰·斯图尔特·密尔，他在小罗素出生后仅一年就去世了。罗素长大后，其思想深受其教父影响。

罗素最有影响力的作品是名为《数学原理》（*Principia Mathematica*，1910—1913）的三册巨著，这是他与著名的英国哲学家艾尔弗雷德·诺

---

① Christopher Hitchens, *Slate Magazine*, October 20, 2003.

思·怀特海（Alfred North Whitehead，1861—1947）合著的。在这部宏伟的作品中，两位勇士试图将所有数学从纯公理逻辑中演绎出来。然而，20年后的1931年，这两位勇敢的思想家的崇高梦想突然被奥地利逻辑学家库尔特·哥德尔革命性的发现彻底打破，哥德尔证明了包括数学原理在内的所有公理系统都不能表达所有数学真理，这是因为公理演绎系统从根本上是不完全的，且不可弥补。罗素再也没有从这场毁灭性的打击中完全恢复。

罗素在他著名（也是臭名昭著）的《为什么我不是基督教徒》中描述了他对宗教的怀疑论观点，这本书的出版深刻地震动了英国的文化体系。罗素还是一名政治活动家，例如，他为废除核武器而奋斗，在其后几年坚决反对越战。罗素与法国哲学家让-保罗·萨特（1905—1980）合作——后者最著名的作品是《存在与虚无》（*Being and Nothingness*，1943）与《存在主义是一种人道主义》（*Existentialism is a Humanism*，1946）——成立了国际战争罪行特别法庭（通常简称"罗素法庭"），于1967年在斯德哥尔摩首次开庭，目的是调查和评估美国对越南的外交政策和军事干预。许多著名的国际人物参加了会议，罗素引用了纽伦堡审判首席检察官罗伯特·H. 杰克逊（Robert H.Jackson）的话，用于解释法庭的合理性：

> 如果某些行为和对条约的违反是罪恶的，则无论在美国抑或德国，它们都是罪恶的。我们对他者设定的所有罪行标准，都同等应用于自身。[1]

但是，当被问到北越所犯的战争罪行是否也将由法庭进行调查时，罗素的发言人傲慢地回答：

> 罗素勋爵认为这样做不会比审判华沙犹太区的犹太人反击纳粹的行为

---

[1] "Russell Tribunal," *Wikipedia*, last updated August 1, 2021, https://en.wikipedia.org/wiki/Russell_Tribunal.

更有意义。[1]

毫无疑问，这是通过嘲弄进行的巧妙反驳，但有时人们不得不怀疑这种即使是伟大的思想家也不能免俗的双重标准。毕竟，王子犯法，当与庶民同罪。

不出所料，对世俗人文主义的深入参与为罗素带来了麻烦。在美国，他遭到激烈的诽谤，尽管在1939年，他得到了纽约市立学院的教席，但却因无神论和"道德败坏"遭到恶毒攻击，最后被禁止接受这个职位。1950年，罗素被授予诺贝尔文学奖，"以表彰他为倡导人文主义理想和思想自由而写就的丰富且重要的著作"。

20世纪世俗人文主义的另一位主要提倡者是奥地利科学哲学家卡尔·波普尔，我们之前在第4章中提过。波普尔为A.J.艾耶尔（A.J.Ayer）编的文集《人文主义观》（*The Humanist Outlook*，1968）写了一篇名为《通过知识获得解放》（*Emancipation through Knowledge*）的文章，他在其中描述了知识从宗教束缚中解放人类的关键作用。

有一段时间，波普尔与英国人文主义组织有来往。在名作《开放社会及其敌人》（*The Open Society and Its Enemies*，1945）中，他雄辩地主张建立一个自由和开放的民主社会，并反对极权主义和宗教激进主义的观点。波普尔还提供了对宇宙的自然主义的理解，并论证真理是客观的。在1976年出版的《波普尔自传：无尽的探索》（*Unended Quest: An Intellectual Autobiography*）中，他宣称："我的信念是存在一个真实的世界，而知识的问题就是如何发现这个世界的问题。"[2]

波普尔无比厌恶真理相对论（真理依赖于观测者）和后现代观念，即所谓的我们"创造自己的现实"。在自传中他还写道："我的社会责任感

---

[1] *Wikipedia*，"Russell Tribunal."
[2] Karl Popper，*Unended Quest: An Intellectual Autobiography* (London: Fontana Books, 1976).

告诉我，认真对待这些问题是知识分子的背叛行为——浪费了本该解决真正问题的时间。"[1]

美国的第一人文主义协会

1929年，一神论牧师查尔斯·弗朗西斯·波特（Charles Francis Potter，1885—1962）创立了纽约市第一人文主义协会。这个勇敢的举动是长期努力的结果。波特起初是浸礼宗牧师，后来放弃信仰并转向一神论，最终连一神论也放弃了。

在1923年和1924年，波特与约翰·罗奇·斯特拉顿（John Roach Straton）博士举行了一系列听众甚广的广播辩论，后者是位基要主义浸礼宗牧师，为人也十分有趣。例如，斯特拉顿对年仅14岁的传教士乌尔丁·厄特利（Uldine Utley）非常敬佩，就邀请她在纽约市的各个教会宣讲。

查尔斯·波特于1929年成立第一人文主义协会时，他感到人文主义本身就是一种激进的新型宗教，他这样描述道：

> 人文主义将成为常识性的宗教；人的首要目标是自我发展，无论是作为个体，还是作为种族。[2]

波特利用自己新的人文主义"讲坛"，成为各种社会改革的倡导者，他大力反对死刑，并倡导节育和妇女权利。几年后，在1938年，他还创立了美国安乐死协会。

第一人文主义协会顾问委员会的早期成员包括像朱利安·赫胥黎

---

[1] Popper, *Unended Quest*.

[2] "Charles Francis Potter-Humanism As Religion," Liqui Search, https://www.liquisearch.com/charles_francis_potter/humanism_as_religion.

（Julian Huxley）、约翰·杜威（John Dewey）、托马斯·曼（Thomas Mann）和阿尔伯特·爱因斯坦这样的杰出知识分子。赫胥黎与第一人文主义协会保持了很长时间的联系，最终成立了国际人文主义与伦理联盟（IHEU），该联盟如今为全球大约100个世俗人文主义团体提供保护。

爱因斯坦宗教信仰的迷思

波特的顾问委员会的杰出成员之一是爱因斯坦，他经常被宗教信徒用来举例，以说明宗教与科学思维是相容的。他们渴望将神化了的爱因斯坦纳入己方阵营，于是经常引用他"上帝不玩色子"的说法，就好像这能证明爱因斯坦信神似的。

但是，这一说法并不成立。爱因斯坦在任何意义上都不是宗教信徒。"上帝不玩色子"这句话只是爱因斯坦对当代量子物理学的尖锐批评。况且实际上，爱因斯坦说的不是"上帝不玩色子"。真正的德语原话出自爱因斯坦在1926年写给他的物理学同行马克斯·玻恩（Max Born）的一封信，该信如下，首先是德语，然后是英语：

Jedenfalls bin ichüberzeugt, dass der Alte nicht würfelt.

In any case, I am convinced that the Old One does not play dice.（无论如何，我坚信老家伙不会玩色子。）[①]

爱因斯坦在给朋友的信中使用幽默的表达"老家伙"，这是开玩笑地指宇宙定律的未知来源。具体说来，他反对全新的量子论，这部分原因来自他自己在1916—1917年间在辐射方面的工作，另一部分来自玻恩最新的

[①]　"Physics and Beyond: 'God Does Not Play Dice,' What Did Einstein Mean?" St. Mary's University, accessed August 16, 2021, https://www.stmarys.ac.uk/news/2014/09/physics-beyond-god-play-dice-einstein-mean/.

工作，其认为基本粒子的行为具有内在的不确定性，而某些过程只能预测概率，不能用早期或经典的物理定律来准确预测。尽管爱因斯坦自己的观点在这种概率思想的演变过程中起了关键作用，他却从未接受过别人（尤其是他的朋友马克斯·玻恩）得出的结论。他确信宇宙中的所有现象都遵守精确的数学定律，没有给任何内在的随机性留下余地。因此，爱因斯坦对玻恩说"老家伙不会玩色子"时，是在生动机智地用比喻表达他对当时的量子力学的怀疑。可是，他的妙语丝毫没有暗示或显示他信仰哪一种神——无论是基督教的、犹太教的、穆斯林的，还是什么别的——甚至老家伙。

如今，量子力学的预测虽然令人费解，但已通过各种精巧的实验得到证实，其准确性常常达到惊人的小数点后10位或12位。尽管量子力学无疑是所有科学中最精确、最完整的理论，但还不能与我们对现实本质的直觉理解统一起来。因此，如何解释量子力学仍然是当今争论的焦点。但是（如前所述），专家对其有争议并不意味着它支持各种宗教或新纪元思想。

与某些宗教信徒所希望的相反，爱因斯坦参与第一人文主义协会一事表明，他会将自己算作今天意义上的世俗人文主义者。他对"老家伙"一词的隐喻性用法应被理解为表现了他对宇宙的敬畏和惊奇。这是他个人谈论自然规律的诗意方式。

爱因斯坦在《我所见的世界》（*The World as I See It*，一篇约写于1930年的文章）中写道：

我们所能拥有的最美的体验是神秘感。真正的艺术与真正的科学发源于这种基本的情感。体验不到神秘感的人，他不再好奇，不再惊叹，如行尸走肉，双目无光。正是这种掺杂了恐惧和对神秘的体验，才催生了宗教。我们知道有一些我们无法洞察的东西，我们所感受到的最深奥的理性和最绚丽的美，也只能以其最原始的形式而被我们的心智所理解。这种认知和情感构成了真正意义上的宗教信仰。从这个意义上说，而且只是从这个意义上说，我是个虔诚的信教者……我满足于生命的永恒之神秘，满足于觉察并窥视现存世界的奇妙结构。我全心致力于领悟那种在自然界中所展现出的理性，即便只得到其中的沧海一粟，我也心满意足。①

在这些文字中，爱因斯坦没有承认任何传统的宗教思想、任何形式的神秘主义或对超自然现象的任何信仰。的确，他毫不关心上帝或来生。对爱因斯坦而言，"神秘"一词表示他对宇宙遵循规则的方式感到敬畏——研究人员的责任就是用理性来发现和理解这些方式。正如他所说：

我无法想象有一个会赏罚其创造物的上帝，而他的意愿不过是对我们自己意愿的仿照。我也不能相信人死后有来生，这种想法出自懦弱灵魂的恐惧或荒谬的自恋。②

当爱因斯坦申请苏黎世的居留许可时（他一生中在其他国家做过几次同样的事），他在表格中的"宗教信仰"一栏填的是"无"。那个时候，这种声明会引起极大争议（即使在当今世界的很多地方也还是如此），他大胆而诚实的举动给他带来了很多麻烦。③

爱因斯坦还有一句话，常被宗教派别的拥护者拿来作为伟大科学家的宗教信仰的"证明"："科学没有宗教，是跛脚的；宗教没有科学，是盲目的。"

爱因斯坦这一煽动性的话语既没有表达对上帝的信仰，也没有表达对无基础的信仰的尊重。相反，他谈论的是人们理解所处世界的原始动力，

---

① Albert Einstein, "The World as I See It" (1949).

② Einstein, "The World as I See It."

③ 参见Walter Isaacson写作的传记*Einstein: His Life and Universe* (New York: Simon & Schuster, 2007)。

以及他对可能达到这一理解的信心。这句话摘自爱因斯坦的《我的晚年文集》（*Out of My Later Years*），更完整的上下文是这样的：

> 只有那些对真理和理解充满渴望的人才能创造科学。不过，这种感觉源于宗教领域。还有一种信念，是相信世界存在的规则是合乎理性的，即可能被理解。我无法想象，一个真正的科学家没有这种深刻的信念。这种情况可以表述为：科学没有宗教，是跛脚的；宗教没有科学，是盲目的。[1]

显而易见，爱因斯坦在这里说的是，对传统宗教中的造物主采取可理解的态度，这可以被视为科学理论和人类理解"神意"这一深层目标的历史先驱。当然，这并不意味着真的存在这样的神，或者爱因斯坦相信上帝存在。

事实上，随着时间流逝，爱因斯坦越来越烦恼于自己的言论因他人的宗教动机而被有意歪曲。1953年7月，他收到了一封来自浸礼宗牧师的热情洋溢的感谢信，信中充斥着《圣经》的句子，并问爱因斯坦是否思考过他不朽的灵魂及其与造物主的关系，是否确信死后会永生。在这封信的空白处，爱因斯坦亲手用英语写道："我不相信个人能永生，我认为道德只关涉人，并不来自超人的权威。"他是否真的给牧师回了信，已无从知晓。[2]

爱因斯坦对自己被当作传统宗教信徒这一点感到越来越无奈，这种情绪很明显地体现在他的书信中。例如，1954年，一位无神论者读到爱因斯坦有宗教信仰的说法，从意大利写信给爱因斯坦，问他这是否属实，爱因斯坦回答如下：

---

[1]　Albert Einstein, *Out of My Later Years* (New York: Philosophical Library, 1950).

[2]　参见Helen Dukas和Banesh Hoffmann写作的有关他们亲爱的朋友的回忆录，*Albert Einstein: The Human Side* (Princeton, NJ: Princeton University Press, 1979)。

您读到的关于我有宗教信仰这个说法当然是个谎言，这种谎言正在系统性地重复出现。我不相信人格神，我从未否认过这一点，相反我表达得很清楚。如果我心中有什么可以被称为宗教的东西，那就是对我们的科学所能揭示的世界结构的无限赞叹。[1]

很少有人会否认爱因斯坦是20世纪最重要的科学家，因此，任何宗教团体都会认为，能证明这样杰出的头脑属于他们的阵营将是一次伟大的"政变"。但是正如我们刚刚看到的，爱因斯坦所谓的宗教信仰纯粹是迷思。可以肯定的是，确实存在一些科学家是传统宗教信徒（尽管随着科学成就的增多，这种人的比例迅速下降），但爱因斯坦不属于此类。

爱因斯坦于1921年被授予诺贝尔物理学奖，尽管该奖项在1922年才颁发给他，而且并不是因为他著名的相对论，而是因为他发现了鲜为人知的光电效应定律。具有讽刺意味的是，诺贝尔奖的颁奖词表明，诺贝尔委员会并不理解爱因斯坦的最大贡献。

因光电效应定律获诺贝尔奖的传奇故事可以追溯到1905年。当时爱因斯坦26岁，寂寂无名，刚拿到博士学位。他在瑞士的一个低级别专利局工作，并写了一篇文章，基于他设计的一个精巧类比，论证光是由粒子（他称为"光量子"）组成的，而不是波。这位年轻的三等专利文员的大胆主张与当时物理学家对光的正统看法完全相左，与麦克斯韦关于电和磁的深刻方程相矛盾，后者被全世界的物理学家视作过去和未来的物理定律中最坚实的。因此，很多年都没人认真对待爱因斯坦的光量子假说。

爱因斯坦在1905年的文章中，不仅对光的性质做出了打破常规的猜测，还巧妙地利用了他的猜测来预测当光照射到金属表面时如何激发出电

---

[1] Jeanna Bryner, "Auction for Einstein 'God Letter' Opens with Anonymous $3 Million Bid," October 8, 2012, NBC News.

子。这就是"光电效应"。少数专家对此有所了解，但尚未对其进行深入研究，而且在当时还不了解其原理。爱因斯坦对逸出的电子流的强度（作为入射光的颜色的函数）的计算是一个大胆的预测，因其精确的数学形式而冒着很大风险。这对他的同行是一个温柔的暗示，即通过检查鲜为人知的光电效应的细节，就可以很好地检验他的光量子假说。

1912年前后，爱因斯坦的光电效应预测最终由加州理工学院著名的美国物理学家罗伯特·密立根（Robert Millikan）进行了检验。数年艰苦的工作之后，密立根发表了他的研究结果，表明爱因斯坦的预测出色地通过了检验：预测得到了充分而完美的证实。对密立根和爱因斯坦而言，这都是一次巨大的胜利。但是，密立根随后添加了一些非常奇怪的评论。他说，爱因斯坦的预测得到证实是不可思议的，因为它所基于的基本思想（即光量子假说）显然是荒谬的，他总结说光电效应的神秘表现仍在等待一个合理的科学解释。密立根甚至敢说（实际上没有任何依据）爱因斯坦本人最终放弃了光量子假说。

几年后的1921年，地球上除了爱因斯坦本人之外，再也没有物理学家相信光量子。但具有讽刺意味的是，物理学家都承认了爱因斯坦光电效应预测的正确性，却没注意到它源于爱因斯坦对光的激进看法。因此，诺贝尔委员会仅因"光电效应定律的发现"而授予爱因斯坦当年的奖项是非常怯懦的，因为爱因斯坦真正伟大、真正深刻的发现是光由粒子构成——这是革命性的发现！而他预测光电效应的具体现象的理论是一个很小的发现，毕竟，它直接出自光量子理论。现在看来，物理学家们的这种态度几乎不可理喻。

爱因斯坦一直把他关于光量子存在的假设称为自己有史以来最具革命性的想法，但是他获得的诺贝尔奖却不是颁给这个想法，而是它衍生出的一个非革命的想法。这真是讽刺。

并且——作为最后的脚注——在1923年，阿瑟·霍利·康普顿（Arthur Holly Compton）在研究光与原子内轨道电子的碰撞时，发现了麦克斯韦方程无法解释的神秘行为，但其却完全符合爱因斯坦的光量子思想。康普顿效应在许多实验室中得到了复现和扩展，这迅速扭转了全世界物理学家的观点。很快，所有专家都转向光量子阵营。

1926年，"光子"这个响亮的名字被使用，爱因斯坦的古典术语"光量子"成为历史。今天，每个人都听说过光子，当提到"光粒子"的概念时，没人觉得有什么奇怪。这是科学的进步：一个曾经几乎没有任何专家相信的激进想法得到证实，被广泛接受，最后甚至被小学生完全视为理所当然。

当今的世俗思想

今天在国际舞台上代表世俗人文主义的有享负盛名的哲学家，包括丽贝卡·戈尔茨坦、史蒂芬·平克、丹尼尔·丹尼特、彼得·辛格（Peter Singer）、安东尼·格雷林（Anthony Grayling）、米歇尔·翁弗雷（Michel Onfray）和斯蒂芬·劳；有出类拔萃的科学家，包括史蒂文·温伯格（Steven Weinberg）、E.O.威尔逊（E.O.Wilson）、理查德·道金斯、萨姆·哈里斯（Sam Harris）、吉姆·哈利利（Jim al-Khalili）和布赖恩·考克斯（Brian Cox）；有才华卓越的作家，包括翁贝托·埃科（Umberto Eco）、芭芭拉·埃伦赖希（Barbara Ehrenreich）、卡罗琳·富雷（Caroline Fourest）、萨尔曼·拉什迪、义丽斯·沃克（Alice Walker）、乔伊斯·卡罗尔·欧茨（Joyce Carol Oates）、沃莱·索因卡（Wole Soyinka）、塔斯利玛·纳斯林（Taslima Nasrin）、菲利普·普尔曼（Philip Pullman）和阿亚安·希尔西·阿里（Ayaan Hirsi Ali）。当然，还有很多很多。

医生、作家塔斯利玛·纳斯林于1962年出生在孟加拉国，多年来为伊斯兰世界的妇女权利和世俗原则而斗争。她一直在家乡工作，直到1994年因一再受到死亡威胁而被迫逃亡。如今，她在保镖的保护下生活，尽管面临风险，但她仍在不断写作和旅行，并就其世俗观念发表演说。

她有几本书讨论部分伊斯兰国家对宗教少数群体的压迫。当她1993年在孟加拉国撰写有关该主题的报纸文章时，激怒了某些伊斯兰激进分子，他们要求处决她。从那时起，她觉得自己别无选择，只能流亡在外，她有时在瑞典生活。近些年，纳斯林生活在印度，但在那里她还是受到激进分子的威胁。

生于1942年的美国哲学教授丹尼尔·丹尼特把宗教当作一种纯自然现象进行了仔细分析，认为这种现象产生自进化所选择的特定类型的心理过程。他从这个简单问题开始：为什么存在宗教？

丹尼特这个简单的问题当然有个简单的答案——只要你承认确实有一位神要求人类顺服、顺从和无条件的敬仰自己。我们完全可以想象神创造了宇宙之后，就让创造物按照自己的方式运行，而不加以干预，也不揭示创造过程。

另一方面，假设没有神，尝试回答丹尼特的问题也同样重要。在那种情况下，如何解释世界上存在宗教？回答这个问题是丹尼特2006年写作《打破咒语：宗教作为自然现象》（*Breaking the Spell: Religion as a Natural Phenomenon*）的中心任务。丹尼特写道：

　　我想说宗教是自然的，而不是超自然的，它是由事件、有机体、物体、结构、模式等组成的人类现象，都遵守物理学或生物学的规律，因此不涉及奇迹。这就是我的意思。请注意，上帝可能存在，上帝可能确实是全知、全能、全善的创世者，但宗教本身，作为一组复杂的现象，仍然是完全自然的。[1]

---

① Daniel Dennett, *Breaking the Spell: Religion as a Natural Phenomenon* (New York: Viking, 2006).

美国心理学教授史蒂芬·平克出生于1954年，他常著书立说，倡导新的启蒙运动，在对后现代主义和反科学运动兴盛于学术界的某些领域和关于文化的辩论中，他感到担心。科学思维的倡导者通常因提倡"科学主义"（对反对者而言，这是个贬义词，指对科学力量的夸大甚至教条主义的信念，即相信科学能产生一切知识并解决世界上的所有问题）而被人文主义者嗤之以鼻。但是平克热烈拥护科学主义的概念，赋予其积极意义而不是消极意义：

从好的意义上讲，科学主义并不认为从事"科学"这一行的人格外聪明或高尚。相反，典型的科学实践，包括公开辩论、同行评议和双盲方法，其明确的目的，就是规避作为人类的科学家易犯的错误和罪过。科学主义并不意味着当前所有的科学假设都是正确的；大多数新假说都不是，因为猜想和反驳的循环是科学的命脉。它并没有占领人文学科的帝国主义野心；科学致力于使人文知识的智力工具更为丰富多样，而不是消除它们。科学主义中并没有唯有物质存在的教条。科学家们本身就沉浸在非物质的信息媒介中，包括数学真理、理论的逻辑和指导其事业的价值观。在这个意义上，科学与哲学、理性和启蒙运动的人文主义是一体的。[①]

平克非常严厉地指出（摘自同一篇文章）：

我们知道，而我们的祖先并不知道，人类是非洲灵长类的一种，该物种后来发展了农业、政治和文字。我们知道，我们的物种只是谱系树上的一个细枝，谱系树涵盖了所有生物，它们大约40亿年前从生命起源前的化学物中产生。我们知道，我们生活的星球围绕着一颗恒星运行，而银河系中这样的恒星还有1000亿颗，而在我们拥有138亿年历史的宇宙中，这样

---

① Steven Pinker, "Science Is Not Your Enemy," *The New Republic*, August 7, 2013.

的星系还有1000亿个，很可能这样的宇宙也有许多。我们知道，我们关于空间、时间、物质和因果关系的直觉与实在的本质并不相符，无论是在宏观还是微观尺度。我们知道，物质世界（包括事故、疾病和其他灾难）的定律并不以人类的福祉为目的。命运、天意、因果报应、咒语、诅咒、预言、神的报应或祈祷的灵验都不存在——尽管概率法则与认知功能之间的差异可以解释人们为何相信这些事物存在。而且我们知道，我们并不总是拥有知识，任何时期任何文化所钟爱的信念都可能被决定性地证伪，这无疑包括我们今天所持有的信念。①

换言之，当今，指引受教育者的道德和精神价值的世界观是科学赋予的。

史蒂芬·平克在最近出版的《人性中的善良天使》（*The Better Angels of Our Nature*, 2011）中也试图说明，几个世纪以来，随着世俗化、开化和富足，人们对暴力和残酷行为的偏好已经减少了。

英国作家和进化生物学家理查德·道金斯生于1941年，撰写了《实在的魔力：我们如何知道真正的真相》（*The Magic of Reality: How We Know What's Really True*, 2011），其中列举了一系列神话，并对这些现象进行了科学解释。他在2013年接受*Sans*杂志采访时，从进化生物学的角度来描述宗教现象。②

今天，理查德·道金斯几乎全心全意致力于世俗化和科学发展。2006年，他创立了理查德·道金斯科学与理性基金会，为以启蒙运动为导向并希望提高世俗思想知名度的人们提供在线聚会场所。

另一位当代宗教评论家是已故作家、新闻记者克里斯托弗·希钦斯（1949—2011）。

---

① Pinker, "Science Is Not Your Enemy."
② Richard Dawkins, interview, *Sans Magazine* 1 (2013).

希钦斯认为宗教激进派参与且恶化了世界上的许多政治冲突，这种立场使许多反对者给他贴上了"激进的新无神论者"的标签。他在书中写道：

在2001年9月11日事件发生的前1周，我参加了丹尼斯·普拉格（Dennis Prager）的座谈会，普拉格是美国著名的宗教广播员之一。他在公开场合向我提出挑战，即回答他所谓的"单纯的是／否问题"，我高兴地答应了。他说，很好。我需要想象自己在夜幕降临时来到一个陌生的城市，看到一大群人朝我走来。现在，问题是如果我知道他们只是从祷告会上出来，我会觉得更安全还是更不安全？如读者所见，这不是一个可以回答"是／否"的问题。但是我能够回答它，而且不是出于假想的情况。"只说字母B开头的，在贝尔法斯特、贝鲁特、孟买、贝尔格莱德、伯利恒和巴格达，我都有过这种实际经历。"[1]

后来，他描述了自己在这些地方目睹到的一切。例如，关于北爱尔兰首都贝尔法斯特，他写道：

在贝尔法斯特，我看到整条街道在基督教不同派别之间的宗派战争中被烧毁，我采访的人们，其亲戚和朋友被敌对的宗教杀人小队绑架、杀害或折磨，这只是因为他们参加的教派不同。[2]

关于黎巴嫩的首都贝鲁特：

以色列入侵黎巴嫩的那一年（1982），真主党诞生，它低调地自称

---

[1] Christopher Hitchens, *God Is Not Great: How Religion Poisons Everything* (New York: Twelve, 2009).

[2] Hitchens, *God Is Not Great*.

"上帝的党派"，动员了什叶派的底层民众，并逐渐将其置于3年前上台的伊朗神权专政之下。也是在可爱的黎巴嫩，真主党向犯罪组织学会了绑架，信徒们则给我们带来了自杀炸弹。被毁的法国大使馆路边，被斩下的头颅仍历历在目。总之，如果赶上祷告会结束，我会选择绕行。①

克里斯托弗·希钦斯的作品读来非常令人不安。他在大部分职业生涯中都致力于批评极权主义意识形态。

希钦斯于2011年死于食道癌，享年62岁。在他的最后一本书《死亡》（*Mortality*，2012）中，他生动地描绘了他与癌症做斗争的过程。他一如既往地用带有讽刺和黑色幽默的笔触写道：

《为什么信仰至关重要》（*Why Faith Matters*）一书的作者、洛杉矶会众的主要领袖戴维·沃尔普（David Wolpe）拉比也这样说。他一直是我的辩论伙伴，其他辩论伙伴还有一些新教福音派的保守人士，例如新圣安德鲁斯学院的道格拉斯·威尔逊（Douglas Wilson）牧师和亚拉巴马州伯明翰的定点基金会的拉里·汤顿（Larry Taunton）。两位都写信说他们的教众正在为我祈祷。我头一回想到给他们写回信，问："为什么祈祷？"

威尔逊牧师回答说，当他听到这个消息时，他为我祷告三件事：战胜病魔、与神和好、让我们两个恢复联系。他还忍不住调皮地说，第三件事已经灵验了……

许多世俗主义和无神论者朋友鼓励我、夸赞我，例如"你肯定能战胜这个""癌症根本无法打败你这样的人""我们知道你会胜利"。在糟糕的日子，甚至顺利的日子里，这种劝告也可能令人有点沮丧。如果我放弃了，这些人都要失望。我这个凡人遇到的另一个问题是：如果我挺过来了，虔诚的信徒就要得意地声称他们的祈祷灵验了，这该怎么办？那可真

———————————

① Hitchens, *God Is Not Great*.

是恼人……

基督教聪明的捍卫者之一，布莱兹·帕斯卡（Blaise Pascal）早在17世纪就把实质问题简化为赌注。他建议相信全能者，如此，赢了将得到一切。如果赌另一方，你输了的话将失去一切。（有些哲学家也称此为"帕斯卡的赌注"。）

尽管他的文章的完整推理可能很高明——他还是概率论的奠基人之一——帕斯卡预设的却是一个伪善的上帝和一个投机的人。假设我放弃了我一生坚持的原则，我能如愿在最后一刻获得神的青睐吗？我希望并相信，没人会把这种愚蠢的选择当回事。而且，一个会奖励这种不诚实的懦夫，惩罚不屈的怀疑论者的神，正属于我不会相信的那一种。[1]

其他著名的文化人物、演员和艺术家，例如喜剧演员里基·热尔韦（Ricky Gervais）、比尔·马厄（Bill Maher）、斯蒂芬·弗里（Stephen Fry）和埃迪·伊泽德（Eddie Izzard），以及魔术师詹姆斯·兰迪（James Randi）和音乐家蒂姆·明钦（Tim Minchin），都在不同场合大声疾呼。蒂姆·明钦是澳大利亚钢琴家、歌手、作曲家和艺术家，他制作了关于新纪元运动和伪科学的出色视频，可以在我的网站上观看。[2]

很明显，在21世纪的头几年，这项事业变得更加紧迫和急切。2001年9月11日世界贸易中心遭遇袭击以来，越来越多的人意识到捍卫世俗主义的紧迫性。在我的网站上可以找到支持世俗主义的众多知名人士的名单。[3]

世俗社会中普遍存在的观念是，宗教与道德价值之间存在必然的联系。这方面的一个特别明显的例子是，在瑞典，小学和中学阶段的宗教和道德教育仍然是同一门课，被称为"宗教教育"。我将在下一章中回到这

---

[1]　Christopher Hitchens, *Mortality* (New York: Twelve, 2012).

[2]　"Tim Minchin's *Storm the Animated Movie*," Sturmark, accessed July 30, 2021, https://www.sturmark.se/storm.

[3]　"Sekulära röster i Sverige," Sturmark, accessed July 30, 2021.

个主题。

对于那些对19、20和21世纪的世俗思想感兴趣的读者，我强烈推荐由 S. T.乔希（S.T.Joshi）编辑的《不信的榜样：无神论者、不可知论者和世俗主义者》（*Icons of Unbelief: Atheists, Agnostics, and Secularists*, 2008），其中描述的著名人士包括西格蒙得·弗洛伊德、H.P.洛夫克拉夫特（H.P. Lovecraft）、阿亚安·希尔西·阿里、理查德·道金斯、卡尔·萨根、马克·吐温（Mark Twain）等。

插曲：
论心灵传送与死亡恐惧

你大概记得《星际迷航》吧？

在联邦星舰企业号上，有一个传送器，它可以将你（或任何人）从一个地点送到另一个地点，方法是将你分解为原子，然后在其他地方把你的原子重新组装起来。

我们知道物体由原子组成，并且特定元素的所有原子都是相同的。如果我们能够从原子开始将一个物体完整刻画出来，那么我们就可以使用相同的原子，但在不同的位置精确地重建该对象。这样，我们就得到了一个和原物真正相同的东西。我们或任何人都无法区分它们。

但是，如果重建的对象是一个人，会怎样呢？按照哲学上的唯物主义关于人的看法，那么我们刚才所说的话也必须对人类成立。但是，传送器真的可以运送人吗？我们人类是否真的可以接受自己不过是物质对象而已？要相信这种观点说起来容易做起来难。请考虑下述思想实验。

想象一下，将来有一天，你可以被安全地在两个地点之间传送。用的方式是，首先将你体内的所有原子记录在一个巨型计算机内存中（根据需要精确地记录它们的类型和确切位置），然后将它们全部销毁。之后，在另一个地方将相同的原子以完全相同的方式组装起来，从而在这个新地方制作出和你的身体相同的副本。这是一种将人从一个地方转移到另一个地方的迅速且高效的方法。

当你躺在传送器中，而你所有的原子都将被摧毁时，你会不会有理由隐隐担心自己马上就要死去？

或许不会。毕竟，你确信人类与其他所有事物一样，都是由原子构成的，因此你非常镇定。你还知道，在你之前，成千上万的人已经以完全相同的方式被传送了。这个方法对别人行得通，那也应该对你可行。

不过，让我们再加一个情节看看。你正躺在机器里，等待被传送，但是什么也没发生。这时你听到敲门声，机器的操作员走进来，礼貌地要求你爬出来。她说："对不起，出现了一些小故障。你已经安全无虞地在目的地了，所以那边一切正常。可是这边出了点问题，所以现在有两个你——远处有一个全新的，而旧的这个仍在这里。当然，这是不可接受的，因此我们现在必须删除此地的这个你。所以，请跟随我沿着这个走廊走到尽头处的小房间……"

当你走近房门，你发现门上悬挂着一个小标牌，上面写着"死亡室"几个字，而在标牌的下方，有一张可爱的笑脸。操作员笑着说："这真是个令人愉快的名字，对吧？几乎每个人都喜欢。快进来！"

现在你觉得怎样？原则上，一切都应该很好，因为在另一个地点你已经被完美地复制出来了。可即便如此，当操作员将你带入可爱的死亡室时，你不觉得有什么不对劲吗？

这个思想实验表明，我们很不习惯将身体和灵魂仅仅视为一个实体的两个方面。尽管科学告诉我们，身体和灵魂是同一的，但有时候，人们的直觉和科学事实很难调和。

第十三章
启蒙：
自由、权利和尊重

那些能让你相信谬论的人，也能让你犯下罪行。

伏尔泰

现在，是时候让我们展望未来，提供一些解决方案，而不仅仅是列出问题。这个世界充满非理性、各种形式的极端主义、被笃信的宗教教条以及四分五裂的民主制度，我们应该如何行动？

世俗启蒙运动给出了清晰的前景，在它描绘的社会中，所有人，无论其文化背景或生活哲学如何，都可以共存并享有平等的地位。这样的社会将把宗教和政治截然分开。古代先知的话语不会影响政治和法律决策。这类决定的基础将是人类思考的最优结果，而不是所谓神和先知的言论。

在这样的世俗民主制中，个体的宗教信仰当然会影响此人如何投票，而政治家当然可以使用自己的宗教信仰作为灵感来源。国会议员可自由主张议会应在某位神灵的支持下做出决断，这是由言论自由保障的权利。但是，在这样一个社会中，即使是最虔诚的政治家，他也会意识到，为了受到他人的重视，他们必须提出非宗教的论点来说服他人。

今天，我们拥有世俗的手段来努力朝着世俗启蒙运动的愿景前进。所有民主、教育、科学和技术工具都任由我们使用，以促进人类的幸福和自由，改善全球人民的生活水平。

普世权利与人类解放

世俗启蒙运动的一个关键是人权的普世性观念。所有人，无论其血统或文化如何，都应享有相同的基本权利。这在理论上听起来不错，但实际上意味着什么呢？

首先，我们必须指出，这不是科学问题，而是价值问题。当然，人们也许可以从经验层面证明这种政策将减少痛苦、增加自由和实现更多的平等，但是人们是否想要这样，是一个价值问题。从根本上讲，这一切都关乎对人们自决权的信念。换一种说法，借用康德的术语，启蒙就是人们"走出归责于自身的未成熟状态"。关键问题是人们是否不受外部约束，以便可以根据自己的目标和价值观采取行动。[①]

价值和权利的普世性原则与文化相对主义直接冲突，文化相对主义否认存在任何普世性权利。主张这种观点的人声称，任何涉及道德的文化价值都不可能"优于"其他文化价值。他们的观点是，基本的生物学事实是人与人之间唯一的共同之处，人与人之间的所有重大差异都在于他们所属的文化体。因此，他们会说，人类可以分为不同的类别，而你所属的类别决定了你的需求和欲望，进而，它也决定了你的自由和权利。

这是一条危险的道路。如果有人持这种观点，则原则上可以证明任何

---

① 参见Christian Welzel, *Freedom Rising: Human Empowerment and the Quest for Emancipation* (Cambridge: Cambridge University Press, 2013)。

犯罪或违法行为是合理的。历史已表明，把一群人划为异类会导致何种惨剧。例如，德国的犹太人、欧洲的吉卜赛人、卢旺达的图西人和巴尔干的穆斯林。

幸运的是，至少从科学的角度来看，文化相对主义似乎正在逐渐失去地位。具体而言，神经科学、社会学、语言学、进化心理学、实验经济学和进化人类学的研究都指向相同的结论：人类是个统一的物种，跨越所有不同的文化。

实现普世权利的先决条件是深刻的平等观念。因此，我们需要克服关于性别的刻板印象以及其他不合理的人种分类。美国社会哲学家约翰·罗尔斯（John Rawls, 1921—2002）在其著作《正义论》（*A Theory of Justice*, 1971）中提出了"正义的第一原则"，内容如下："每个人都应当享有最广泛的，并且与他人的类似自由相兼容的自由。"[1]（罗尔斯以上述著作而闻名，在书中，他阐述了自己的政治哲学，以取代与功利主义紧密相关的"后果主义"传统。）

人权必须要被郑重对待，而不仅仅是带着高贵光环的华丽修辞。

身份陷阱

认为一个人能被几个简单的标签所定义，这是一个严重的错误。当然，我们可以找到一些有助于个体认定的特征，例如性别、性取向、年龄、肤色、族裔或公民身份。但是，仅凭这几个标准（或类似标准），就以为可以预测一个人的所有其他特质，这是过于草率了。事实上，碰巧具有相同性取向或相同种族血统的人在其他方面往往大不相同。

纵观整个历史，对人群的分类方式有很多种称呼。种族生物学、颅相学和占星术都表明我们人类将彼此简单分类、整齐归档的渴望。为什么我

---

[1]　John Rawls, *A Theory of Justice* (Cambridge, MA: Belknap Press, 1971).

们人类似乎需要这种简单的身份概念？或许因为我们相信，如果我们能够将复杂而混乱的世界分解为简单的构建模块，那么生活就会变得更容易。但是，实际上，这样简单地打标签只会使生活更加困难，而且不幸的是，也会更加危险。

哲学家、经济学家阿马蒂亚·森（Amartya Sen）指出，在全球化的世界中，打标签的需求一直在增长，不幸的是，这带来了非常令人担忧的后果。森曾获得1998年诺贝尔经济学奖，以对个人和集体理性的研究而闻名。他的著作《身份与暴力：命运的幻象》（*Identity and Violence: The Illusion of Destiny*，2006）讨论了身份的概念以及给它赋予过多含义的危险。他在书中指出，认为某人的表面身份揭示了其所有内在特质这种观念是个思维陷阱。

事实是，任何人都可以有许多不同的身份。例如，穆斯林或基督徒可以是白人或黑人、同性恋或异性恋、保守派或激进派、世俗主义者或正统分子、社会主义者或自由主义者、女权主义者或反女权主义者、重金属迷或前巴洛克合唱音乐的爱好者、棋手或羽毛球运动员、理论物理学家或无家可归的文盲。对个人而言，这些身份中没有哪一个必然比其他的更重要。

可以肯定的是，身份的某些方面可能基于肤色、性别、性取向或年龄等特征。另一些则可能基于态度或信仰，例如宗教信仰或政治价值观。而其他的则可能源于环境，例如某人碰巧出生的地方，或一些随机因素，例如母语或成长于其中的文化传统。特质、态度和随机因素不必混为一谈，但这就是在政治和公共话语中经常发生的事情。即使在瑞典反歧视法的第一段中，居然也存在这种情况！我们来看一下：

本法的目的是反对一切形式的歧视，保护所有人有平等的权利和可能性，而不论一个人的性别、性别身份、表达方式、种族、宗教或其他信仰、残疾与否、性取向或年龄。①

这一段中，特质（例如一个人的年龄、性别或遗传缺陷）与态度（例如一个人的宗教信仰或其他观点）被混为一谈。当然，我们可以谈论这些领域中所有的歧视，但特质、态度和随机因素在根本上是不同的，不应以相同的方式对待。例如，一个人可以批评别人的信仰，但不能批评他们的先天特质。毕竟，信念和态度（与先天特质不同）总可以，至少在原则上，被反思或改变，因此，它们也应该受到质疑。如果某人的宗教信仰对他人造成负面影响，那么这个人应对这些后果负责。

如果有法律将一个人的宗教信仰视为一种特质，即人格中一种固定、不变的元素，则实际上，根据该法律，宗教人士将被视为没有独立思考能力。在这种情况下，人无须为自己的宗教信仰（或其造成的任何后果）负责，就像人无须因其性别、肤色或年龄获罪。如果你基于某神圣文本中的性别歧视主义而犯下了罪行，那么你就会得到宽恕，因为你的行为源于你的（可能是固定不变的）宗教特征。反之，在这种情况下，对宗教进行客观合理的批评将被视为非法的歧视行为。这种情况是很荒谬的。

伊斯兰教与宗教批评

今天，在瑞典，一个具有高度煽动性的话题是伊斯兰教。当一种"外来"宗教开始在瑞典社会中崭露头角时，瑞典人突然注意到一个事实，即所谓的"宗教"存在。毕竟，大多数瑞典人默认我们的瑞典传统要么根本就没有宗教，要么是某种形式的基督教。

但事实是，穆斯林来自各个国家，有各种各样的兴趣、教育背景、性

---

① "Diskrimineringslagen," Diskriminerings Ombudsmannen, accessed August 16, 2021, https://www.do.se/lag-och-ratt/diskrimineringslagen/.

取向、职业和价值观。他们对如何理解伊斯兰教也有不同的看法。他们除了因某些信仰和态度而被称为"穆斯林"这一事实之外，彼此之间并没有太多共同之处。

对"所有穆斯林"下笼统的结论，就像对"所有基督徒""所有犹太人""所有印度教徒""所有世俗人文主义者"或任何一群有某些相同观念的人下结论一样，是不合理的。我们可以调研任何一群人的价值观和行为规范，例如研究这样的问题：这个群体（无论是穆斯林、犹太人、基督徒、世俗人文主义者，还是别的什么）中有多少比例的成员对（例如）妇女或同性恋持某种观点？显然，这种问题可以通过进行认真的社会研究来回答。

相比之下，更重要的是：即使人们可以对伊斯兰教徒（或其他信徒群体）的信仰和观点做出有充分数据支持的统计概括，也不能就某个伊斯兰教徒下任何确定结论。我们可以在一般层面上谈论不同的生活哲学以及它们之间的关系。我们可以——并且应该——分析这些信念的后果，并批评其内容。但是，对于一个穆斯林（或基督徒、印度教徒、世俗人文主义者）个体，除非我们直接问他，否则我们永远无法预测他对某个特定问题的看法。

本质主义人性观

在2014年瑞典大选中，瑞典民主党得到比以往多1倍的支持，拿到了13%的选票。他们迅速利用自己的新权力在瑞典议会引起混乱。同样，在欧洲许多地方，民粹主义和民族主义的力量正在变强。这是一个不祥的兆头，它使人想起了20世纪欧洲的黑暗历史。这些新趋势的背后是关于人性的一种不理性的观点，它为民粹主义和极端主义所基于的错误观念铺平了道路。

我所指的人性的本质主义观点令人遗憾地渗入到民粹主义、极端的右翼和种族主义观点中——既意味着纯粹的生物种族主义，也意味着广义上的种族主义，也就是说，基于种族、文化和宗教的身份政治。

本质主义持这样的论点，即某些实体必然具有某些属性，而其他属性是偶然的，或者仅仅是可能的。本质主义思维的一种常见类型是对"男性气概"和"女性气概"的刻板印象。这种观点意味着男人和女人的思想之间存在根本差异，并且这些差异与性别之间有着不可消除的联系，其源于男性和女性的生物学特性。这意味着男女思想之间的差异不会受到文化等因素的影响。

与本质主义对立的观点始于这样一个想法，即每个人都由自己的思想、价值观、行动和选择来定义。这些是使某人成为他自己的事物。或者，引用让-保罗·萨特的话——存在先于本质。首先，我们出现在世界上，然后我们创造自己和我们的"本质"。这种观点与宗教教条直接冲突，后者认为每个人都是按照上帝的形象创造的，并带有"神圣的火花"。

宗教教条和民族主义教条都意味着所有人天生就有本质。本质要么是上帝预先赋予的，要么是由一个人的种族、文化、宗教或民族所决定的。性别歧视的观点将性别当作固定的，认为它决定了人性的本质。

在瑞典社会中，某些本质主义的思维模式比其他形式更容易被接受。值得注意的是，尽管今天许多瑞典人似乎敏锐地意识到不能说"所有黑人都有以下特征……"，但他们似乎根本没有意识到"所有女性都有以下特征……"这样的话中有类似的偏见。你是否经常听到诸如"为了取得商业成功，女性必须模仿男性"之类的言论？想想看，你听到"为了取得商业成功，黑人必须模仿白人"这种话是多么不可能——而且，这话听起来多么令人反感。

本质主义的另一个例子是在欧洲许多极右运动中仍然存在的种族主义。它不仅在道德上应受谴责，而且在科学上也是谬论。

例如，DNA分析显示，东非人和欧洲人之间的基因相似度比东非人和西非人之间的更大。大约7万年前，东非人从非洲迁徙，经由阿拉伯半岛进入欧洲。这就是为什么东非人和欧洲人在基因上比东非人和西非人更近的原因。这为种族主义者带来了一个令人困惑的难题。

研究表明，大约3万年前，尼安德特人和我们这个物种的原始人都还存在，但后来尼安德特人灭绝了。然而，智人曾与尼安德特人交配，因此今天，我们的DNA中有2%~4%的染色体来自尼安德特人。这对除纯种非洲人以外的所有人类都成立。纯种非洲人是目前唯一没有任何尼安德特人DNA痕迹的人。

性别本质主义与性别视角

女性主义运动对性别提出新的见解，特别是将性别作为一种社会建构。从性别的角度看待社会，意味着要注意偏见、期望和与性别相关的规范如何影响了每个人的一生。同一种行为，可以使男性获得较高的社会地位，却对女性产生完全相反的效果（当然，反之亦然）。"恰当"的男性和女性行为的社会准则通常是不言而喻的，我们在与他人的互动中习得它们，或者它们通过大众媒体和广告中的潜台词悄悄地潜入我们的脑海。毫无疑问，同属一种文化的我们在被塑造成"男人"或"女人"的过程中，这种无处不在的社会力量起着核心作用，并凌驾于生物意义上的性别。

不幸的是，一些女权主义者和两性作家轻视科学，并认为对男女的生物学或认知差异进行科学研究就算不是完全邪恶的，也是有害的。但是，科学研究不应受意识形态或政治目标的控制。真正的问题不在于研究或其发现，而常常在于由这类研究引申出的非理性结论。就算发现两性之间存在某种生物学差异，那也不该用这些差异来支持传统性别角色，或赞成差别对待男孩和女孩、男人和女人。

假设经过大量研究，结果表明在某种类型的智力活动中，男性和女性的平均表现之间存在差异（通常关于类似差异的说法是错误的）。即便如此，同性别的不同个体之间的差异也将远远大于两性之间的平均差异。由于性别内部的差异巨大，基于性别的差别对待是毫无道理的。

一个比较微妙的逻辑陷阱就是只对比男人和女人，而忽略了其他可能的分类。例如，如果我们要比较右撇子和左撇子，或矮个子和高个子，那么我们很可能会发现这些群体间的平均差距同样甚至更大。我们是否也要让社会政策基于这种发现？大多数人只会觉得这种建议很可笑。然而我们始终倾向于按照性别的刻板印象来思考，这使我们无法像对待发色、惯用手、身高那样保持公正的态度。

我相信，为了发展一种无偏见的人性观念，我们必须完全抛弃本质主义。这是新的启蒙运动中的关键要素。

什么是宗教自由？

宗教自由被写入瑞典和美国法律，但是这到底意味着什么呢？当然，这是说任何人都可以选择自己想要相信的东西；这应该是绝对不受限制的权利。然而，世俗国家应该可以在表达宗教信仰的方式上（从确定人们行为的意义上）限制宗教自由。不应允许人们以宗教名义为所欲为。这里就引出了种种政治冲突和争议。

《世界人权宣言》第18条有以下声明："人人有思想、良心和宗教自由的权利。"联合国人权理事会在1993年的评论中对上述声明做了如下澄清："第18条保护有神、非神和无神论的信仰，以及不信奉任何宗教或信仰的权利。"[1]

瑞典宪法也规定，我们所有人都有权不受限制地发言，不受限制地收发信息，不受限制地集会，不受限制地游行示威，不受限制地组织团体以及不受限制地信仰任何宗教。

---

[1] "Universal Declaration of Human Rights," United Nations, accessed August 16, 2021, https://www.un.org/en/about-us/universal-declaration-of-human-rights.

历史上，宗教自由的动机是反对各种形式的对宗教少数群体的镇压和迫害。想想看，直到1951年，除非改信其他宗教，否则离开瑞典路德教会是非法的。现在还有一些地方，某人如果放弃伊斯兰教而改信基督教或不再信神，那么即使不被处决也会被监禁。这就是为什么《世界人权宣言》很重要的原因。

每个人都应有权表达自己的信仰、与他人集会并建立有共同信念的团体。同样，遵循自己习俗的权利，无论是宗教的还是文化的，都应受到保护，但前提是这些习俗不与其他法律冲突。

正如《世界人权宣言》所规定的那样，在某些情况下，宗教自由实际上在逻辑上是不自洽的。以罗马天主教会为例，天主教要求天主教徒父母以天主教信仰养育子女，以便他们也成为笃信和践行天主教的教徒。《世界人权宣言》通过尊重宗教自由，赋予这些父母履行宗教"职责"的权利。另一方面，根据联合国《儿童权利公约》，所有儿童都有自己的权利。特别是，儿童拥有自己的宗教自由权，这意味着他们不能被迫遵从天主教信仰或其礼节。因此，我们看到"宗教自由"这一概念涉及两个逻辑上不相容的原则。

实际上，瑞典社会不太接受以宗教自由为名却不符合其他法律的事情。耶和华见证会成员就像拥有其他任何信仰的成年人一样，自己可以拒绝接受输血，但他们不能合法地阻止其子女接受输血。这可能被视为对他们的宗教自由的限制，但是保护儿童生命的世俗法律有更高的优先级。

瑞典法律也不允许在无麻醉的状态下宰杀动物，尽管有些宗教坚持如此。这一困境反映在关于瑞典是否允许按照洁食（犹太教）或清真（伊斯兰教）的戒律来屠宰动物的争论中。结果，在瑞典进口国外生产的清真或洁食的肉类仍然是合法的，这必须被视为我们法律体系中的矛盾。法律理应一以贯之。动物权利应该始终得到尊重，无论是涉及宗教上的宰杀方法，还是以休闲为目的捕猎麋鹿或雷鸟。

另一个问题涉及哪些信仰系统被认为是宗教，因此得以享受平等地对待。那些主张有权享有特定习俗或着装方式的人，给出的理由是这些传统根植于诸如基督教、犹太教或伊斯兰教这样的知名宗教，因而通常会受到相当程度的尊重。但是，如果有人相信古老的北欧宗教，或者自称崇尚自然，就会被怀疑或轻视。

面对不同的（自称）宗教，我们该用什么标准去评判它是不是宗教，特别是在我们的立场应该是尊重宗教自由的情况下？是信徒的人数吗？还是信仰体系的历史根源？抑或是信仰体系的经文的文学水平？显然，这种判断在很大程度上是武断的。法律在对待宗教概念时充斥着反复无常和不一致的做法，因为宗教没有明确的定义。相信某种形式的神对一系列信念成为宗教来说是不是必要的？那样的话，传统佛教不应被视为宗教，因为它是一种不虔敬的生活哲学。一群人聚集在一起不理性地崇拜某物呢？如果算的话，我们就必须将一群热情的球迷视作宗教信仰的徒众。

很难找到任何客观原因来证明某个包括信神在内的信仰体系有权利得到特殊的法律保护。更合理的做法是，扩大权利的范围，这样所有人都有权利自由地实践他们的存在论信仰，无论这些信仰是否涉及某种神的存在。[①]

和平主义——即使在自卫的情况下也拒绝使用暴力的意识形态——为这种情况提供了一个清晰的例子。一个人当然可以出于宗教原因而拒绝携带武器或使用暴力。但是，这种拒绝同样可以源于世俗的信仰体系或哲学信念。如果一个国家的义务兵役中包括使用武器，同时允许宗教和平主义者不需要服兵役，那么出于非宗教理由（例如以人为本的伦理学原则）的和平主义者应适用相同的豁免。任何其他法律立场都是不合理的。

---

① 参见Ronald Dworkin, *Religion without God* (New Haven, CT: Harvard University Press, 2013)。

案例：锡克教徒和刀具

瑞典法律禁止在公共场所、学校区域或进入公共场所的车辆中携带刀具或其他危险物品。但是，根据形成于16世纪的印度的锡克教，锡克教徒应始终具有以下5个特征：不剪头发（胡须）、带梳子、佩克尔班刀（kirpan）、戴钢制臂章、穿及膝长的内衣。

于是，宗教自由与禁止在公共场所携带刀具的法律发生了冲突。这种冲突在加拿大的一个非常著名的案件中得到了法律检验。在加拿大，在学校携带刀具是违法的。巴尔维尔·辛格·穆尔塔尼（Balvir Singh Multani）是加拿大公民、正统的锡克教徒，他的儿子在魁北克的圣凯瑟琳·拉布雷学校上学。父亲希望他的儿子总是佩带克尔班刀，这象征着锡克教传统中的荣誉和高贵。[①]

由于校园内不允许携带任何武器，学校管理部门禁止这种刀具进入校园。管理者认为，确保所有学童的安全是他们的责任。他们的观点是，如果男孩随身携带刀具，那么任何人都可能夺取它，并用于暴力。

加拿大最高法院裁定锡克教徒胜诉，认定禁止带刀具入校侵犯了他们的宗教自由。但是，其他学生仍然不被允许携带刀具进入校园。只有出于宗教原因，这项法律才能允许例外。

现在假设这个男孩不是锡克教徒，但他的家庭在加拿大本土有着悠久的农业传统，可追溯到几代人。在"男孩成为男人时"，许多文明都有一些过时的仪式。这种仪式的主要特征是男孩的父亲交给儿子一把特殊的刀具，一把代代相传的刀具。通常，这类仪式发生在男孩14或15岁时。这个男孩长大后的身份以及他与前几代人的联系都由他随时携带的这把刀具来象征。[②]

[①] 参见案件*Multani v. Commission scolaire Marguerite-Bourgeoys*, 1 SCR 256 (2006), https://scc-csc.lexum.com/scc-csc/scc-csc/en/item/15/index.do。

[②] 参见Brian Leiter, *Why Tolerate Religion*? (Princeton, NJ: Princeton University Press, 2013)。

加拿大和其他任何国家都不会允许这个假想的男孩将刀具带到校园，尽管锡克教男孩在很多地方都很可能被允许在学校随身携带刀具。

在这里，我们清楚地看到了宗教自由的观念如何导致矛盾，因而从长远来看是站不住脚的人类行为、道德价值观和态度。不言而喻，一种道德观念并不会仅仅因为基于宗教观念或传统就"更强大"或"更有价值"。个体的态度或行动都可能具有多多少少的动机和意义，这与它们的根基完全无关。

为道德独立而非宗教自由

现在，是时候在立法中用更包容且中立的概念来取代宗教自由的概念了。例如，我们可以利用"道德独立"的概念，根据该概念，每个公民都享有相对于国家和公众的独立权。这个概念是由英美法哲学教授罗纳德·德沃金（Ronald Dworkin, 1931—2013）提出的，他在《没有上帝的宗教》（*Religion without God*, 2013）一书中给出了下述定义：

道德独立意味着政府绝不能因为这样的原因去限制自由：假定某种生活方式——关于何种生活本身最值得过的观念——本质上比另一种更好，不是因其后果会更好，而是因为那样生活的人就是更好的人。①

因此，道德独立的一个关键原则是，国家无权强迫人们遵循某些道德规则。举例来说，一个州不能仅仅因为毒品对人的健康有害就禁止使用毒品。另一方面，国家可以出于其他原因干预个人的生活选择，例如，防止滥伤无辜。这可能意味着，如果确定使用毒品会对整个社会造成负面影响，则国家可以立法禁止使用毒品；这样的法律还有助于降低救助滥用毒

---

① Dworkin, *Religion without God*.

品者的公共开支。德沃金认为我们应该放弃宗教自由在权利方面具有特殊地位的观念，对所有思想和信仰都赋予同样的自由，无论它们是否具有宗教、世俗或哲学根源。换言之，所有信仰都应被平等对待。

当然，我们预设了如果从法律中去掉宗教自由的概念并替换为道德独立，那么其他自由仍然存在，例如言论自由、信息自由、集会自由、游行自由和结社自由。这些自由共同保护所有人信仰和践行其宗教信条的权利，无论是单独行动还是和他人一起，只要这些行为不对其他人造成损害。

宗教与医学伦理

近年来，新的医学发现和发明以非常快的速度问世。包括DNA分析、代孕、产前检查和干细胞研究在内的许多发现引发了重要的伦理问题，这些问题都不简单。即使在纯粹的世俗社会中，这种伦理困境也难以解决，需要仔细考虑，但是当宗教教条被允许阻碍医学研究和进步时，局面才真正失控。一个清晰的例子是对胚胎干细胞的研究。

英国发育生物学家约翰·格登（John Gurdon, 1933—）被认为是干细胞研究的先驱。1958年，他首次克隆了动物——从成年青蛙的细胞中克隆了一只小青蛙。由于这项工作，他获得了2012年诺贝尔生理学或医学奖。今天，干细胞研究是治愈阿尔茨海默病、帕金森病、肌萎缩侧索硬化（ALS）和其他目前无法治愈的疾病的最有希望的方法。但是在当今世界的许多地方，出于宗教原因，干细胞研究是非法的或受到严格限制的。反对派的宗教信仰是，人类的灵魂是在受孕之时由上帝创造的。另一方面，没有世俗的理由禁止干细胞研究。

在干细胞研究中，胚胎干细胞是从胚泡中提取的，也就是说，是从受孕几天后发育的一小组细胞中提取的。提取这些细胞时，受精卵刚刚分裂了几次，产生了大约300个细胞。为了对这组细胞的大小有个印象，可以想一下，家蝇的大脑大约包含10万个细胞。

在发育的早期阶段，胚胎细胞尚未开始分化，它们中的任何一个都有可能发育成任何种类的专门细胞，例如，发育成骨髓细胞、肝细胞或肾细胞。因此，胚胎干细胞与人类胎儿中的细胞有很大的不同。所以，无论如何，干细胞都不是从人类胎儿体内提取的。

如今，世界各地有许多生育诊所都使用被称为体外受精（以前称为"试管受精"）的技术，以帮助那些不孕不育的夫妇。这项技术让一些受精卵在外部生长几天，然后通过外科手术将其中一个或多个植入女性的子宫。其余的卵子或被丢弃或被冷冻以备用，以防第一次尝试失败。干细胞可以从受精卵中提取。

干细胞研究是医学科学旨在挽救生命并赋予生命的直接结果。由于世俗伦理学试图将人类的痛苦降到最低，因此它鼓励干细胞研究作为一种修复手段，并为当今无法被治愈的患者带来希望。

如今，新的医学发现不断迫使我们面对新的伦理困境，在有关此类主题的争论中，注意区分宗教与科学至关重要。

论世俗主义与健康社会

无论上帝是否真的存在，相信上帝是否是有益的？即使上帝不存在，它作为一种安慰剂是否会有好的效果？会不会有可能，相信上帝的人会更友善、更诚实、更慷慨？从某些人身上可能存在这种因果关系，但是这里我们想研究的问题是，从社会整体层面而言，情况是怎样的。换句话说，社会中宗教人士的比例与整个社会的福祉和健康状况之间是否存在相关性？

大约有5%的美国公民将自己定义为无神论者。但是根据哥伦比亚大学心理学家梅拉妮·布鲁斯特（Melanie Brewster）的研究，美国监狱中只有0.09%的囚犯说他们是无神论者。[1]换句话说，与总人口相比，

---

① Melanie Brewster, *Atheists in America* (New York: Columbia University Press, 2014).

无神论者在美国监狱中的比例少了1/50。当然，这种统计数字本身并不意味着无神论者比宗教人士更善良、更诚实或更慷慨，但这肯定是发人深省的。它可能只是统计相关性，并不代表任何因果关系。但是无论如何，这个统计数字完全没有支持相反的结论，即上帝的信徒比无神论者更有道德。

民意调查显示，欧洲非宗教人士的比例正在增加。例如，在英国，自称无神论者的比例从1983年的31%上升到了2016年的53%。[1]在瑞典，只有29%的人说自己信教。而在日本，这一比例甚至更低，只有16%。[2]

联合国《人类发展报告》在2018年依据人类发展指数——这项指标由巴基斯坦经济学家马赫布卜·乌尔·哈克（Mahbub ul Haq）和印度经济学家阿马蒂亚·森共同制定——对国家（地区）进行了排名。[3]该指数基于预期寿命、人均收入、识字率（包括阅读和写作）、教育水平、婴儿死亡率等。人类发展指数最高的10个国家（地区）是：

1.挪威
2.瑞士
3.澳大利亚
4.爱尔兰
5.德国
6.冰岛

---

① 参见 "Britain loses its religion: Number of people who describe themselves as atheists is at its highest EVER level," *Daily Mail*, https://www.dailymail.co.uk/news/article-4851448/Number-atheists-UK-reaches-highest-level.html。

② 参见 "Win-Gallup International Global Index of Religiosity and Atheism, 2012," Scribd, accessed July 31, 2021, https://www.scribd.com/document/136318147/Win-gallup-International-Global-Index-of-Religiosity-and-Atheism-2012。

③ 参见 "Human Development Reports," United Nations Development Programme, accessed July 31, 2021, https://hdr.undp.org/system/files/documents//2018humandevelopmentstatisticalupdatecnpdf.pdf。

7.中国香港

8.瑞典

9.新加坡

10.荷兰

人类发展指数最低的10个国家（地区）是：

180.莫桑比克

181.利比里亚

182.马里

183.布基纳法索

184.塞拉利昂

185.布隆迪

186.乍得

187.南苏丹

188.中非共和国

189.尼日尔

在该排名中居于前25位的所有国家（地区）中，除了爱尔兰和美国，非宗教人士的比例都非常高。尽管爱尔兰传统上是强硬的天主教国家，但在2018年的公投中，堕胎被允许了，还废除了中世纪的亵渎法律。况且它还有一个印度裔的同性恋总理。民意调查显示，在所有这些国家（地区）中，非宗教生活观都具有强大的影响力。

英国组织救助儿童会（Save the Children）每年都会发布产妇指数，其中列出了成为母亲体验最佳和最差的国家。这需要考虑许多参数，例如分娩护理、婴儿死亡率以及母亲（和父亲）的产假。名单上的前10个国家在很大程度上都是世俗的，而后10个国家都是虔信的。[1]

那和平呢？哪个国家最和平？人类视野（Vision of Humanity）组织每年都会根据许多变量发布全球和平指数，例如对安全与保障的主观感受、暴力犯罪的发生率、参与的战争以及获得武器的难易。在这个维度上，出现了相同的模式。

从这一切中我们可以得出什么结论？首先需要指出我们无法得出的结论。尽管幸福程度和世俗主义程度之间存在明显的统计相关性，但我们不能假定有因果关系。这些数字没有证明世俗主义是幸福的原因，也不能证明宗教信仰是贫穷和疾病的原因。尽管如此，统计关联是不可否认的。世俗社会和世俗态度与健康和福祉息息相关。从历史的角度来看，很明显，世俗主义在许多方面都是推动社会进步的主要动力之一，特别是在妇女和同性恋者的权利方面。[2]

许多宗教保守主义者，包括基督徒、穆斯林、犹太教徒和印度教徒，都声称为了建立一个和平与繁荣的社会，所有公民都有必要侍奉和顺服神。同样强烈坚持这一主张的还有以色列／巴勒斯坦西岸的东正教拉比、沙特阿拉伯的瓦哈比派教长、伊拉克和叙利亚的萨拉菲斯特组织、梵蒂冈的教皇和美国的基督教右翼。他们都声称，神意是社会生活的核心，只有屈服于神，我们才能保证道德、成功、健康和安全的共处。通常，这些当权者还认为，当社会中有许多人否认神的存在时，社会就会动荡不安。因此，社会中所有的恶（例如犯罪、贫困、低教育水平、艾滋病等）都可以归因于敬畏神的公民人数的减少。[3]

但从所有这些统计数据中能得出的明显的结论是，世俗主义不会导致

① 参见"The Urban Disadvantage: State of the World's Mothers 2015," Save the Children, accessed July 31, 2021, https://www.savethechildren.org/content/dam/usa/reports/advocacy/sowm/sowm-2015.pdf。

② 参见Phil Zuckerman, *Living the Secular Life* (New York: Penguin, 2014)。

③ 参见Phil Zuckerman, *Society without God* (New York: New York University Press, 2010)。

失德或文明崩溃。

宗教信仰在当今世界的地位是上升还是下降？

在美国，约有20%到30%的人声称自己不属于任何有组织的宗教。相比之下，在1990年，只有10%的美国公民这么说。在年轻的美国人中，这一转变更加明显：30岁以下的美国人中只有32%声称自己属于有组织的宗教。1980年代，在30岁以下的人群中，福音派基督徒的人数是非宗教信仰者的人数的2倍。今天的比例恰恰相反：30岁以下的非宗教信仰者数量是同龄福音派基督徒数量的2倍。[1]

根据盖洛普国际进行的一项民意调查，这些巨变都是在2005年至2012年的短时间内发生的。表13-1显示了自称"信教"或"不信教"的人口比例。在全球37个国家中，2005年和2012年自称"信教"的人口比例在表中并列显示。国家按信教人口比例由高至低排序（2012）。最后一栏显示了2005年至2012年之间的百分比变化。[2]

表13-1　各国自称信教的人口比例

国家	2005（%）	2012（%）	变化
加纳	96	96	0
尼日利亚	94	93	−1
马其顿	85	90	+5
罗马尼亚	85	89	+4
肯尼亚	89	88	−1
秘鲁	84	86	+2
巴基斯坦	78	84	+6
摩尔多瓦	78	83	+5

[1]　Zuckerman, *Living the Secular Life*, 9.

[2]　摘自Scribd, "Win-Gallup International Global Index of Religiosity and Atheism—2012"。

国家	2005（%）	2012（%）	变化
哥伦比亚	83	83	0
喀麦隆	86	82	−4
马来西亚	77	81	+4
印度	87	81	−6
波兰	85	81	−4
塞尔维亚	72	77	+5
意大利	72	73	+1
阿根廷	80	72	−8
乌克兰	70	71	+1
厄瓜多尔	85	70	−15
立陶宛	75	69	−6
波斯尼亚和黑塞哥维那	74	67	−7
南非	83	64	−19
美国	73	60	−13
保加利亚	63	59	−4
冰岛	74	57	−17
俄罗斯	57	55	−2
芬兰	51	53	+2
韩国	58	52	−6
西班牙	55	52	−3
德国	60	51	−9
瑞士	71	50	−21
加拿大	58	46	−12
荷兰	42	43	+1
澳大利亚	52	42	−10
法国	58	37	−21
越南	53	30	−23
捷克	22	20	−2
日本	17	16	−1

可见，在许多国家，人们越来越远离宗教：有24个国家的信徒比例下降，11个国家的信徒比例上升。

插曲：
论感恩与内疚

我们应该感恩吗？如果是，那么应对何人何物感恩？

向帮助你、安慰你、危机时挺身而出的朋友表示感谢是合情合理的。我们也可以而且应该对身体健康、亲友健在，甚至是对活着本身心怀感激。

当我们开始对一种外部力量、一个全能的存在者心怀感激时，问题就来了。作为一种偶然为真的感恩，实质上它假设该存在者本可以选择让现实不是这样——可能更糟。

为什么我是唯一一个在事故中幸存下来的人，而其他人都没有这么好运？当我的许多朋友都患有严重的疾病时，为什么我仍然身体健康？或者为什么我的很多朋友都很健康，而我却患了癌症？

一位牧师问一群六岁的孩子："孩子们，今天你们要感谢上帝什么？莉萨，你想感谢上帝什么？"

莉萨说："我要感谢上帝使我的父母感到幸福和快乐。"

"萨姆，你想感谢上帝什么？"

"我要感谢上帝使我姐姐保持健康。"

也许这听起来无害。但是，坐在那里的小莱娜怎么想呢？她知道她的父母有多不开心，他们可能很快就会离婚。也许她的父母中有一位病危了。莱娜在想什么？

"为什么上帝不希望我的父母快乐？我爸爸为什么不能健康？我做了什么因而不值得上帝关怀？在上帝眼中，我为什么不算数？"

将感恩的心指向一个超时空的存在，无论称它为上帝还是别的影响人类意志、能力、愿望的存在者，似乎看起来都很合理，前提是我们自己的生活中只有积极的事情发生，或者我们对其他人的生活毫不关心。

但现实生活并非如此。当我们突然遭受逆境时，我们先前对神的感恩之情可能瞬间变成愧疚和负罪感，甚至感到背叛或仇恨。

一种更人性化的感恩方式是谦卑地意识到好事已然发生，并意识到厄运本亦可能降临。它体现在对我们的健康，对我们在生活中遇到的好运，对亲人之间的深厚纽带心怀感激。

第十四章
我们应该教给孩子什么：
信仰、科学和学校的生命教育

如果政府当局认为在学校向孩子教授上帝是最高权威能有用，他们就是在自欺欺人。

亚尔马·瑟德贝里（Hjalmar Söderberg）

如果我们想看到启蒙运动的新曙光，那就必须从孩子们开始。在一个充满狂热和迷信的世界中，学校在教导孩子们形成清晰的思维和发展独立的批判性思维方面发挥着空前关键的作用。教育是开明的思维所需要的营养。在世界上的许多地方，儿童（尤其是女孩）上学的机会非常有限。

但是光上学还不够。学校教授的内容也必须达标。就存在性和科学性问题而言，瑞典的教育严重不足，并且几乎所有西方国家的情况都差不多。

当我们谈论儿童时，我们倾向于从外部角度对儿童进行分类，而我们永远不会采取这种方式来处理诸如政治意识形态之类的东西。不经仔细思考，我们就会随意谈论穆斯林儿童、基督教儿童和犹太儿童，但实际上，并不存在穆斯林儿童、基督教儿童或犹太儿童；有的只是穆斯林、基督教徒或犹太父母的孩子。我们永远不会将6岁的莉萨描述为"民主党"小女孩，或者将7岁的卡尔描述为"共和党"小男孩。我们只是说莉萨和卡尔的父母是民主党或共和党。我认为，我们不应该认为儿童生来就有任何宗教信仰。

让孩子们发现真实的世界

在瑞典，孩子们必须接受9年教育，不久以后可能要10年甚至更多。因此，一个基本问题是我们应该教给我们的孩子什么，更具体地说，应该基于什么原则来确定所教的主题和内容。国家的责任是确保每个孩子对世界都有理性的看法。因此，学校不应教儿童相信一种特定的宗教，而应传授人类对世界的科学发现以及这些发现是如何做出的。根据联合国《儿童权利公约》，所有儿童都享有宗教信仰自由的权利："缔约国应尊重儿童享有思想、信仰和宗教自由的权利。"[1]

当然，一所学校可以教授有关宗教的生活哲学，但不应传播其中的一种。该原则不仅适用于义务教育阶段，而且适用于较高的教育阶段。

一个奇怪的事实是，美国是世界上仅有的两个尚未批准联合国《儿童权利公约》的国家之一（另一个是索马里）。1995年，克林顿总统签署了该公约，但反对派压力团体游说参议院，要求不批准该公约。这些团体争辩说，该公约将允许儿童选择自己的宗教而不是父母的，并允许儿童抗议并在法律上反对父母的决定。这些团体还担心批准公约会迫使美国在儿童福利上的支出超过在国防上的支出。由于这种恐吓，时隔20多年，美国参议院仍未批准该公约。

儿童是脆弱的。他们既没有智识工具，也没有情感工具，因此无法弄

---

[1] "Convention on the Rights of the Child," United Nations, Human Rights, Office of the High Commissioner, accessed August 16, 2021, https://previous.ohchr.org/EN/ProfessionalInterest/Pages/CRC.aspx.

清自己在成人世界的混乱声音中所处的位置。因此，至关重要的是，教室应该是一个中立的空间，在该空间中应使用中立、客观的方法来探索和分析现实。学校还应该提供一种潜在的价值体系，例如瑞典议会投票通过的法律。这意味着学校应该传达一种基本的民主观点，强调所有人的平等权利，而不论其肤色、性别、性取向、生活哲学或种族。任何关于道德或伦理的宗教观点都不应被特殊对待。

几年前，专注于智力发展和意识本质的著名英国心理学教授尼古拉斯·汉弗莱（Nicholas Humphrey，1943—）在牛津大学做了一次有争议的演讲。该演讲由国际特赦组织安排，主题涉及无宗教的学校。汉弗莱指出，父母应该有自由为子女做出决定，但不是任意的自由。当然，现在的法律已经对父母抚养子女的权利施加了某些限制。实际上，瑞典是世界上第一个禁止父母杖击或鞭打孩子的国家（1979），如今，大多数欧洲国家也纷纷效仿。对儿童的性侵也已定为犯罪。

然而，汉弗莱的观点是，我们不仅要保护儿童免受身体上的侵害，也要保护他们免受心理上的侵害。我们不能让学校告诉孩子，天空中行星的位置决定了我们的命运，或者婚前性行为会让我们在地狱中受到惩罚，或者女人应该屈服于男人，或者一个人有义务杀死那些异教徒。学校也不应教导说《圣经》里的每个字都是真的，或者说人类是在6000年前被神创造的。学校有责任给孩子提供检验和了解我们的世界所需的推理工具和分析工具。这是学校的主要职责。

魔法和宗教观念很容易代代相传。这可能是因为孩子在成长过程中对父母的想法印象深刻。与所有其他动物不同，人类的生存发展得益于前代积累的知识能以口头和书面的方式传递下来。如果孩子相信父母对世界及其危险的描述，那么生存的机会就更大。"不要在地上捡蛇！""不要去摸老虎！""不要在有鳄鱼的河里游泳！"但是，年幼的孩子无法区分明智的建议如"不要靠近那只老虎"和无用的建议如"要祈雨，就在满月时祭祀山羊"。

不幸的是，孩子信任的对象是不可靠的，他们甚至会滥用这种信任。如果一对父母告诉孩子："每当你有不洁的想法，就要向上帝祷告，否则你将下地狱。"这很可能会伤害孩子的一生。

对许多宗教团体和教派而言，至关重要的一点是，它们不允许成员受到外来者的影响。因此，此类团体的作风与手法的主要特征是防止成员与其他团体混在一起。任何批评所在团体的成员都被认作是魔鬼或撒旦附体。服从团体是一种美德，不格物致知被视为精神上的纯洁。当皈依者自筑思想高墙时，洗脑才是最成功的。

幼年时代的思想灌输是很难摆脱的。因此，对儿童的心理侵害与对他们的身体侵害一样有害。这种侵害是有决定性的和不可逆的。因此，至关重要的是，学校在某些情况下要保护幼儿和青少年免受父母的侵害——免受思想灌输和免于被阻止和外界进行开放的双向接触。

瑞典的宗派学校

在瑞典，宗教派别开办的学校是合法的。在《序曲》中，我提到名为普利茅斯弟兄会的基督教末日派，该教派位于瑞典南部的许尔特布吕克。这个教派有自己的学校，只接收父母属于该教派的学生，会众共有大约400人。这可能是当今瑞典最极端的派别，他们的宗教观点与传统的基督教观点大相径庭。

1960年代，普利茅斯弟兄会当时的领袖宣布，世界末日临近，敌基督统治了整个世界。因此，该教派成员被要求切断与外界的所有联系。从那时起，与"异教徒"（即不属于该团体的人）的完全隔离一直是该教派日常生活和实践的中心。据说，这样可以挽救孩子，使其免于在地狱的"火海"中永远燃烧。该教派成员不得与任何异教徒一起吃饭或共享住所。他们不能住在异教徒拥有的任何建筑物中，也不能与任何异教徒住在同一建筑物中。他们甚至无法与该教派之外的任何人签订合同。

这些人认为外部世界是邪恶的，是恶魔的作品。该教派的年轻成员不可以从事学术研究，以免在上帝眼中显得骄傲。此外，已婚妇女被禁止离家工作；男性被视为女性的上级；同性恋是恶魔的产物，上帝对它的应有惩罚是死亡。该教派对《圣经》的解释是字面意义上的，因此接受神创论。他们认为，人类是在约6000年前被创造出来的。进化论被看作是胡说八道，只是将人类带离了上帝。

在普利茅斯弟兄会中长大的孩子不得在该教派之外结交朋友。他们不参加当地的青少年足球联赛，也不在当地的音乐学校与孩子们一起玩音乐。当一个孩子年满12岁时，他或她需要做出选择：你和我们在一起，还是反对我们？任何选择质疑该教派的孩子都会被赶出社区，甚至再也无法与自己的家人一起吃饭。

不久前，对于这类儿童，当地的公立学校是他们通向世界的一扇窗，是与其他同龄儿童建立正常关系的门户。但是在2007年，该教派在法律上获准专门为自己的孩子开办一所学校，并且该学校与瑞典的其他学校一样，也获得了一些国家资助。这无非是对本已处于困境的儿童进行的一项由税收资助的心理侵害。

学校的宗教教育

2011年，瑞典国家教育局在中小学建立了新的宗教教育课程。新课程无疑比旧课程更好：范围更广、更客观、更具包容性。这是有史以来第一次保证向学生传授世俗人文主义。这意味着，如果遵循课程设置，孩子们将会明白，生活的道德哲学不需要依赖超自然的故事、一个或多个神的存在，或者任何形式的魔法或力量。实际上，如果立法者认真对待自己的法律，那么"宗教教育"这个主题必须被重新命名为"关于生活哲学的教育"（或类似的东西）。然而，他们不敢在课程改革上走得那么远。（正如我们所见，所有宗教都可以被描述为生命哲学，但并非所有生命哲学都是宗教。因此，任何一种宗教都可以合理纳入一门关于生命哲学的课程，反之则不然。）

在国家制定的宗教教育课程中，7至9年级的学生将学习以下主题：

1. 基督教的主要思想、经文及其三个主要分支（新教、天主教和东正教）的显著特征；

2. 世界其他主要宗教，例如伊斯兰教、犹太教、印度教和佛教的核心思想和经文；

3. 世界主要宗教在当今社会的各种理解和践行；

4. 概述世界主要宗教的历史；

5. 新宗教运动、宗教类型和个人宗教信仰以及其发展历程；

6. 关于生活的世俗观点，包括世俗人文主义。

瑞典国家教育局还发布了一份文件，对课程进行了更详细的说明。其中有以下内容：

在7至9年级，课程必须涵盖世俗生活哲学。这种哲学通常基于科学的世界观，不认为伦理价值具有神圣的渊源。取而代之的是，它提倡这样的观念，即道德原则的合理性完全可以由人类自己创造的思想来证明……世俗人文主义这种广为人知的生活哲学就符合这种描述……

例如，无神论意味着否认任何神的存在。从这里出发，可以形成关于许多事物的其他概念，从宇宙的起源到伦理问题，但无神论的世界观本身并不包含对其他问题的特定答案。[①]

当这个新课程被通过时，我自然对在教科书中如何表达世俗观点感到非常好奇。结果却不尽人意。

---

① "Kommentarmaterial till kursplanen i religionskunskap," Skolverket, accessed August 16, 2021, https://skolverket.se/publikationsserier/kommentarmaterial/2021/kommentarmaterial-till-kursplanen-i-religionskunskap.

　　我检查的书中有几本很旧，但是我也看了采用新课程后新修订的书。这些文本常常充斥着概念上的混乱和明显的事实错误，但最重要的是，对世俗生活哲学的描述普遍是不准确的、带有宗教色彩的。

　　的确，有一些教科书是成功介绍这个主题的典范。但是，反面教材比正面的多得多。我非常仔细地检查了教育家和牧师伯耶·林（Börge Ring）所著的几本教科书。林的牧师风格在他的著作中无处不在，这对教科书而言是无法接受的，因为教科书在生活哲学上应该完全中立。我选择以这个作者为例，但是我看过的大多数教材几乎都存在这个问题。

　　在《宗教——简要介绍》（*Religion——helt enkelt*）一书中，林仅仅在最后一章讨论了世俗人文主义，而且还是和耶和华见证会、摩门教、神创论和撒旦主义在一起！林对魔鬼崇拜的痴迷出现在他的多本书中，然而撒旦主义在世界上的信众甚少（实际上正在逐渐消失）。

　　文字的草率不仅仅限于描述世俗生活哲学的段落。例如，在一篇关于进化论否认者和神创论者的文章中，林说："神创论与科学是相互对立的，关于它们的讨论有许多涉及物理学的晦涩论点。"[1]

　　当然，科学与神创论不相容，这个说法完全正确，但是争议点在于生物学，而不是物理学。林后面写道："（神创论的）信众人数无法准确给出，但该运动只在美国才有较大影响。"[2]

　　这不太正确。尽管神创论（及其同类智能设计论）到目前为止在瑞典影响不大，但无论是在瑞典的自由教会中，还是在世界各地的福音派基督教运动中，它经常被提及，这是目前基督教中上升最快的分支。此外，神创论在许多伊斯兰国家中有非常强大的影响力。

　　文章的作者混淆了作为一种生活哲学的"世俗人文主义"与"人文主义"的其他含义，例如教育术语"人文学科"或研究人性的"人文主

---

[1]　Börge Ring, *Religion—helt enkelt* [Religion, simply presented] (Stockholm: Liber, 2012), 231.

[2]　Ring, *Religion—helt enkelt*.

义"，而人性显然是基督徒、穆斯林、世俗人文主义者都具有的。世俗人文主义作为一种生活哲学的真正内涵，作者根本没有理解（于是也误导了他的读者）。

林在他的书中还尝试解释什么是科学。该主题大约占半页，标题为《科学能告诉我们什么是对的吗？》（*Can Science Tell Us What Is Right?*）。科学被这样描述：

> "科学"一词的意思是"知识"。从事科学研究的人整理和组织知识。研究人员可以通过调查、访谈、文本分析或观察事物来搜集知识，还可以通过进行人体或动物实验来搜集知识。如果你问不同的研究人员，哪一个理论是正确的，你会得到许多不同的答案。有些研究人员甚至都不愿回答这个问题，而另一些研究人员则给出模糊、令人费解的答案。如果研究人员本身也不知道谁是对的，那么谁又能知道？[1]

显然，看了这种对"科学"概念的奇怪描述，任何人都不会对科学产生一点点兴趣。如果"研究人员本身也不知道"，那为什么还要关心它呢？

当然，林对科学的消极描述极具误导性。的确，科学家之间有意见分歧，但在绝大多数情况下，科学家对哪些理论有效、哪些无效，世界上的事物如何运行是有共识的。

在他的《宗教事务种种》（*Religion och Sånt*, 2013）一书中，林有机会修订之前的版本，将新课程纳入其中。但在这本新书中，世俗人文主义的模糊概念变得更加模糊不清。我们来看一下："伊斯兰教是一种宗教的生活哲学，而人文主义则可以是宗教哲学或非宗教哲学。"[2]

---

[1]　Ring, *Religion—helt enkelt*, 10.

[2]　Börge Ring, *Religion och sånt* [Religion and such things] (Stockholm: Liber, 2013).

如果"人文主义"仅表示"人文学科"或"与人性相关的研究",这一表述是正确的,但当"人文主义"指的是一种生活哲学时,这一表述则完全错误。新课程规定,世俗人文主义作为一种生活哲学,完全不是宗教的,正如多数人认为的那样。

接下来,作者讨论了无神论的概念,但他似乎也希望将其描绘为一种生活哲学,尽管事实并非如此。他做了一个完全错误的陈述,向将成为他未来读者的学生们提出一个问题:"你是否赞同无神论,即除了我们可见、可测量的世界之外,没有任何事物存在?"[1]

我们已经知道,无神论者可以相信鬼魂、顺势疗法或占星术,因为无神论者不需要承认世俗人文主义中丰富的生活哲学。此外,无神论者显然可以相信各种不可见、不可测量的事物:爱、平等、人权、外星生命……

显然,林的提问方式就是在引导学生不要称自己为无神论者。毕竟,谁会愚蠢到只相信一个人能看到和测量的东西?

在该书的一个较早版本(仍在使用)中,新纪元运动也受到了批评,但批评的理由是不该在教科书中出现的。该运动被称为对基督教和其他主要宗教的抗议:"新纪元信徒反对大多数公认的宗教,尤其是基督教。"[2]

现在批评新纪元运动的理由有很多,但不包含这个。实际上,新纪元运动针对的主要对象根本不是基督教,而是理性的思考和一般性的科学态度。(在瑞典的某些自由教会中,新纪元运动被视为一种神秘主义,充斥着恶灵、恶魔和其他邪恶的生物。也许这才是困扰伯耶·林的原因。)

在2013年的修订版本中,上面引用的话被删掉了。取而代之的是关于现代人与千年前的灵魂如何沟通:

---

[1]　Ring, *Religion och sånt*.

[2]　Börge Ring, *Religion och sånt* [Religion and such things] (Stockholm: Liber), 196.

在韦姆兰省（斯德哥尔摩以西），住着一位前木匠，名叫斯图雷·约翰松（Sture Johansson），他可以从一个住在古埃及的名叫安布雷斯（Ambres）的人那里获得事实和经验。当斯图雷·约翰松收到来自此人的消息时，他称自己为安布雷斯。他开设课程，使参与者借助他的帮助，熟悉一种早已消失的生活方式。[①]

在伯耶·林的新书《宗教与相关问题》（*Religion och sammanhang*）[②]中，这类论断并没有改进，即使当时新课程已经实施两年了。出版社已获悉早期版本中的所有错误，但在新版本付梓之际还是选择无视了许多错论。

在这本书中，林继续着力阐述撒旦主义，可是撒旦主义在世界上是如此小众，所以这种做法很不合理。

在最新版中，作者讨论了无神论是不是一种生活哲学，并最终做出模糊的结论，即"毕竟算是一种生活方向"。从某种意义上说，这是进步，因为他不再将无神论描述为一种生活哲学，但是他所说的"一种生活方向"是什么意思？大致上，方向是贯彻在一个人的生活中的。例如，致力于研究癌症治疗方法的研究人员肯定会将研究作为生活的方向。对埃利乌德·基普乔格（Eliud Kipchoge）[③]来说，生活方向很可能是跑马拉松。但是将不参加马拉松比赛或不寻求治愈癌症的方法称为"生活方向"是没有道理的。

伯耶·林关于无神论的不合理观念很可能来自他接受的神父训练，但它们完全不适合出现在2015年的教科书中。

林的书《宗教与相关问题》中最荒谬的是这样的内容。在第326页，

① Ring, *Religion och sånt* (2013), 201.
② Börge Ring, *Religion och sammanhang* [Religion and related matters] (Stockholm: Liber, 2013).
③ 埃利乌德·基普乔格，肯尼亚马拉松运动员。——编者注

查理·达尔文被视为启发了撒旦主义者的偶像！即使该书的作者真的能够找出一些愚蠢的撒旦主义者，他们欣然宣称"达尔文是我的英雄"，这也不是达尔文的思想在科学和人类思想中如此重要的原因。

伯耶·林的书中有许多错误、误导性表述和拙劣的描述。2014年，我参加了一个研讨会，与作者本人就其思想进行了讨论。完整录像可在网上查看。①

全新的学校生活理念

为什么我要详细介绍这些呢？这是因为，如果我们关心我们的孩子会学到什么，那么这些事情就非常重要。这不仅涉及传授哪些事实，还涉及传递什么样的价值观。

我们需要摒弃这样一种常见的误解，即道德与宗教有着不可消解的联系。道德思考可以，并且应该在不考虑宗教观念的情况下进行。如果在学校里，我们告诉孩子只有宗教才是道德的基础，那么我们就是走在一条非常危险的路上。年轻人必须有机会接触非宗教的生活哲学，从这些哲学中，他们可以建立起关于道德和存在问题的明智态度。

我们还需要摆脱这样的观念，即无神论是一种生活哲学，以及无神论是一种无聊至极的世界观。

孩子们必须能广泛、中立和客观地了解世界上存在和兴盛着的各种不同的生活哲学。同样重要的是，教材出版商有责任确保其出版的作品能公正地介绍世界上各种各样的生活哲学。

---

① "Enfald eller mångfald i läroboken? Om hur tros- och livsåskådningar beskrivs i skolan" [Simplicity or diversity in the textbook? About how beliefs and views of life are described in school], Katharina Foundation, March 3, 2014, https://www.sturmark.se/ring.

插曲：
论自然与超自然

我们真的可以确定没有任何超自然现象吗？

在我十几岁的时候，我曾经去拜访一对老夫妇，他们声称自己用大型的盘式录音机将死人的声音录到了磁带上。在拜访他们家时，我听了许多他们的录音带。每隔一段时间，你就能听到录音带发出噼里啪啦的声音。

我们用他们的录音机记录降神会。他们后来还出了一本叫作《逝者声音录》（*De döda talar på band*）的小书。我为他们的说法深深着迷，后来我拿到了他们的录音机，并试图自己研究灵魂之声。但不幸的是，我什么也没录到。

超自然的观念是基于对"自然"一词的误解。如果通常所说的"超自然"现象确实存在，那么它们就不是超自然的。它们不过是迄今无法解释的。这对超感官知觉、死者讲话、意念移物等都是适用的。如果它们中的任何一个能被证明确实存在，那它就是自然的，而不是超自然的现象。

无论我们要研究什么现象，我们都应首先尝试找到该现象存在的证据，然后我们再为其寻求解释。以读心术为例。如果我们想弄清楚是否存在读心术，那么我们应该设置实验室来测试它是不是真的。如果我们找到支持它的证据，那么它就不是什么超自然的东西，而是一种真正存在的，尽管尚未得到解释的现象。

下一步是尝试弄清楚它的原理。这涉及之前没有发现的自然界的力量吗？或者，是一种未知的生物学现象？只有当我们对这种现象提出了一些合理的理论时，我们才有希望对此进行解释。但是，除非我们有证据表明这种现象确实存在，否则构建理论是没有意义的。

真正存在的事物就是自然的一部分，因此是自然的，而不是超自然的。不存在的事物也不是超自然的；它根本不存在。如果死者的灵魂真从"另一边"与我们沟通了，那将是一种自然的、尚待解释的现象。

"自然"常常与所谓的"非自然"进行对比。于是我们拥有"天然"食品和草药，有些人认为它们比"非天然"食品和药品更好。但这到底是什么意思？某些不是特别天然的药物还是非常有效的。天然食物并不总是比其他食物更有营养。

想象一下，将一个城市居民带入瑞典森林，唯一的要求是让他仅仅依靠森林的产物活下来。这个城市居民可能活不了多久。自然的产物，如蘑菇，可能是非常危险的。

我经常在瑞典各地与瑞典自由教会（不是官方组织路德教会）的领导人辩论。他们经常声称同性恋是反常的、不自然的。

事实恰恰相反。一定比例的人（也包括其他动物）是同性恋，因此同性恋最自然不过。"但是同性恋不能生孩子"是这种说法的常见论点。但是地球由于人口过剩而受到威胁，地球上的居民减少并不会有害。从这个角度看，如果有更多的人是同性恋，那倒是好事。

况且，开车、住公寓、吃青霉素等抗生素也都不是那么"自然"。因此，主张"自然"生活时需要小心。

后记与致谢

"我们生活在最好的可能世界里！"伏尔泰《老实人》中的邦葛罗斯博士呼喊道。这是真的吗？故事中，老实人被迫来到这个世界上，历经愈演愈烈的磨难：自然灾害、酷刑、战争、谋杀、屠杀、强奸，乃至背叛。伏尔泰的小说当然是对乐观主义的讽刺，也是在对抗神义论：如果有一个全善、全知、全能的上帝，世界上怎么会有如此之多的苦难？

今日之世界，理性的火焰时常在黑暗中微弱地闪烁。秘密的世界秩序通过微芯片植入来控制人类，这种怪诞的阴谋论在蓬勃发展。宗教激进主义在世界诸多地区的声势也在增强。

但我满怀希望。理性和科学帮助我们大多数人在大流行病中幸存下来，而如果它爆发在50年前，会害死更多人（但在那些日子里，它可能不会传播得这么快）。尽管信息技术和通信技术像野火一样传播恶毒、疯狂的想法，幸运的是，它们也在帮助传播善良的想法和科学知识。技术就是一把双刃剑。

我们这些拥有世俗世界观的人，不需要面对神义论的困境。借助手头的思维工具：理性、创造力、好奇心、同情心和慎思的能力，我们可以对身处其中的世界和自己的存在负责。如此实践，我们甚至可以成长为更加本真的自我。

让我飞上月球，让我在群星之中嬉戏。
让我看看春天的模样，在木星和火星上。

在一个对我们所有人来说变得更好的世界里，巴特·霍华德（Bart Howard）的经典歌曲《让我飞上月球》（*Fly Me to the Moon*）传达了一种生存的眩晕感和存在的幸福感，哪怕时光短暂，岁月流逝。

我们应该铭记，人类渴望发现超越我们自身的世界；这就是我们在探索发现之际，内心所具有的奇妙乐趣的终极示例。

2020—2021年适逢全球新冠肺炎疫情肆虐，但我们人类仍在展望太空、探索太阳系。美国、中国和阿拉伯联合酋长国都在2021年进行了（机器人）火星探险。人类前往火星尚需时日，但探索火星表面的机器人将为我们带来许多新知。

也许大卫·鲍伊的标志性歌曲《火星生活》（*Life on Mars*）最终会成为现实。人类再次登月也在计划之中。想象一下，用今天的视听技术从地球上观察这样的航行将是多么美妙的经历！

值得指出的是，在发现和生产有效的流感疫苗方面，全球科学合作是科学力量的有力证明。19世纪各种疫苗的发现和发展，以及20世纪初青霉素的发现和发展，挽救了数亿人的生命。

但是如何面对战争、民粹主义、民族主义和种族主义呢？事情是不是越来越糟了？两次毁灭性的世界大战，大量近期的战争令我们记忆犹新，今天的宗教激进主义和恐怖主义似乎很难让我们认为自己"生活在最好的可能世界"中。另一方面，今天死于暴力的风险比历史上任何时候都要低。我们活得更长、更健康，更多的孩子接受教育，更少的人忍饥挨饿。

人们常说，古希腊哲学家最早享受到充分的心灵宁静，有机会沉思抽象的观念。也许这是真的。无论如何，我们今天正朝着这个方向迈进。

俯瞰人类历史，公平地说，今天我们确实生活在最好的可能世界中，或者至少生活在人类历史上最好的时代。在每个人的个人生活中，这种乐观主义似乎是可疑的，尤其在遭遇全球大流行病的情况下。然而，音乐可以作为一种提醒——一种仁慈而美丽的提醒，它敦促我们满怀希望地仰望，即便在生命的最低谷。正如查尔斯·卓别林（Charlie Chaplin）的经

典歌曲:

> 微笑吧,尽管你的心在疼痛。
>
> 微笑吧,即便它已破碎。
>
> 当天上有云的时候,你会坚持下去。
>
> 如果你在恐惧和悲伤中微笑,
>
> 微笑——也许明天,
>
> 你会看到阳光为你照进来。①

一首歌是一个微世界,它可以指引我们进入更广阔的世界。英格马·伯格曼的电影《芬妮与亚历山大》(*Fanny and Alexander*,1982)中的角色奥斯卡很好地描述了这一点:"外面是大世界,有时小世界会努力反映大世界,以便我们更好地理解这个世界。"

所以我充满希望。我们需要点燃理性的火焰,努力做到这一点,无论是在政治上、个人生活上,还是信仰上。如果我们做得对,理性的火焰将继续燃烧,有时也许只是微弱地燃烧,但它永远不会熄灭,对此,我深信不疑。

这本书已经成为我一生的写作项目。它总结了我所相信的一切和我想坚持的一切。我要感谢侯世达在这个项目上与我的出色合作。20岁的时候,你是我的智力英雄。现在,年过半百,你成了我的密友。这一点甚至连哥德尔也猜不到!感谢合作,以及我们在过去进行的和将来会进行的所有极富智力的对话!

我还要感谢我的爱人和生活伴侣维多利亚(Victoria)在这个项目中给予的智力和情感上的支持。你奇异而美丽的智慧,你对音乐、艺术和思

---

① 一张帮助我们达到这种心境的完美音乐专辑已由我的好友、爵士歌手Isabella Lundgren录制完成。见https://www.isabellalundgren.com/。

想史的深入研究，在我的思考过程中如此深入地帮助了我。国际象棋超快棋赛几乎每天都有10局，这让我保持清醒（尽管我很担心我的获胜率正在缓慢但无疑地下降）。谢谢你，亲爱的，为你所做的一切！

最后，我要感谢我的儿子莱奥纳尔多，他以中世纪意大利数学家莱奥纳尔多·斐波那契（Leonardo Fibonacci）的名字命名，他给了我生命存在最深刻的意义。你现在还太年轻，不能读这本书，但我相信，不久的将来你会读到。我记得你小学1年级放学回家时说："爸爸，我的大多数同学都说他们相信鬼魂！真烦人！我能做什么呢？"理性的火焰已经点燃，它如此之美。

斯德哥尔摩，2021年3月

克里斯特·斯图马克

译后记

如何保持心智开放

我接受远哲邀请，翻译这本由侯世达从瑞典语翻译为英文的书《点燃理性的火焰》。时值新冠疫情开始之初，翻译这本书可谓恰逢其时。我原以为，只有"欠发达地区"的人才不免偏激、盲信、行为疯狂。但作者用事实告诉我们，极端的言论、思想和行为在全世界都很普遍，即使那些发达国家也不能幸免。看来，不管科学技术和人类文明发展到何种程度，我们的心智仍然可以不受理性的熏陶，显现出一种野蛮的强大，并且试图扭曲周遭的世界。

"子不语怪力乱神"，我们这个时代的"怪力乱神"不比孔子时代少。在现代世界，观念如此重要，人们常说观念可以改变一切，并举例说明启蒙时代以来美好的观念如何促进社会进步。但另一方面，邪恶之事何尝不冠以美好观念之名？

我不禁想到20世纪90年代，甚至更早流传到大陆的传销。它直到今天仍未灭绝。"野火烧不尽，春风吹又生。"一代又一代的人加入传销队伍，如飞蛾扑火，不缺来者。我一直困惑，为什么这种伎俩永不穿帮，永远有人为之付出一切？每一个参加传销的人，都要接受"培训"，接受一套"人生的道理"。这些道理和我们在家里、社会上听到的别无两样，只在关键处有一种不同的行动方式。传销所声称的核心目标是帮助每一个没有钱的人赚到钱。为了这个所有人都愿意为之奋斗的梦想，一些看起来无害的行动也就得到了辩护。

传销的基本理念是，你能通过自己的努力，通过合理的方式挣到钱，实现人生理想。这实际也是启蒙时代以来的理想，所以它能捕获人心。问题在于如何赚钱：不是通过开工厂或做贸易，而是通过他们的"独特方式"。他们声称："你要知道这是最新的一种生意方式，和传统的都不同。"很多人就是从接受这种新方式开始走上不归路。人总是对新东西抱有好奇，愿意尝试。正是这种"开放的心智"，让骗子钻了空子。

什么才是真正的心智开放呢？让我们想象你在和一个传销者进行交流，你质疑这个传销者，认为历史经验表明，传销不是真正的赚钱方式，而是一种欺骗。传销者准备好了说辞："虽然这种赚钱方式以前没有出现过，但不代表以后就不会出现啊。你看历史上出现过那么多次经济大变革。若没有互联网，你能想象电子商务这种新的经营方式吗？"你承认这是一种非常有说服力的回应，但仍会觉得在那些未来才可能出现的赚钱方式和传销方式之间存在着极其重要的区别。尽管未来才可能出现的商业模式超出了我们的视野，但仍然和既有的传统商业模式保持着有机联系，譬如为获得金钱，企业需要提供产品或服务，它们甚至会拓宽我们认知世界的方式。传销则是完全不同的活动，它的目的只是获得金钱。基于这种考虑，你认为传销者把传销视为一种"新商业模式"并不是因为心智开放，而是因为他没有认识到传销和一般商业模式的本质区别。

康德在《对"什么是启蒙"的回答》中指出，人要"敢于运用自己的理智"。一个能够运用自己理性能力的人很难接受所谓的传销。因为他接受对世界的基本理解，例如任何经济活动都要符合基本的经济规律。这个世界并不会出现"奇迹"。虽然当下有很多金融现象超出了传统的经济学范式，但无论如何，它们总是在一个经济体系里面展开。而通常的传销则建立了完全独立、封闭的交流系统。这似乎也是一个判定标准。

我们还听过很多神奇的故事，如水能变石油，人死可以复活，世界上有鬼魂和神灵等。健全的常识告诉我们：相信这些现象的存在，的确需要比其他人拥有更广的心智，但未必是真正开放的心智。我们该如何拥有一双慧眼，去看清人世间的是是非非呢？本书为我们认识世界提供了基本的思考工具、科学的发展图景和世俗的人文主义观。作者相信在一个自然的世界里，我们可以通过科学来认识世界的神奇，我们不需要上帝来建立我们的伦理观念。凭借我们的理性能力，我们可以成为这个时代理智健全的人。

最近十年，逆全球化浪潮勃然而兴。很多我们曾珍视之物被肆意践踏。在本书的《序言》中，瑞典作家克里斯特·斯图马克引用了茨威格《昨日的世界》中的话。虽相隔近百年，斯图马克和茨威格一样，感到了我们所处时代的内在冲突和自相矛盾。作者提醒我们，要在这个时代减少残暴和偏见，就要点燃理性的火焰，并让它烧得更旺些。这本书用极其平实流畅的语言介绍了物理学、生物学、心理学、哲学、伦理学等不同学科中的大问题和大观念，致力于帮助我们通过清晰思考的方式，获得真正的心智开放。

这是一本给所有人的书。

2022年10月21日
梅剑华